中青年经济学家文库

上市公司ESG表现对股票流动性的影响及作用机制研究

李婷婷 著

中国财经出版传媒集团

经济科学出版社
Economic Science Press

·北京·

图书在版编目（CIP）数据

上市公司ESG表现对股票流动性的影响及作用机制研究/李婷婷著.—北京：经济科学出版社，2024.3
（中青年经济学家文库）
ISBN 978-7-5218-5774-0

Ⅰ.①上… Ⅱ.①李… Ⅲ.①上市公司-企业环境管理-影响-股票市场-研究-中国 Ⅳ.①F279.246
②F832.51

中国国家版本馆CIP数据核字（2024）第068497号

责任编辑：于 源 陈 晨
责任校对：杨 海
责任印制：范 艳

上市公司ESG表现对股票流动性的影响及作用机制研究
李婷婷 著
经济科学出版社出版、发行 新华书店经销
社址：北京市海淀区阜成路甲28号 邮编：100142
总编部电话：010-88191217 发行部电话：010-88191522
网址：www.esp.com.cn
电子邮箱：esp@esp.com.cn
天猫网店：经济科学出版社旗舰店
网址：http：//jjkxcbs.tmall.com
北京季蜂印刷有限公司印装
710×1000 16开 12.75印张 243000字
2024年3月第1版 2024年3月第1次印刷
ISBN 978-7-5218-5774-0 定价：52.00元

序　一

近年来，ESG 主题越来越受到学术界关注，成为可持续发展研究领域的热点话题。自 2004 年正式提出 ESG 原则（ESG Principle）以来，全球各国及世界各国际组织积极推动 ESG 理念的落地与践行，ESG 理念的释义从基于企业社会责任（CSR）为雏形的拓型逐渐演变为环境、社会与治理三个维度纵横密织的可持续发展框架，在更迭中 ESG 被不断赋予新动能。ESG 作为一种可持续发展理念，不仅是助力企业实现可持续发展目标的重要抓手，同时也是我国参与全球经济治理的重要阵地。然而，如何实现经济效益与社会福利的双融仍是 ESG 建设过程中面临的现实问题之一，也是全面推进中国式现代化进程的重要抓手。为此，我国积极布局 ESG 生态系统，构建中国特色社会主义体系下的 ESG 行动框架。在此过程中，政府始终坚持理论与实践相结合，从我国国情实际出发，有层次、抓重点、分步骤地推动中国企业 ESG 实践，化解 ESG 瓶颈，从中央到地方先后出台多项政策文件，旨在不断把 ESG 建设放在企业高质量发展全局规划中以深度服务国家战略。

经过多年发展，我国上市公司践行 ESG 的效果如何？ESG 是否有助于我国上市公司提升其在资本市场中的表现以实现可持续发展？作者通过其独特的视角切入，将上市公司 ESG 表现与资本市场活跃度建立联系，对此问题展开深入的研究，并通过实证检验，最终给出了答案。在我看来，作者通过整体观透视问题并进行剖析给读者呈现了清晰的研究框架和思考路径。本书的研究内容特色具体如下：

首先，基于动态视角探究 ESG 实践的有效性。既有研究针对上市公司财务绩效、企业价值、股票回报、企业创新、企业风险、资本成本、全要素生产率等因素探讨 ESG 的经济后果，鲜有研究涉及 ESG 与资本市场活跃度之间的关系。然而，在本书中，作者将上市公司 ESG 表现与资本市场活跃度联系起来，从资本市场的微观角度进一步探讨 ESG 表现对企业经济后果产生的影响，对于如何发挥 ESG 在资本市场中的效能具有一定的借鉴意义。

其次，基于 ESG 体系整体视角探究上市公司 ESG 表现对股票流动性影响的路径。本书中，作者厘清了 ESG 体系中 ESG 披露、ESG 评价和 ESG 投资三大环节发挥作用的不同路径，总结出 ESG 表现对上市公司股票流动性影响的三种机制：信息传导机制、风险规避机制、利益相关者支持机制。在此基础上，作者深入剖析 ESG 三个维度在三种机制下的作用及影响，进一步验证了 ESG 表现提高上市公司在资本市场中表现的关键维度。研究发现，公司治理（G）维度在改善 ESG 整体表现进而提升上市公司在资本市场中的表现方面发挥着关键作用。进一步地，本书遵循 ESG 生态系统观，选取重要的外部影响因素分析影响上市公司 ESG 表现与股票流动性关系的外部力量，完善了上市公司 ESG 表现影响股票流动性的形成机制。

最后，提出进一步完善 ESG 建设、发挥 ESG 实践有效性的新思路。虽然 ESG 进入我国相对较晚，但经过多年的发展演变，ESG 在我国已逐渐成为实现可持续发展的主流理念，越来越多的学者、企业家开始思考 ESG 理念的实践在我国的资本市场上是否真正发挥作用？如何基于实质性原则评价企业的 ESG 实践？如何衔接理论与现实中的 ESG 实践？在 ESG 理念推行过程中出现了哪些问题？如何去解决？在我国 ESG 生态系统建设不够完善的背景下，作者结合实际情境与实证结果，针对改善上市公司 ESG 表现进而提高股票流动性水平这一思路，从多角度提出相关的政策建议。这对构建中国特色 ESG 生态系统，以及提升上市公司 ESG 绩效，都具有较强的实践价值。

本书的贡献在于以信号传递理论、制度理论和利益相关者理论等经典理论作为理论基础，提出上市公司 ESG 表现提高股票流动性的三种不同渠道，并基于 ESG 生态系统观构建了完善的研究框架以深入分析内在作用机制。作者利用上市公司的数据，采用多种研究方法对研究假设进行了检验，对 ESG 体系的建设和相关理论体系的丰富和完善有着重要的参考价值。

当然，本书也存在一定的研究局限和不足。由于研究框架和研究深度的要求对于研究宽度的限制，作者主要聚焦上市公司 ESG 具体行为表现，未过多涉及内外部个体层面的影响因素。这一不足之处为学术界 ESG 领域的后续研究提供了方向，值得我们在此基础上继续进行深入的研究。期待李婷婷博士在 ESG 领域能够继续深入研究，产出更多的研究成果。

王凯　教授、博士生导师
首都经济贸易大学工商管理学院副院长
首都经济贸易大学中国 ESG 研究院副院长
中国企业管理研究会 ESG 专业委员会秘书长

序　二

ESG 作为一种兼顾经济效益和社会效益的可持续协调发展理念，源于企业社会责任（CSR），什么是企业社会责任（CSR）？以弗里德曼（Milton Friedman）为代表的股东至上主义认为，企业是为股东实现利润创造的经济实体，其社会责任（CSR）就是对股东负责。1970 年，弗里德曼在发表于《纽约时报》的《企业的社会责任是增加利润》一文中指出，合法性是企业唯一的企业社会责任，企业需要遵循法律制度、社会规范、履行企业责任，努力为股东创造价值以实现利润最大化。也就是说，对于企业而言，除了为股东创造利润，其他"既要、又要、还要"的投入都是成本和多余的。股东至上原则的兴起和盛行，导致企业短期利益与长期可持续发展之间的冲突，特别是所有权和控制权分离的股份公司，出现了以牺牲生态环境为代价、剥削工人权益等一系列的企业短视行为和社会贫富差距扩大等现象。之后，以弗里曼（R. Edward Freeman）为代表的利益相关者理论逐渐进入视野，回应了对企业"既要、又要、还要"要求的合理性。利益相关者理论认为，企业是由多种利益相关者构成的有机整体，应在实现股东价值这一目标之外兼顾社会责任或股东以外其他相关者的利益。即企业不仅既要承担股东的受托责任，又要关注股东之外的雇员、消费者、客户、供应商、债权人等在内的其他利益相关者的诉求，还要履行社区义务、环境保护等社会责任。

如何指导企业更好地履行企业社会责任、提升企业价值，实现企业社会价值和商业价值的双赢？兼容环境、社会和治理三个主要命题的 ESG 框架为此作出了解答。其一，在内涵和体系上，ESG 具有更大的包容性，ESG 不仅提出了企业应履行责任的框架和范围，同时也更加清晰地明确了各维度下的具体内容和所涉及的利益相关者，增强了企业与利益相关者之间的黏性。其二，在实践效果上，ESG 对企业在环境、社会和治理方面的投入具有客观和统一的量化标准，更符合资本市场的价值评价逻辑。这对提升企业与资本市场连接的有效性，发挥"善金融"的力量推动美好社会的实现具有重要的现实意义。

ESG 理念与我国新发展理念、"双碳"目标愿景和生态文明建设方向相一致。围绕构建国家治理能力和治理水平现代化这个重中之重，ESG 理念在我国的发展一直沿着从以生态环境保护和公益慈善为重点的企业社会责任（CSR）向聚焦环境、社会与治理为框架的 ESG 建设不断推进，国家也在立法上将企业 ESG 相关实践作为重要内容。2005 年的《公司法》首次提及社会责任。2024 年 7 月 1 日起实施的《中华人民共和国公司法》第十九条规定"公司从事经营活动，应当遵守法律法规，遵守社会公德、商业道德，诚实守信，接受政府和社会公众的监督"，第二十条规定"应当充分考虑公司职工、消费者等利益相关者的利益以及生态环境保护等社会公共利益，承担社会责任。国家鼓励公司参与社会公益活动，公布社会责任报告"。这意味着我国企业的 ESG 实践呈现立体和多维的系统模式，需要多视角分析 ESG 表现对企业经济后果产生的影响及其内在机理。

如同李婷婷博士在本书文献综述时梳理的，国内外学者关于 ESG 表现影响后果的研究主要关注在 ESG 表现对公司财务绩效、企业价值、企业创新、企业风险、资本成本、企业全要素生产率、股票回报等产生影响的方面。股票流动性是资本市场的基本属性之一，反映着资本市场价格发现、资源配置效率的高低，是衡量市场运行效率和成熟度的重要指标。股票流动性对企业创新、公司治理、生产效率、投融资行为、全要素生产率等有显著影响；另外，宏观因素经济波动、货币政策、利率变化和市场环境、交易制度、公司治理、信息披露等均对股票流动性产生影响。那么，企业 ESG 表现对其股票流动性有什么影响呢？

李婷婷博士的专著正是从这个角度出发，基于信号传递理论、制度理论和利益相关者理论，从信息传导机制、风险规避机制和利益相关者支持机制三个视角，探讨上市公司 ESG 表现影响股票流动性的作用机制，深入分析上市公司环境、社会和治理三个维度的表现在 ESG 披露、ESG 评价和 ESG 投资框架下如何提升股票流动性。颇具特色的是，本书通过理论分析和实证检验证明了上市公司 ESG 表现能够提升股票流动性对企业价值的积极作用，并识别出如何根据上市公司的性质（行业类型和产权性质）、合理运用外部因素（外部制度压力和政府支持）以有效促进上市公司 ESG 表现提升资本市场表现。这对于完善我国上市公司 ESG 制度建设、监管部门有针对性地制定相关政策等具有重要的实践启示，同时也为我国 ESG 相关研究作出了有特色的贡献。

ESG 理念和实践已成为我国企业实现可持续发展的重要驱动力，学术界对企业 ESG 表现的研究方兴未艾，期待李婷婷博士在 ESG 研究领域精耕细作，不断取得学术成果，解决更多 ESG 制度实践问题，为中国 ESG 事业贡献自己的力量！

张圣平　副教授、博士生导师

北京大学光华管理学院　副院长

北京大学金融数学与金融工程研究中心　副主任

前　言

可持续发展是人类经济社会永恒不变的主题。环境（E）、社会（S）和治理（G）又被称为 ESG，是一种兼顾经济、环境、社会和治理效益可持续协调发展的价值观，是一种追求长期价值增长的投资理念，是一种全面、具体且可落地的治理方式，是一种可以实现可持续发展的行为框架。随着 ESG 理念渐入主流，如何激活 ESG 动力以推动资本市场的可持续发展已成为学术界和实业界炙手可热的研究话题。党的二十大报告指出，要推动绿色发展、增进民生福祉，深化金融体制改革、健全资本市场功能以引导资本的健康发展。在外部环境更趋严峻复杂和不确定性加剧的背景下，对我们如何引导和推动上市公司在资本市场中"稳中求进"的健康发展提出了新要求。因此，ESG 作为兼顾经济效益和社会效益并与国家战略方针相吻合的可持续发展理念，为我国上市公司及资本市场在百年之变局中的"稳中求进"勾勒了行动框架。

在此背景下，本书将 ESG 与资本市场活跃度联系起来，从资本市场的微观角度进一步探讨 ESG 表现对企业经济后果产生的影响，丰富 ESG 相关研究，扩展股票流动性影响因素研究成果。本书采用文献计量法、文献研究方法、归纳演绎方法和实证研究方法，深度剖析了上市公司 ESG 表现如何影响股票流动性。从信息透明度、企业风险和利益相关者支持三个视角打开了其内在的影响机制"黑箱"，并将外部制度压力和政府支持两类外部影响因素纳入其中进行分析，构建了一个较为完善的分析框架。本书从 ESG 体系的 ESG 披露、ESG 评价、ESG 投资三大环节作为切入点梳理了 ESG 在实践中的发展，基于既有文献总结了我国历次针对提高股票流动性的制度安排，遵循 ESG 生态系统观点从 ESG 披露、ESG 评价和 ESG 投资三个角度分析 ESG 与股票流动性的联系。基于信号传递理论、制度理论和利益相关者理论构建了上市公司 ESG 表现影响股票流动性的理论框架。在理论框架构建的基础上，本书的实证检验分为四个部分。第一部分为上市公司 ESG 表现对股票流动性的影响。本书选用 2009~2021 年华证 ESG 评级数据及相关财务指标进行实证检验，验证了上市公司 ESG 表现与股票流动性之间的正相关关系。经过一系列稳健性检验，验证了本书的理论假设。进一步的，本书分别检验了环境（E）、社会（S）和治理（G）三个维度的表现对股票流动性的影响，验证了 ESG 表现对提高股票流动性的实质性意义。第二部分为上市公司 ESG 表现对股票流动性影响的中介机制分析。本书基于信号传递理论、制度理论和利益相关者理论深度剖析上市公司 ESG 表现影响股票流动性的中介机制。在理论框架下提出上市公司 ESG 表现提高股票流动性的信息传导机制、风险规避机制和利益相关者支持机制。经过实证分析和一系列稳健性检验，验证了本书的理论假设。进一步地，本书分别检验了环境（E）、社会（S）和治理（G）三个维度在三类中介机制下的影响，进一步验证了 ESG 表现提高上市公司在资本市场中表现的关键维度。第三部分为上市公司 ESG 表现对股票流动性影响的调节效应分析。本书遵循 ESG 生态系统观念，选取外部制度压力和政府支持两类外部影响因素进一步探究影响上市公司 ESG 表现与股票流动性关系的外部力量，完善了上市公司 ESG 表现影响股票流动性的内在机理。经过一系列稳健性检验，验证了本书的理论假设。第四部分为拓展性分析。本书进一步探讨上市公司 ESG 表现提高股票流动性对企业价值的影响，明确了上市公司 ESG 表现提高股票流动性水平的积极意义。本书还针对行业类型和产权性质进一步探讨了上市公司 ESG 表现对股票流动性的影响差异。

本书得出以下结论：

第一，上市公司 ESG 表现对股票流动性具有正向促进作用，上市公司 ESG 表现越好越有助于提高股票流动性水平。与此同时，上市公司 ESG 表现对股票流动性的正向影响是 ESG 各维度共同作用的结果。上市公司在环境（E）、社会（S）和治理（G）三方面的优异表现均有助于提高股票流动性水平，意味着上市公司 ESG 表现与股票流动性关系的研究具有实质性意义。结果证明了 ESG 作为一种非财务指标对上市公司的经营发展及在资本市场中的"稳中求进"具有重要意义。

第二，上市公司 ESG 表现提高股票流动性水平主要通过三类中介机制实现。在信息传导机制中，信息透明度在上市公司 ESG 表现与股票流动性之间起到中介作用。良好的 ESG 表现不仅是"负责任"的企业形象的最佳诠释，同时也是上市公司经济实力及具有可持续发展前景的具体体现。上市公司在 ESG 方面的良好表现有利于推动信息透明度的提高，信息透明度的提高有助于缓解上市公司与外部投资者之间的信息不对称问题，使得外部投资者更加全面、准确地掌握上市公司的相关信息，进而增强对上市公司的投资信心，有助于增加上市公司在股票市场上的交易量，提高股票流动性水平。在风险规避机制中，企业风险在上市公司 ESG 表现与股票流动性之间起到中介作用。ESG 是符合可持续发展战略与规划的行动框架，ESG 作为一种规范上市公司行为的框架体系，上市公司对 ESG

理念的积极响应和践行能为其获取"合法性"地位，"合法性"地位的获取有利于降低上市公司的负面评价以及由法律诉讼、破产风险等带来的经济损失，并有助于增强上市公司的抗风险能力和韧性，提高上市公司在资本市场中的表现。此外，公司治理（G）维度在改善 ESG 整体表现进而提高股票流动性水平方面发挥着关键作用。在利益相关者支持机制中，利益相关者支持在上市公司 ESG 表现与股票流动性之间起到中介作用。获得利益相关者的认可是上市公司改善 ESG 表现的动力之一，良好的 ESG 表现有助于取得利益相关者的支持进而拓宽融资渠道、提高融资效率，改善上市公司在资本市场中的表现。

第三，在外部影响因素方面。一方面，外部制度压力在上市公司 ESG 表现与股票流动性关系中发挥正向调节的作用。外部制度压力有助于促使上市公司改善 ESG 表现、提高信息透明度，进而增强上市公司与外部投资者之间的联系，有利于推动外部投资者加大对 ESG 表现良好的上市公司进行投资。另一方面，政府支持在上市公司 ESG 表现与股票流动性关系中发挥正向调节的作用。政府支持在资本市场上发挥着"认证效应"的作用，在引导上市公司践行 ESG 的同时也向市场传递利好信号，有助于将资金引入在 ESG 方面表现良好且具有发展前景的上市公司。

第四，上市公司 ESG 表现提高股票流动性有助于提升企业价值，意味着 ESG 对提高股票流动性具有积极意义。在行业类型方面，重污染倾向行业上市公司 ESG 表现对提高股票流动性的正向影响更强，因而外部制度压力等监管措施应该根据行业类型有针对性地制定和实施相关政策以达到良好的效果。在产权性质方面，国有企业 ESG 表现对提高股票流动性的正向影响更强，在一定程度上说明制度压力对 ESG 的实践具有重要作用，且应该加强对地方国有企业和非国有企业在 ESG 方面的政府支持力度。

本书将 ESG 与资本市场活跃度联系起来构建了上市公司 ESG 表现影响股票流动性的理论分析框架，探究了 ESG 表现如何提高股票流动性水平的问题，具有重要的理论意义和实践意义。从理论意义上看，填补了上市公司 ESG 表现与股票流动性关系的研究空白，提出了上市公司 ESG 表现影响股票流动性的作用机制框架，深化了上市公司 ESG 表现的相关理论研究。从实践意义上看，明确了良好的 ESG 表现对上市公司经济效益的积极作用，为引导和鼓励上市公司积极践行 ESG 提供了经验证据，同时也为政府相关部门对如何推动上市公司的 ESG 实践提供了实质性的建议，为相关政策的制定提供了参考。

目　　录

第 *1* 章

绪　　论

1.1

问题的提出

1.1.1　研究背景

资本市场是现代金融的重要核心，推动着经济的发展。其中，股票流动性是资本市场的基本属性之一，是衡量资本市场发展程度和质量的重要指标（Amihud and Mendelson，1986），建设一个有活力、有韧性的资本市场对高质量、可持续发展具有重要意义。2021 年中央经济工作会议强调，"2022 年经济工作要稳字当头、稳中求进，要正确认识和把握实现共同富裕的战略目标和实践途径，要正确认识和把握资本的特性和行为规律，要正确认识和把握防范化解重大风险，要正确认识和把握碳达峰碳中和"，这是基于当前我国经济出现新的下行压力下提出的现实要求。"稳字当头、稳中求进"，努力实现高质量发展，是从容应对当前以及未来面临的国际国内新挑战的关键抓手。上市公司是资本市场的重要组成部分，上市公司的发展质量关乎资本市场的运行效率。在外部环境更趋严峻复杂和不确定性加剧的背景下，百年变局的加速演进给上市公司带来了机遇与挑战，如何引导和推动上市公司在资本市场中"稳中求进"的健康发展是当前亟须探讨和解决的问题。

随着联合国大会 2015 年通过了《改变我们的世界——2030 年可持续发展议程》后，围绕社会、经济和环境的可持续发展议题日益成为解决各类全球性问题的根本之策。1987 年，世界环境与发展委员会（World Commission on Environment and Development）在《我们共同的未来》报告中定义了"可持续发展"，即"能满足当代人的需要，又不对后代人满足其需要的能力构成危害的发展"。此后，国际社会以可持续发展理念为核心，积极探索生态环境与可持续发展的协调之策。我国作为全球第二大经济体已经基本实现了工业化的华丽转身，经济社会的发展取得了举世瞩目的成就。尽管如此，生态环境仍是推动经济社会实现可持续发展的基础。尊重自然、保护环境、实现绿色发展是中华民族"天人合一"可持续发展理念的现实体现，是顺应人民对美好生活向往的题中之义。作为世界上最大的发展中国家，我国在 2020 年第 75 届联合国大会中提出力争 2030 年前实现碳达峰、2060 年前实现碳中和的庄严承诺，这不仅是我国推进绿色低碳发展的重大制度创新，而且体现了我国积极推动绿色低碳发展重任的大国担当。2022 年，中国共产党第二十次全国代表大会在报告中提出，我国需要加快绿色转型、深入推进环境污染防治，提升生态系统的多样性、稳定性和持续性，并积极推进碳达峰碳中和。与时俱进、及时更新的生态环境保护相关战略及政策的提出，彰显了我国以生态环境保护推动可持续发展的战略眼光和决心，也是推进美丽中国建设的核心要义。在社会责任方面，中国共产党第二十次全国代表大会明确提出"坚持走中国人权发展道路、积极参与全球人权治理、推动人权事业全面发展，要增进民生福祉、提高人民生活品质，要促进机会公平、坚持男女平等"，这体现了我国保障人民权益、创造美好生活的战略指引。在公司治理方面，2020 年国务院发布《关于进一步提高上市公司质量的意见》，并提出要把提升上市公司治理水平放在首要位置。之后，中国证券监督管理委员会明确要求要"坚持信息披露与公司治理监管'双轮驱动'"，将提高上市公司质量问题提升到战略地位。我国一系列战略和政策的提出，使得绿色发展、全面发展、高质量发展、可持续发展等观念深入人心。目前，在我国战略布局的指引下，经济社会的可持续发展需要一个系统的方法论作为指引和支撑，而集环境（environmental）、社会（social）和治理（governance）为一体的 ESG 理念为此提供了一个具体且可落地的行动框架。2004 年，联合国全球契约组织（United Nations Global Compact）在《在乎者即赢家》（*Who Cares Wins*）报告中首次提出 ESG 理念，随后欧美等国家积极践行 ESG，将环境（E）、社会（S）和治理（G）纳入可持续发展规划中，全方位推动经济社会的可持续发展。全球各国及各国际组织对 ESG 理念的广泛响应源于 ESG 理念符合可持续发展的要求，在 ESG 框架的指导下，经济社会的发展需要将环境、社会和治理各方面的因素纳入其中，将经济的发展与 ESG 理念相融合以推动可持续发展的实现。围绕环境（E）、社会（S）和治理（G）的可持续发展战略安排促进了生态效益、经济效益和社会效益有机统一，是实现高质量发展的必由之路。

　　ESG 作为一种实现可持续发展的现实路径，上市公司在 ESG 整体框架的指导下，需要在投资运营和战略决策中融入环境（E）、社会（S）和治理（G）三方面内容，从整体上考虑经济回报和社会福利的双重效应，而非片面追求股东利益最大化等单方面的因素（Fontoura and Coelho，2022）。上市公司通过 ESG 实现对外部环境产生"正外部性"影响的同时也能够为其自身带来良好的财务绩效（Tsai and Wu，2021）、提升企业价值（Jayachandran et al.，2013）。特别是在经济危机或全球"黑天鹅"事件期间，在 ESG 方面作出贡献的上市公司更容易从危机中走出来，有利于上市公司实现可持续发展。因此，ESG 在上市公司的可持续发展过程中扮演着重要的角色（Broadstock et al.，2021）。由此可见，兼顾经济效益和社会效益的 ESG 实践是一种具体且可落地的长期主义行为，是上市公司在百年之变局中"稳中求进"的战略引领和行动框架。

基于以上背景，本书将 ESG 与资本市场活跃度联系起来，从资本市场的微观角度进一步探索上市公司 ESG 表现对股票流动性的影响，填补上市公司 ESG 表现与股票流动性关系研究的空白，并借以丰富 ESG 相关研究，扩展股票流动性影响因素研究成果。为此，本书提出以下研究问题：第一，上市公司 ESG 表现是否切实有助于提高股票流动性水平？ESG 三个维度方面的表现是否均对提高股票流动性具有积极作用？第二，上市公司 ESG 表现如何影响股票流动性？怎样通过信息传导机制、风险规避机制和利益相关者支持机制三条路径实现？ESG 三个维度在三类中介机制中的作用如何？第三，影响上市公司 ESG 表现与股票流动性关系的外部影响因素有哪些？第四，上市公司 ESG 表现提高股票流动性是否对上市公司的长期发展具有积极作用？不同行业及不同产权性质的上市公司 ESG 表现对提高股票流动性的影响效果如何？外部力量如何精准发力以增强上市公司 ESG 表现与股票流动性之间的积极关系？

本书以 ESG 体系作为切入点并遵循 ESG 生态系统观点将 ESG 与资本市场进行有机结合，基于信号传递理论、制度理论和利益相关者理论构建上市公司 ESG 表现对股票流动性影响的理论框架，并将外部影响因素纳入框架进行分析以深入探讨上市公司 ESG 表现如何影响股票流动性，据此打开其内在影响机制的"黑箱"。

1.1.2　研究意义

1.1.2.1　理论意义

第一，拓展了上市公司 ESG 表现与资本市场关系领域的研究。目前有关 ESG 与资本市场关系的研究主要集中在股票价格（Grewal et al.，2019）、企业价值（Tampakoudis and Anagnostopoulou，2020；Jayachandran et al.，2013；Mackey et al.，2007）、IPO 抑价（Baker et al.，2021）、异质性波动（Ng and Rezaee，2020）等方面，鲜有研究涉及 ESG 与资本市场活跃度之间的关系。本书将上市公司 ESG 表现与资本市场活跃度联系起来，实证分析了上市公司 ESG 表现对股票流动性的影响，丰富了 ESG 的经济后果研究。此外，本书进一步探讨了上市公司 ESG 表现提高股票流动性是否能为上市公司带来积极的影响，较为完整地刻画了上市公司的 ESG 行为在资本市场中的积极作用以及对提升企业价值的重要性。

第二，提出了上市公司 ESG 表现影响股票流动性的作用机制框架。既有研究从降低企业风险、提高信息透明度、获取利益相关者支持等角度探讨了上市公司 ESG 行为带来的积极后果，但大部分研究停留在 ESG 表现的效应研究层面，缺乏深入的机制探讨。本书则基于信号传递理论、制度理论和利益相关者理论，从信息传导机制、风险规避机制和利益相关者支持机制三个视角探讨上市公司 ESG 表现如何影响股票流动性，并基于大样本数据对三类中介机制进行实证检验。进一步的，本书遵循 ESG 生态系统观点，选取外部制度压力和政府支持两类外部影响因素分析了增强上市公司 ESG 表现与股票流动性关系的外部力量。因此，本书在一定程度上打开了上市公司 ESG 表现影响股票流动性的"黑箱"，为引导和推动上市公司的 ESG 实践提供了经验证据。

第三，深化了股票流动性的前因研究。股票流动性对资本市场的稳定与可持续发展具有重要意义。以往的研究主要从宏观因素、交易制度、公司治理、公司投资行为和信息披露五个方面进行探讨，所涉及的影响因素较为单一。而本书基于与可持续发展战略相吻合的上市公司长期主义行为框架，将上市公司的 ESG 整体表现作为提高股票流动性的影响因素，深入探讨两者之间的关系及作用机制，为股票流动性的前因研究提供了新的视角。

1.1.2.2 实践意义

第一，有利于引导上市公司进行 ESG 实践活动。ESG 不仅与碳达峰碳中和等可持续发展战略不谋而合，而且是具体且可落地的行动框架。但是，由于 ESG 理念引入我国相对较晚，而且我国对上市公司的 ESG 实践是非强制性的要求，因而上市公司在 ESG 实践方面还存在较大的自主性。这不仅不利于上市公司的可持续发展，而且也不利于资本市场的健康发展。本书通过对 ESG 表现带来的积极经济效应以及对 ESG 表现与股票流动性关系的影响机制进行深入探讨，为引导上市公司积极践行 ESG 提供了经验证据。

第二，有利于为政府相关部门制定政策提供参考。本书通过分析上市公司 ESG 表现与股票流动性之间的关系，厘清了上市公司 ESG 表现提高股票流动性的作用机制。进一步的，本书基于 ESG 生态系统观点，验证了外部制度压力和政府支持对上市公司 ESG 表现与股票流动性关系的正向促进作用。同时，基于行业类型和产权性质分别检验了上市公司 ESG 表现对股票流动性的影响差异，并结合外部制度压力和政府支持两类外部影响因素进一步检验了其中的作用效果，有助于为政府相关部门制定和完善相关政策法规提供参考。

第三，有助于为上市公司推进 ESG 相关活动提供经验证据和实践指导。本书实证检验了上市公司 ESG 表现对提高股票流动性的积极作用，这对提升上市公司在资本市场中的表现及融资能力具有重要意义。本书深入检验了 ESG 三个维度的表现在提高股票流动性作用机制过程中的贡献，有助于为上市公司改善 ESG 表现提供方向上的指导与建议。

1.2
研究内容与研究方法

1.2.1　研究内容

本书立足如何推动上市公司及资本市场"稳中求进"的可持续发展问题，研究上市公司 ESG 表现对股票流动性的影响，旨在从理论上丰富和延伸 ESG 及股票流动性相关研究，在实践中为引导上市公司践行 ESG 以提高在资本市场中的表现提供参考和依据，为贯彻落实高质量、可持续发展战略提供实证支持。

本书主要包括五个方面的内容。第一，构建上市公司 ESG 表现对股票流动性影响理论框架。本部分在对现有文献进行计量分析、系统回顾及梳理的基础上，找到上市公司 ESG 表现与股票流动性关系这一研究空白。从 ESG 体系作为切入点梳理 ESG 在实践中的发展，并基于既有文献总结我国历次提高股票流动性的制度安排。在此基础上，从 ESG 披露、ESG 评价和 ESG 投资三个角度分析 ESG 与股票流动性的关系。同时，基于信号传递理论、制度理论和利益相关者理论并遵循 ESG 生态系统观点，构建上市公司 ESG 表现对股票流动性影响理论框架。第二，基准关系验证。本部分旨在验证上市公司 ESG 表现是否有助于提高股票流动性水平。进一步的，分别检验 ESG 三个维度的表现对提高股票流动性的作用。第三，中介机制分析。本部分基于信号传递理论、制度理论和利益相关者理论识别上市公司 ESG 表现提高股票流动性的中介机制，验证上市公司 ESG 表现如何影响股票流动性水平的提高。分别对信息传导机制、风险规避机制和利益相关者支持机制三类中介机制进行探讨和分析。进一步的，分别检验 ESG 三个维度的表现在三类中介机制中的影响。第四，调节效应分析。本部分在遵循 ESG 生态系统观点的基础上选取外部制度压力和政府支持两类外部影响因素，分别检验两类外部影响因素对上市公司 ESG 表现与股票流动性关系的影响，以期完善上市公司 ESG 表现对股票流动性影响的内在机理。第五，明确上市公司 ESG 表现提高股票流动性对企业价值的积极影响，再者，本书基于行业类型和产权性质分别检验上市公司 ESG 表现影响股票流动性的影响差异，并进一步检验外部制度压力和政府支持两类外部力量分别在不同行业和不同产权性质上市公司中发挥的作用，以期为政府相关部门的政策制定提供参考。

1.2.2 研究方法

基于以上研究内容，本书主要采用文献计量法、文献研究方法、归纳演绎方法和实证研究方法对上市公司 ESG 表现与股票流动性的关系进行分析、探讨和检验。

第一，文献计量法。文献计量法是一种以数理统计方法为基础对研究领域的成果进行定量分析的研究方法，通过文献计量法可以对研究领域研究成果的文献数量、作者、合作机构、关键词、文献引用等信息进行分析，展现研究领域的研究现状、研究热点和研究趋势。本书选用 CiteSpace 文献计量分析工具对 ESG 表现研究的关键词进行共现分析、聚类分析以及突现词分析，旨在厘清 ESG 表现的研究脉络、研究热点和研究趋势，为深入 ESG 表现研究、合理梳理 ESG 表现相关文献以及找准 ESG 表现研究空白提供客观的数据支持。

第二，文献研究方法。文献研究方法在学术研究中被广泛采用，该方法通过对既有研究成果进行整理和分析以全面了解研究主题的方向、思路和结论，从中找到现有研究中的不足，并在此基础上开展进一步研究。本书通过回顾和梳理信号传递理论、制度理论、利益相关者理论以及国内外有关 ESG 和股票流动性研究的文献，找出既有研究成果的研究空白。与此同时，从中提取与本书主题相关的观点、研究方法及相关变量，构建上市公司 ESG 表现影响股票流动性的研究框架，并据此进行理论推导和实证检验。

第三，归纳演绎方法。本书利用逻辑推演法从 ESG 体系的 ESG 披露、ESG 评价和 ESG 投资三大环节作为切入点梳理了 ESG 在实践中的发展，基于既有文献总结了我国历次针对提高股票流动性的制度安排，遵循 ESG 生态系统观点从 ESG 披露、ESG 评价和 ESG 投资三个角度分析了 ESG 与股票流动性的联系，剖析上市公司 ESG 表现影响股票流动性的中介机制。与此同时，本书将外部制度压力和政府支持两类外部影响因素纳入分析框架中，构建了上市公司 ESG 表现对股票流动性影响理论框架。在此基础上，采用内容归纳方法针对我国的制度背景、ESG 实践发展阶段及现实需求，提出如何利用 ESG 推动上市公司与资本市场实现良性互动的相关政策建议，旨在从理论与现实相结合的角度指导实践。

第四，实证研究方法。本书在文献研究方法和归纳演绎方法的基础上提出本书的研究假设，利用实证分析方法对研究假设进行检验和分析。主要包括对上市公司研究样本进行描述性统计分析、相关系数分析、基准关系检验、中介机制检验、调节效应分析、组间均值差异检验等实证研究方法。同时，本书采用两阶段最小二乘法、倾向得分匹配（PSM）等方法缓解实证检验过程中可能存在的内生性问题。

1.3

研究思路与技术路线

1.3.1 研究思路

本书遵循"理论框架构建—基准关系检验—中介机制分析—调节效应分析—拓展性分析"的核心研究思路，较为系统地研究了上市公司 ESG 表现对股票流动性的影响及作用机制。本书主要包括八章内容，各章具体安排如下。

第 1 章绪论。介绍本书的研究背景与研究意义、研究内容与研究方法、研究思路与技术路线，并阐明本书的研究创新。

第 2 章相关理论与文献综述。第一，介绍与本书相关的信号传递理论、制度理论和利益相关者理论。第二，选用 CiteSpace 文献计量工具对 ESG 表现研究进行分析，厘清 ESG 表现研究脉络、研究现状和研究趋势，并找到 ESG 表现与股票流动性关系这一研究空白。第三，回顾和梳理 ESG 表现、股票流动性研究的相关文献，并进行文献述评。

第 3 章上市公司 ESG 表现对股票流动性影响的理论框架。第一，基于 ESG 体系的 ESG 披露、ESG 评价与 ESG 投资梳理 ESG 在实践中的发展。第二，基于既有文献梳理并总结我国历次提高股票流动性的制度安排。第三，从 ESG 体系作为切入点分析 ESG 与股票流动性的联系，基于信号传递理论、制度理论和利益相关者理论并遵循 ESG 生态系统观点，构建上市公司 ESG 表现对股票流动性影响的理论框架。

第 4 章上市公司 ESG 表现对股票流动性的影响。第一，对上市公司 ESG 表现与股票流动性的关系进行理论分析并提出研究假设。第二，运用最小二乘回归方法对研究假设进行实证检验。第三，通过替换 ESG 的衡量方法、替换股票流动性的衡量方法、自变量滞后处理、因变量前置处理、延长观测窗口、删除部分样本、两阶段最小二乘法、倾向评分匹配等方法进行稳健性检验。第四，分别检验 ESG 三个维度的表现对股票流动性的影响效果。

第5章上市公司 ESG 表现对股票流动性影响的中介机制分析。第一，对上市公司 ESG 表现影响股票流动性的中介机制进行理论分析并提出研究假设。其中，中介机制包括信息传导机制、风险规避机制、利益相关者支持机制。第二，运用最小二乘回归方法对提出的研究假设进行实证检验。第三，通过替换 ESG 的衡量方法、替换股票流动性的衡量方法进行稳健性检验。第四，分别检验 ESG 三个维度的表现在三类中介机制中的作用。

第6章上市公司 ESG 表现对股票流动性影响的调节效应分析。第一，选取外部制度压力和政府支持两类外部影响因素对上市公司 ESG 表现与股票流动性关系的影响进行理论分析并提出研究假设。第二，运用调节效应分析方法检验外部影响因素在上市公司 ESG 表现与股票流动性关系之间的作用并予以分析，以期完善上市公司 ESG 表现与股票流动性之间的内在机理。第三，通过替换 ESG 的衡量方法、替换股票流动性的衡量方法进行稳健性检验。

第7章拓展性分析。第一，检验上市公司 ESG 表现提高股票流动性对企业价值的影响。第二，基于行业类型的异质性分析。第三，基于产权性质的异质性分析。

第8章研究结论、政策建议与研究展望。第一，总结本书得出的结论。第二，针对结论提出相应的政策建议。第三，提出本书未来的研究方向。

从整体上看，本书的总体构架是在第三章的基础上形成的。本书首先明确 ESG 体系，即 ESG 披露、ESG 评价和 ESG 投资，并从实践的角度分别对其进行梳理。其次，从既有文献中梳理股票流动性的制度背景，明确提高股票流动性水平的积极意义。最后，从 ESG 体系切入，分析 ESG 与股票流动性之间的联系，构建上市公司 ESG 表现对股票流动性影响的理论框架。基于此，本书利用实证研究方法，选用万得（Wind）、中国经济金融研究数据库（CSMAR）等数据库的数据，对上市公司 ESG 表现与股票流动性关系的问题进行多角度实证分析，并层层递进展开研究。在基准检验的基础上，本书识别了信息传导机制、风险规避机制和利益相关者支持机制三类中介机制，并对 ESG 三个维度在其中的贡献和作用进行了实证检验。进一步的，本书结合 ESG 生态系统观点识别出了影响上市公司 ESG 表现与股票流动性关系的外部影响因素，将外部制度压力和政府支持作为调节变量进行分析和检验，以期完善上市公司 ESG 表现对股票流动性影响的内在机理，为未来如何推动上市公司积极践行 ESG 及实现"稳中求进"提供经验证据，并据此提出相应的政策建议。

1.3.2　技术路线

本书的技术路线如图 1-1 所示。

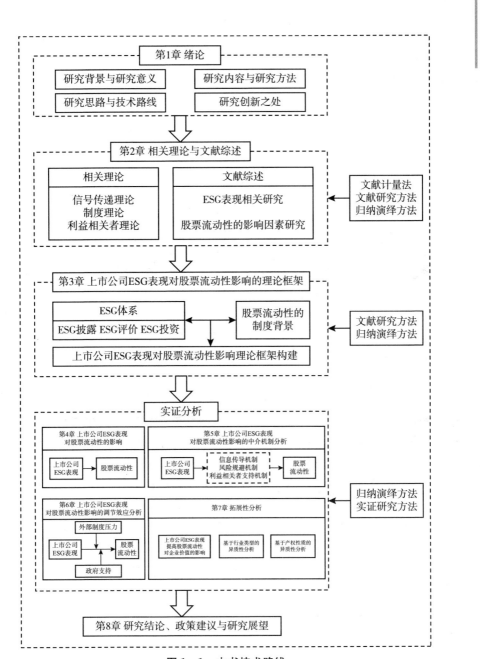

图 1-1　本书技术路线

1.4

本书的创新之处

本书从上市公司 ESG 表现对股票流动性的影响切入，致力于解释如何提升我国上市公司在资本市场中的表现以实现"稳中求进"的现实性管理问题。

第一，拓展 ESG 表现与资本市场互动关系相关研究。本书选用 CiteSpace 文献计量工具对 ESG 表现研究的中文文献与外文文献进行计量分析，以客观的数据揭示了既有文献对 ESG 表现研究的研究热点、关注领域以及研究趋势。同时本书通过文献计量法发现了 ESG 表现研究的重点领域及研究空白，有助于扩展 ESG 研究范围、深化 ESG 研究主题、丰富 ESG 表现相关研究。本书在文献计量结果分析的基础上构建了上市公司 ESG 表现与资本市场活跃度之间的联系，填补了上市公司 ESG 表现与股票流动性关系的研究空白。从实践方面看，可持续发展是我国经济转型期的重要目标，如何实现上市公司在发展中的"稳中求进"是实现高质量发展的重大现实问题。ESG 作为一种系统方法论，在追求经济效益的同时也强调社会福利的最大化，因而 ESG 能为上市公司带来财务绩效和竞争优势。上市公司的长期主义行为和追求经济效益最大化目标之间的关系是重要的现实问题，且一直没有一致的结论。本书则通过系统的实证研究设计，针对如何实现上市公司商业价值和社会责任的双赢以推动上市公司在资本市场中的"稳中求进"问题进行深入剖析和检验。同时，本书还进一步探讨了 ESG 各维度对提高股票流动性的贡献，以及 ESG 表现提高股票流动性能够为上市公司带来的积极的经济后果。本书在丰富 ESG 相关研究、扩展股票流动性影响因素研究成果的同时也为我国如何实现经济社会的高质量、可持续发展提供了一定的借鉴。

第二，构建"上市公司 ESG 表现—股票流动性"逻辑框架。本书基于 ESG 体系的三个关键环节，构建了上市公司 ESG 表现提高股票流动性水平的三类中介机制。具体而言，基于 ESG 披露环节构建了"上市公司 ESG 表现—信息透明度—股票流动性"的信息传导机制；基于 ESG 评价环节构建了"上市公司 ESG 表现—企业风险—股票流动性"的风险规避机制；基于 ESG 投资环节构建了"上市公司 ESG 表现—利益相关者支持—股票流动性"的利益相关者支持机制。通过三类中介机制的构建，厘清了上市公司 ESG 表现与股票流动性之间的内在逻辑关系，使研究更为系统和深入。同时，本书基于信号传递理论、制度理论和利益相关者理论分别对信息传导机制、风险规避机制和利益相关者支持机制进行了理论分析和实证检验。因此，本书在一定程度上打开了上市公司 ESG 表现影响股票流动性作用机制的"黑箱"。

第三，在构建"上市公司 ESG 表现—股票流动性"逻辑框架下纳入外部影响因素分析。本书遵循 ESG 生态系统观点，在"上市公司 ESG 表现—股票流动性"逻辑框架中纳入了外部影响因素进行分析。本书选取了外部制度压力和政府支持两类重要的外部影响因素，分别分析并检验了其对上市公司 ESG 表现与股票流动性关系的影响，完善了"上市公司 ESG 表现—股票流动性"的理论框架，丰富了企业行为与资本市场表现研究领域影响机制的探讨。

第2章

相关理论与文献综述

本书致力于探究上市公司 ESG 表现对股票流动性的影响及其作用机制。在明确了研究背景、研究意义，以及厘清研究内容及方法、研究思路及技术路线的基础上，本章主要对相关理论及文献进行系统梳理并进行文献述评。具体有以下内容：第一，相关理论。包括信号传递理论、制度理论和利益相关者理论。第二，ESG 表现相关研究。包括 ESG 概念界定、ESG 表现研究现状及趋势分析、ESG 表现的影响后果研究三个部分。第三，股票流动性相关研究。包括股票流动性概念界定、股票流动性指标测量和股票流动性的影响因素三个部分。第四，ESG 表现对股票流动性的影响。第五，文献述评。总体上，本章根据上市公司 ESG 表现对股票流动性影响的理论框架，从信号传递理论、制度理论和利益相关者理论切入，依次对信号传递理论、制度理论、利益相关者理论、ESG 表现、股票流动性等相关文献进行系统回顾和梳理，为本书的研究奠定理论基础。

2.1

相关理论

2.1.1 信号传递理论

斯宾塞（Spence，1974）基于劳动力市场中供需双方的信息不对称问题提出了信号传递理论，该理论认为如果招聘单位不能完全知晓应聘者的教育背景等关键信息，就难以评估应聘者的真实能力。因此，教育背景作为评估应聘者是否具有胜任相关工作能力的重要信号，被招聘单位视为判断应聘者综合素质、能力以及为此付出合理薪酬的评判标准。基于此，应聘者需要在求职市场上充分展现与自身教育背景相关的关键信息，向劳动力市场传递自身符合"人岗匹配"条件的重要信号，这对提高市场效率具有重要作用。在之后有关信号传递理论的研究中，罗斯（Ross，1977）从资本市场角度研究了企业与外部投资者之间的信息不对称问题，其认为信号传递在提高资本市场的效率方面具有积极意义。企业向外界传递盈利能力等相关信息，有助于为投资者作出合理的投资决策提供更多有价值的信息。与此类似，股利政策可以作为资本市场上的一种信号，向投资者传递企业经营状况和发展前景等相关信息，因而在信号传递中发挥着重要作用（Bhattacharya，1979）。综上来看，信号传递理论是解释上市公司 ESG 行为及披露的重要理论基础。上市公司在 ESG 方面的优异表现及相关信息的披露可以向资本市场释放上市公司具有良好资质的利好信号，有助于提高投资者对上市公司的了解及信任，进而能够有效改善上市公司的外部融资水平（Chen et al.，2023；Zhang and Lucey，2022）。因此，信号传递理论是研究上市公司 ESG 表现与股票流动性关系的重要理论基础。

2.1.2　制度理论

制度包括正式制度和非正式制度（Scott，2013）。制度理论强调的是制度如何影响企业行为（DiMaggio and Powell，1983）。即制度存在于企业赖以生存和发展的"生态环境"中，制度通过法律制度、社会规范和认知规范等形式作用于企业行为，利用法律制度等强制性规范对企业行为提出要求并实施监管，利用社会规范和认知规范迫使企业在生存和发展过程中规范自身行为以寻求合法性。当企业行为与制度要求趋于一致时，企业就获取了"合法性"地位（Scott，1995）。所以，企业"合法性"地位的获取说明了企业行为符合制度规范要求，是被社会认可和接纳的。同时，这也是企业适应制度以及谋求可持续生存与发展的重要体现。因而，制度不仅是企业之间相互博弈的规则，同时也是对企业行为产生约束作用的重要力量（North，1990）。但是，由于企业决策是以经济效益最大化为目标而实施的，因而制度对企业的影响也会存在经济效率的差异化（North，1990）。综上来看，制度理论是解释上市公司 ESG 行为的重要理论基础，因为对于上市公司而言，ESG 作为上市公司的非财务目标并不会为其带来直接的经济效益，因而需要通过制度规范、制度压力对上市公司的经营目标和行为施加影响（Weber，2014）。同时，ESG 作为实现社会效益最大化的具体行动框架，上市公司需要通过改善 ESG 表现以获取"合法性"地位，进而为其带来间接的经济效益（Reber et al.，2021）。因此，制度理论是研究上市公司 ESG 表现与股票流动性关系的重要理论基础。

2.1.3　利益相关者理论

利益相关者概念诞生于 20 世纪 60 年代，该理论认为企业的高层管理者应该协调企业与利益相关者之间的关系，利益相关者的支持是企业生存的重要条件。弗里曼（Freeman，1984）指出利益相关者是影响企业等组织的目标实现或被组织目标实现所影响的人或集团。此后，利益相关者等概念被广泛运用。利益相关者包括股东、投资者、顾客、供应商、社区、管理者、员工、政府、商业伙伴、竞争者和非政府组织，利益相关者的组成可以按资本市场、产品市场、企业内部等范围进行划分，也可以按照直接利益相关者和间接利益相关者进行划分。在利益相关者的相关研究中，通常认为企业是由多种相互关联的利益相关者构成的有机整体（Clarkson，1995），利益相关者对企业进行投资，并能够对企业产生影响（Carroll and Buchholtz，1993）。因此，企业的生存和发展是基于利益相关者的支持得以实现。从整体上看，企业与利益相关者之间有三层联系。第一，企业与利益相关者之间是独立的个体，两者关系是利益互换的结果，旨在实现双方效率的最大化（Freeman，1984；Mitchell et al.，1997；Freeman，2010）。第二，企业与利益相关者之间是契约关系，企业根据利益相关者的要求和合法权益作出回应，两者之间互为影响（林曦，2010）。第三，企业与利益相关者之间构成网络结构。企业在社会责任方面的贡献会推动企业与利益相关者之间的互动，有助于双方获取相应的资源和利益，为企业建立"合法性"地位（Aguinis and Glavas，2012；Ioannou and Serafeim，2015）。综上来看，利益相关者理论是解释上市公司 ESG 行为的重要理论基础，因为对于上市公司而言，满足利益相关者的需求以维护与利益相关者之间的关系是上市公司进行 ESG 实践的动力之一（Ren et al.，2022）。上市公司积极践行 ESG 有助于提升其声誉资本和道德资本，进而有利于上市公司获取利益相关者的支持和所需的经济资源。因此，利益相关者理论是研究上市公司 ESG 表现与股票流动性关系的重要理论基础。

2.2
ESG 表现相关研究

2.2.1 ESG 概念界定

2004 年，联合国全球契约组织在《在乎者即赢家》（*Who Cares Wins*）报告中首次提出 ESG 概念后，ESG 逐渐成为全球各国、各地区积极践行的发展目标，受到上市公司和资本市场的追捧。ESG 是一个包括环境（environmental）、社会（social）和治理（governance）三方面在内的框架体系，包含可能对实体、主权国家或企业个体的财务业绩或偿付能力产生积极或消极影响的环境、社会和治理三个维度的相关事项（见表 2 - 1）。经过近 20 年的发展，ESG 的内涵在实践过程中不断地被深化，主要包含四层含义：

表 2 - 1　　　　　　　　　　　　　ESG 框架

维度	包含因素	定义
环境（E）	空气污染物； 温室气体排放； 废物生产和管理； 水的使用和回收； 能源消耗和效率； 环保产品和服务的创新； 对生态系统的影响和依赖； 对生物多样性的影响和依赖	可能对实体、主权国家或企业个体的财务业绩或偿付能力产生积极或消极影响的环境事项
社会（S）	多元化； 培训和教育； 工作时数与假期； 童工或强制劳工； 薪酬、招聘及晋升； 反歧视与机会平等； 工作场所健康与安全； 供应链管理； 客户隐私； 客户健康与安全； 贫困和社区影响	可能对实体、主权国家或企业个体的财务业绩或偿付能力产生积极或消极影响的社会事项
公司治理（G）	股东参与； 高管薪酬； 透明度和披露； 反贿赂和反腐败； 董事会多样性和结构； 行为准则和商业原则； 内部监控与风险管理	可能对实体、主权国家或企业个体的财务业绩或偿付能力产生积极或消极影响的治理事项

资料来源：笔者根据相关资料整理所得。

第一，ESG 是一个可持续投资的实践（王大地和黄洁，2021）。ESG 源于负责任投资，联合国负责任投资原则组织（The United Nations-supported Principles for Responsible Investment）将负责任投资定义为"将环境、社会和治理（ESG）因素纳入投资决策和积极所有权的战略和实践"。有关 ESG 的多数研究从 ESG 的可持续投资角度进行定义。莱恩斯（Leins，2020）认为，ESG 属于"负责任投资"的重要组成部分，是一种对上市公司进行评估时将环境（E）、社会（S）和治理（G）三因素考虑其中的投资策略。它不仅是上市公司对外界宣称其履行负责任行为的具体体现，同时也是投资者在追求利润最大化和公司道德行为之间寻求平衡的最佳方式。吉兰等（Gillan et al.，2021）认为 ESG 是上市公司和投资者将环境、社会和治理问题融入其商业模式的考量，更加关注上市公司的治理结构与环境和社会活动之间的相互关系。高杰英等（2021）指出 ESG 是一种上市公司将环境（E）、社会（S）和治理（G）三方面因素综合考虑到投资决策的策略。

第二，ESG 是企业非财务绩效披露的主流框架（孙忠娟等，2021）。随着 ESG 逐渐成为资本市场实践的重要理念，政策制定者和上市公司逐渐认识到对 ESG 进行披露的重要性，因而 ESG 成为了衡量上市公司非财务绩效的关键指标（Lagasio and Cucari，2019）。

第三，ESG 是企业可持续发展实践的核心框架体系（王大地和黄洁，2021）。ESG 作为投资者评估公司行为和未来财务绩效的一个标准和策略，其环境、社会和治理（ESG）因素有助于衡量公司行为的可持续性及其对社会产生的影响（EBA，2021）。达斯古普塔（Das Gupta，2022）认为 ESG 是可持续发展与长期导向观念的具体体现。ESG 与上市公司的可持续发展要求具有内在的一致性（Sandberg et al.，2022），ESG 表现是上市公司可持续性的重要体现（Shu and Tan，2023），因而 ESG 是衡量上市公司是否具有可持续发展潜力的重要指标（Yan et al.，2023）。黄世忠（2021）则从可持续发展理论角度阐述了为何 ESG 是评价上市公司可持续发展的一种方法论问题。

第四，ESG 是一种兼具工具性和目的性的价值判断标准（王大地和黄洁，2021）。具体而言，一方面，ESG 是上市公司取得合法性的工具，而外部利益相关者则可以使用 ESG 指标衡量和比较各上市公司在 ESG 方面的投入以作出投资决策（Lokuwaduge and Heenetigala，2017）。另一方面，ESG 表现对上市公司获取长期回报具有重要意义，因而 ESG 不仅是对上市公司实现可持续发展的规范性要求，同时 ESG 所具有的标准化特性也为投资者进行投资决策时提供了可靠的"投资工具"（Barman，2018）。总之，在 ESG 框架的指导下，上市公司通过 ESG 实践推动自身的可持续发展，其对外部环境产生的"正外部性"效应又继续推动着经济社会的可持续发展（黄世忠，2021）。

虽然学术界对 ESG 的概念还没有统一的定义，但是通过综合 ESG 领域的既有研究，本书对 ESG 的定义为，ESG 是一种综合考虑了环境（E）、社会（S）和治理（G）三方面因素的管理理念和投资策略，通过减少上市公司行为的"负外部性"以增加社会和利益相关者的福利，最终实现可持续发展的系统方法论和商业模式（Leins，2020；Gillan et al.，2021；Gerard，2019；Nemoto and Morgan，2020；Van Duuren et al.，2016；Landi and Sciarelli，2019）。因此，ESG 作为一种兼顾经济、环境、社会和治理效益可持续协调发展的价值观，是一种追求长期价值增长的投资理念，是一种全面、具体且可落地的治理方式。

2.2.2　ESG 表现研究现状及趋势分析

本书为了更好地厘清 ESG 表现相关研究脉络，找准研究空白，选用 CiteSpace 文献计量工具对国内外 ESG 表现的相关研究成果进行客观的量化和分析。通过 CiteSpace 文献计量分析，以更为客观且直接的数据和图谱来展现研究现状和趋势（李杰和陈超美，2016），用多元和动态的可视化方式对 ESG 表现的过往研究进行呈现、归纳和总结。

本部分的数据包括中文文献和外文文献。本书检索的中文文献数据来自中国知网（CNKI）数据库。根据 ESG 概念的界定，本书认为 ESG 表现是包括环境（E）、社会（S）和治理（G）三个维度在内的上市公司在 ESG 方面的整体表现，因而本书按"主题"搜索"ESG 表现"的中文期刊文献，时间限定为 2004 ~ 2022 年，显示共有 481 条搜索结果。人工筛选并剔除与研究主题不相关的文献，保留 167 条文献。由于 ESG 得分是 ESG 表现的具体体现（王凯和邹洋，2021），为了更为全面地检索相关文献，本书再按"主题"搜索"ESG 得分"的中文期刊文献，时间限定为 2004 ~ 2022 年，共有 66 条搜索结果。人工筛选和比对后剔除与研究主题不相关且重复的文献，保留 2 条文献。最后通过 CiteSpace 的去重处理，最终保留 169 条有效的中文文献进行计量分析。本书检索的外文文献数据来自 WOS（Web of Science）的核心合集数据库，按"Topic"搜索"ESG"和"performance * OR score *"，时间限定为 2004 年 1 月至 2022 年 12 月，文献类型为 Article，经检索后显示共有 1 085 条文献。人工筛选并剔除与研究主题不相关的文献，并经过 CiteSpace 软件的去重处理，最终保留 594 条有效的外文文献进行计量分析。

2.2.2.1　研究文献发文量情况分析

研究文献的发文量可以在一定程度上直观反映出该研究的发展阶段、热点及趋势。本书按照检索的样本文献分别对中文文献和外文文献的年度发表量进行统计和整理，并绘制出趋势图进行对比分析。如图 2 - 1 所示，2004 年 1 月至 2022 年 12 月，有关 ESG 表现研究的中文文献和外文文献共计 763 篇。柱状图为中文文献的年度发文量，从统计结果看，中文文献有关 ESG 表现的研究最早发表于 2018 年，仅 1 篇。2018 ~ 2022 年共发表中文文献 169 篇，2021 年发文量为 37 篇并开始呈现明显上升趋势，2022 年发文量为 117 篇，呈现出积极的发展态势。折线图为外文文献的年度发文量，从统计结果看，外文文献有关 ESG 表现的研究最早发表于 2010 年，仅 1 篇。2010~2022 年共发表 594 篇，2010~2018 年年度发文量较低且平稳，年均发文量 6.5 篇。从 2019 年起，发文量增长呈迅猛态势，2022 年外文文献发文量达 309 篇。此外，外文文献的发文期刊大多集中于《企业社会责任与环境管理》（*Corporate Social Responsibility and Environmental Management*）、《商业战略与环境》（*Business Strategy and the Environment*）、《金融研究快报》（*Finance Research Letters*）等期刊。从总体上看，有关 ESG 表现研究的中文文献和外文文献从 2019 年后开始兴起，逐渐成为 ESG 领域的研究热点之一。但相较于外文文献，中文文献中有关 ESG 表现的研究起步晚、发展慢且不成熟。因此，中文文献中有关 ESG 表现的相关研究有待进一步深入开展。

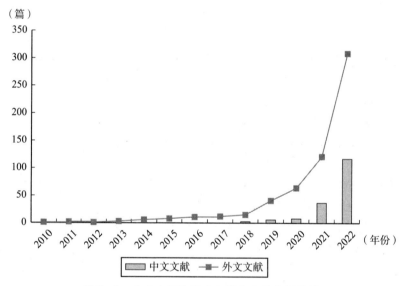

图 2 - 1　中文文献和外文文献年度发文量统计

2.2.2.2　研究热点分析

关键词是对研究主题核心要点的重要凝练，反映了与研究主题相关的热点和趋势。本书利用 CiteSpace 文献计量工具进行关键词共现及关键词聚类分析，对现阶段有关 ESG 表现研究的中文文献和外文文献的研究热点进行呈现和分析。

本书首先对关键词进行共现分析，节点类型选择"关键词（Keyword）"，经过软件分析，得到中文文献和外文文献的关键词共现图谱如图 2 - 2 和图 2 - 3 所示。由于首次进行关键词共现分析时关键词共现图谱呈现出各关键词叠加的情况，因此本书选择"开拓者（pathfinder）"进行"修剪混合网络（pruning the merged network）"的策略分析以呈现关键词的共现图谱。关键词共现图谱中的节点大小代表关键词出现的频次，各节点之间的连线粗细代表关键词之间的关联强度。如图 2 - 2 所示，中文文献有关 ESG 表现研究的关键词共现图谱共包含 175 个节点，180 条连线，共现网络密度为 0. 0118。如图 2 - 3 所示，外文文献有关 ESG 表现研究的关键词共现图谱共包含 357 个节点，1 331 条连线，共现网络密度为 0. 0209。在此基础上，本书对中文文献和外文文献有关 ESG 表现研究的关键词进行聚类分析，综合呈现 ESG 表现研究的主题。关键词聚类是对相近的关键词进行整合并聚焦于相关主题的过程，聚类生成的编号越小则聚类的规模越大，包含的关键词越多。如图 2 - 4 所示为中文文献有关 ESG 表现研究的关键词聚类图谱，Modularity Q = 0. 8713，大于 0. 3，表明聚类结构显著。Silhouette S = 0. 9510，大于 0. 7，表明聚类结果信服度高。如图 2 - 5 所示为外文文献有关 ESG 表现研究的关键词聚类图谱，Modularity Q = 0. 7645，大于 0. 3，表明聚类结构显著。Silhouette S = 0. 9128，大于 0. 7，表明聚类结果信服度高。

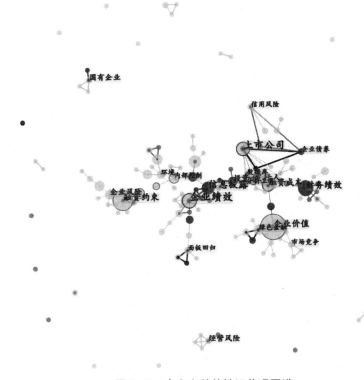

图 2 - 2　中文文献关键词共现图谱

图 2 - 3　外文文献关键词共现图谱

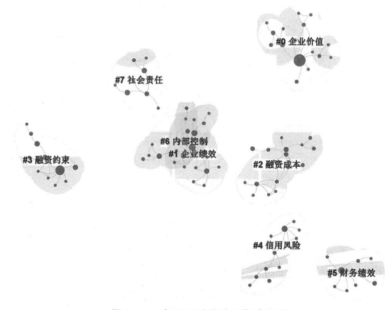

图 2 - 4　中文文献关键词聚类图谱

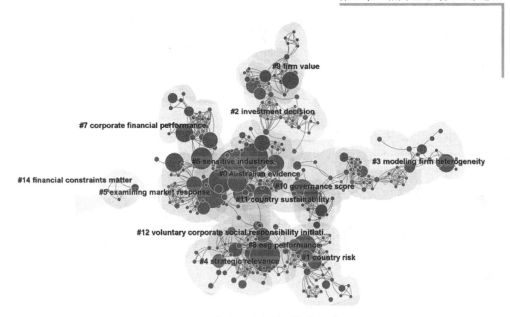

图 2 - 5　外文文献关键词聚类图谱

从 CiteSpace 的文献计量结果看，首先，如表 2 - 2 所示，中文文献有关 ESG 表现研究的主题聚焦于企业价值、企业绩效、融资成本、融资约束、信用风险、财务绩效、内部控制和社会责任，外文文献有关 ESG 表现研究的主题聚焦于与澳大利亚有关佐证（Australian evidence）、国家风险（country risk）、投资决策（investment decision）、企业异质性建模（modeling firm heterogeneity）、战略性相关（strategic relevance）、考察市场反应（examining market response）、敏感行业（sensitive industries）、企业财务绩效（corporate financial performance）。经过对比后发现，与财务绩效相关的"企业绩效"和"企业财务绩效（corporate financial performance）"是中文文献与外文文献研究的共同主题。但中文文献的研究主题侧重于公司层面的研究，外文文献的研究主题在公司层面的研究角度则更为细化，且已拓展至国家层面和行业层面的研究。其次，如表 2 - 3 所示，从关键词词频统计中发现，中文文献关键词词频排名前 10 位的集中在企业价值（27 次）、融资约束（17 次）、财务绩效（9 次）、企业绩效（8 次）、中介效应（7 次）、上市公司（7 次）、融资成本（5 次）、绿色创新（5 次）、公司治理（5 次）、信息披露（5 次）和绿色金融（5 次）。外文文献关键词词频排名前 10 位的集中在企业社会责任（corporate social responsibility, 251 次）、财务绩效（financial per-formance, 174 次）、影响（impact, 168 次）、绩效（performance, 149 次）、治理（governance, 114 次）、信息披露（disclosure, 98 次）、责任（responsibility, 92

次）、环境、社会和治理绩效（ESG performance，86 次）、管理（management，78 次）和风险（risk，70 次），关键词词频年度分布较为分散。经过对比后发现，企业价值或公司价值（firm value）、财务绩效（financial performance）、公司治理或内部控制（governance）、信息披露（disclosure）、企业风险（risk）、社会责任（corporate social responsibility 或 CSR）是中文文献和外文文献在 ESG 表现研究中共同关注的重点内容。最后，如表 2-4 所示，本书按照关键词中心度进行前 20 位关键词的排序，以此进一步明确 ESG 表现研究中的重点方向。中文文献关键词中心度排名前 10 位的是信息披露（0.43）、投资者（0.35）、发行人（0.30）、企业绩效（0.25）、上市公司（0.24）、融资成本（0.23）、公司价值（0.22）、企业价值（0.18）、生态文明（0.18）和内部控制（0.17），且集中于 2019 年。外文文献关键词中心度排名前 10 位的是公司治理（corporate governance，0.36）、环境绩效（environment performance，0.31）、绿色（green，0.23）、投资（investment，0.22）、经济绩效（economics performance，0.22）、整合（integration，0.19）、商业（business，0.18）、企业社会责任（corporate social responsibility，0.15）、绩效（performance，0.15）、企业（corporate，0.13）。经过对比后发现，信息披露（disclosure）、企业绩效（economics performance 或 returns）、公司价值或企业价值（market valuation）、生态文明或环境（environment performance 或 green）、内部控制（corporate governance 或 board independence）在 ESG 表现研究中具有较高的中心度，表明其在该主题研究中较为重要。

表 2-2　　　　　　　　　　关键词聚类结果对比（1～7 位）

聚类（LLR）	中文文献	外文文献
#0	企业价值	与澳大利亚有关佐证（Australian evidence）
#1	企业绩效	国家风险（country risk）
#2	融资成本	投资决策（investment decision）
#3	融资约束	企业异质性建模（modeling firm heterogeneity）
#4	信用风险	战略相关性（strategic relevance）
#5	财务绩效	考察市场反应（examining market response）
#6	内部控制	敏感行业（sensitive industries）
#7	社会责任	企业财务绩效（corporate financial performance）

表 2－3　　　　　　　　　　关键词词频统计（1～20 位）

序号	中文文献				外文文献			
	词频	中心度	年份	关键词	词频	中心度	年份	关键词
1	27	0.18	2019	企业价值	251	0.15	2011	企业社会责任（corporate social responsibility）
2	17	0.11	2021	融资约束	174	0.01	2014	财务绩效（financial performance）
3	9	0.10	2020	财务绩效	168	0.01	2014	影响（impact）
4	8	0.25	2020	企业绩效	149	0.15	2010	绩效（performance）
5	7	0.04	2021	中介效应	114	0.06	2012	治理（governance）
6	7	0.24	2018	上市公司	98	0.09	2016	信息披露（disclosure）
7	5	0.23	2019	融资成本	92	0.00	2015	责任（responsibility）
8	5	0.03	2022	绿色创新	86	0.01	2017	环境、社会和治理绩效（ESG performance）
9	5	0.03	2021	公司治理	78	0.05	2013	管理（management）
10	5	0.43	2019	信息披露	70	0.12	2011	风险（risk）
11	5	0.05	2019	绿色金融	67	0.06	2011	可持续性（sustainability）
12	4	0.13	2021	投资效率	63	0.04	2015	公司业绩（firm performance）
13	4	0.05	2022	企业风险	61	0.36	2012	公司治理（corporate governance）
14	4	0.17	2022	内部控制	60	0.02	2016	可持续发展（sustainable development）
15	4	0.01	2022	社会责任	58	0.00	2018	社会责任（social responsibility）
16	3	0.22	2021	公司价值	57	0.10	2016	企业社会责任（CSR）
17	3	0.04	2019	面板回归	52	0.00	2017	公司价值（firm value）
18	3	0.35	2019	投资者	47	0.31	2012	环境绩效（environmental performance）
19	3	0.06	2021	企业创新	47	0.05	2015	决定因素（determinants）
20	3	0.03	2021	调节效应	46	0.22	2014	投资（investment）

表 2－4　　　　　　　　　　关键词中心度统计（1～20 位）

序号	中文文献				外文文献			
	词频	中心度	年份	关键词	词频	中心度	年份	关键词
1	5	0.43	2019	信息披露	61	0.36	2012	公司治理（corporate governance）
2	3	0.35	2019	投资者	47	0.31	2012	环境绩效（environment performance）
3	2	0.30	2021	发行人	5	0.23	2014	绿色（green）
4	8	0.25	2020	企业绩效	46	0.22	2014	投资（investment）

序号	中文文献				外文文献			
	词频	中心度	年份	关键词	词频	中心度	年份	关键词
5	7	0.24	2018	上市公司	14	0.22	2013	经济绩效（economics performance）
6	5	0.23	2019	融资成本	3	0.19	2013	整合（integration）
7	3	0.22	2021	公司价值	5	0.18	2015	商业（business）
8	27	0.18	2019	企业价值	251	0.15	2011	企业社会责任（corporate social responsibility）
9	2	0.18	2019	生态文明	149	0.15	2010	绩效（performance）
10	4	0.17	2022	内部控制	25	0.13	2014	企业（corporate）
11	2	0.14	2022	信息效应	70	0.12	2011	风险（risk）
12	4	0.13	2021	投资效率	25	0.12	2014	回报（returns）
13	17	0.11	2021	融资约束	24	0.12	2014	行业（industry）
14	1	0.11	2021	市场绩效	16	0.12	2013	资源基础观（resource based view）
15	9	0.10	2020	财务绩效	6	0.11	2016	负责任投资（responsible investment）
16	1	0.09	2022	物流	2	0.11	2017	市场估值（market valuation）
17	3	0.08	2022	环境	57	0.10	2016	企业社会责任（CSR）
18	3	0.06	2021	企业创新	5	0.10	2017	模型（models）
19	2	0.06	2018	企业债券	98	0.09	2016	信息披露（disclosure）
20	5	0.05	2019	绿色金融	2	0.09	2017	董事会独立性（board independence）

综合以上 CiteSpace 软件对关键词进行共现与聚类的计量结果，得出以下结论。第一，通过对比分析关键词共现图谱发现，外文文献的关键词共现图谱呈现出关键词重点突出、关联性强的特点。但相较于外文文献研究，中文文献的关键词共现图谱呈现的节点较少且分散，各节点之间的连线稀疏且强度较弱，表明中文文献中有关 ESG 表现的研究还处于发展阶段，未来应从广度和深度方面继续深入开展研究。第二，通过对比分析关键词聚类图谱发现，中文文献与外文文献在 ESG 表现研究的主题方面呈现出较大差距。中文文献的研究主题侧重点较为单一且各聚类结果之间的关联性较弱，主要集中于公司层面的研究，而外文文献的研究侧重点较广且各聚类结果之间有较好的关联性，公司层面的研究不仅更加细化，同时已涉及宏观层面的研究。第三，通过对比分析关键词共现图谱和聚类图谱发现，虽然中文文献与外文文献在研究范围和程度方面呈现出差异，但在现阶段而言，财务绩效、公司价值、公司治理、信息披露、企业风险、社会责任、股票回报、环境绩效等关键词均是国内外学者研究 ESG 表现重点关注的方向，同时也是该领域研究的热点内容。

2.2.2.3　研究趋势分析

突现词是在某段时间内关键词使用频次骤增的具体体现，反映了在某段时间内特定研究领域对关键词的关注度。突现词代表了某阶段内特定研究领域的研究热点，同时可以揭示该研究领域的动态变化及发展趋势。本书利用CiteSpace 文献计量工具对 ESG 表现研究进行突现词分析，如图 2-6 和图 2-7所示。

关键词	年份	强度	开始	结束	2018~2022年
企业债券	2018	0.76	2018	2022	
信息披露	2019	1.26	2019	2022	
投资者	2019	1.17	2019	2022	
生态文明	2019	0.78	2019	2022	
绿色投资	2019	0.78	2019	2022	
财务绩效	2020	1.14	2020	2022	
持股偏好	2020	0.87	2020	2022	
公司价值	2021	0.75	2021	2022	
企业创新	2021	0.75	2021	2022	

图 2-6　中文文献关键词突现词

关键词	年份	强度	开始	结束	2010~2022年
可持续性绩效（sustainability performance）	2015	3.04	2015	2020	
共同基金绩效（mutual fund performance）	2015	2.77	2015	2019	
行为（behavior）	2015	2.7	2015	2020	
企业社会绩效（corporate social performance）	2016	2.53	2016	2022	
托宾q值（Tobin's Q）	2018	2.8	2018	2019	
倡议（initiatives）	2019	2.44	2019	2019	
环境、社会、治理投资（ESG investing）	2020	3.1	2020	2022	
环境、社会、治理分数（ESG score）	2020	2.71	2020	2022	
股东价值（shareholder value）	2019	2.71	2021	2022	

图 2-7　外文文献关键词突现词

中文文献的突现词主要有企业债券、信息披露、投资者、生态文明、绿色投资、财务绩效、持股偏好、公司价值、企业创新。中文文献中有关 ESG 表现的研究发展时间较短，2018~2022 年研究热点均围绕 ESG 表现与资本市场之间的关系进行拓展，突现词包括企业债券、投资者、绿色投资、持股偏好。同时，通过分析发现突现词之间具有较强的关联性，即 ESG 表现与资本市场之间的互动需要通过"信息披露"来展现公司的"生态文明"理念，ESG 表现对上市公司的影响体现在"财务绩效"与"公司价值"两方面。此外，从 2021 年开始显现的突现词看，ESG 表现的前沿研究已经逐渐延伸到"企业创新"相关方面，意味着 ESG 表现与企业创新是近年来的研究热点之一，未来可能会围绕两者之间的关系进行深入探讨。

外文文献的突现词主要有"可持续性绩效"（sustainability performance），"共同基金绩效"（mutual fund performance），"行为"（behavior），"企业社会绩效"（corporate social performance），"托宾 q 值"（Tobin's Q），"倡议"（initiatives），"环境、企业、治理投资"（ESG investing），"环境、企业治理分数"（ESG score），"股东价值"（shareholder value）。外文文献中有关 ESG 表现的研究发展较为成熟，主要聚焦在与 ESG 表现相关的延伸概念以及 ESG 表现与资本市场之间互动关系的研究两方面。与 ESG 表现相关的延伸概念始于 2015 年出现的突现词"可持续性绩效"（sustainability performance）和"行为"（behavior），2016 年、2019 年和 2020 年开始分别出现突现词"企业社会绩效"（corporate social performance），"倡议"（initiatives），"环境、社会、治理分数"（ESG score）。可见，外文文献中有关 ESG 表现的研究呈现环环相扣的递进式趋势。从突现词出现的始终时间节点看，ESG 表现综合量化了上市公司在环境、社会和治理各方面的"行为"和表现，是衡量其是否具有"可持续"发展潜力的重要指标和评价体系，因而"ESG 分数"在一定程度上能够体现上市公司的"公司价值"和"股东价值"。在 ESG 表现与资本市场之间互动关系的研究方面，突现词包括"共同基金绩效"（mutual fund performance），"托宾 q 值"（Tobin's Q），"环境、社会、治理投资"（ESG investing），"股东价值"（shareholder value）。从计量结果看，ESG 表现与资本市场之间的互动关系研究最早体现于 2015 年的突现词"共同基金绩效"（mutual fund performance），2020 年开始转向突现词"环境、社会、治理投资"（ESG investing），这两个关键词突现时间节点的连续性表明 ESG 表现一直是资本市场关注的重点，ESG 表现在一定程度上体现上市公司的"公司价值"和"股东价值"。

综合以上 CiteSpace 软件对关键词进行突现词分析的计量结果，得出以下结论。第一，公司价值、财务绩效、股东价值是 ESG 表现的研究热点，是国内外学者重点关注的内容。第二，ESG 表现与资本市场之间呈互动关系，主要体现在企业债券、绿色投资、共同基金绩效、ESG 投资等关键词，同时上市公司的公司价值、财务绩效、股东价值需要通过资本市场得以实现。第三，"企业创新"等相关主题可能会成为 ESG 表现研究的关注点。

本书通过 CiteSpace 文献计量工具对 ESG 表现研究的关键词进行了共现分析、聚类分析及突现词分析，厘清了 ESG 表现的研究脉络、研究热点和研究趋势，为深入 ESG 表现研究、聚焦 ESG 表现热点、合理梳理 ESG 表现相关文献以及找准 ESG 表现研究空白提供科学、客观的数据支持。综合对 ESG 表现研究的热点分析和趋势分析，得出以下三点结论。第一，本书认为 ESG 表现研究主要聚焦于财务绩效、公司价值、公司治理、信息披露、企业风险、社会责任、股票回报、环境绩效等方面。此外，有关"企业创新"等相关方面的内容已成为 ESG 表现研究重点关注的主题之一。第二，ESG 表现与资本市场之间呈互动关系，表明上市公司 ESG 表现与资本市场之间的互动关系研究是一个值得进一步深入挖掘和探讨的重点领域。同时通过计量分析结果发现，作为衡量资本市场有效性重要指标的股票流动性这一关键词是目前 ESG 表现研究的一个空白。为此，本书聚焦 ESG 表现与股票流动性之间的互动以深入探讨两者之间的作用关系，旨在为进一步丰富 ESG 表现相关研究提供支持。第三，相较于外文文献的研究，中文文献在 ESG 表现研究方面起步较晚且发展不成熟，研究所涉及的范围较窄。为此，本书通过构建上市公司 ESG 表现与股票流动性之间的理论框架，在探讨两者之间关系的基础上深入研究两者之间的内在机理，以期为拓展和细化 ESG 表现相关研究作出一定贡献。

2.2.3　ESG 表现的影响后果研究

上市公司 ESG 表现的影响后果一直是研究热点，国内外学者主要从公司财务绩效、企业价值、股票回报、企业创新、企业风险、资本成本、全要素生产率、对外贸易与出口、债券发行等方面对 ESG 表现的影响后果展开了研究。

2.2.3.1　ESG 表现对公司财务绩效的影响

国内外学者在 ESG 表现与公司财务绩效的关系方面进行了大量的研究，多数研究认为上市公司 ESG 表现与公司财务绩效之间具有积极关系（张长江等，2021）。桑德伯格等（Sandberg et al.，2022）的研究认为，ESG 的重要性体现在它对上市公司的长期价值和可持续发展具有积极意义，ESG 表现越好则公司财务绩效就越好，具体表现在 ESG 方面的评级越高越有助于提高公司的盈利能力（ROA）和股本回报率（ROE）水平。针对航空公司 ESG 活动与公司财务绩效之间关系的研究表明，虽然 ESG 表现在短期内会降低公司财务绩效，但随着时间的延伸 ESG 表现对公司财务绩效显示出积极的正向作用（Kuo et al.，2021）。因此，ESG 所形成的道德声誉等无形资产可以为上市公司带来长期的财务绩效并得到良好的社会反馈（Edmans，2023）。为了获得社会公众对上市公司的正面评价，上市公司可以通过进行 ESG 活动以提高财务绩效，并在市场上释放"合法性"的积极信号（Khan，2022）。类似的，有研究表明由于上市公司 ESG 表现与公司财务绩效密切相关，因而利益相关者会在 ESG 方面给上市公司施加压力，上市公司出于获取"合法性"地位的考虑进而会积极开展 ESG 行为并提高在 ESG 方面的表现（Lee and Raschke，2022）。在上市公司 ESG 表现提高公司财务绩效的影响因素研究方面，已有研究通过细分上市公司的业务类型后实证检验了业务类型对两者之间关系的影响（Kaul and Luo，2017）。研究认为，当上市公司的 ESG 行为与其核心业务有关或与非营利性活动不重叠时，良好的 ESG 表现会为公司带来可观的财务绩效。还有研究采用商道融绿的 ESG 评级数据作为样本，实证检验发现中国上市公司的 ESG 表现可以提高公司财务绩效，而且国有企业的 ESG 表现对提高公司运营能力具有更强的积极作用（Zhou et al.，2022）。此外，上市公司 ESG 表现对销售收入也具有正向影响（Li et al.，2023）。

从资本市场中的投资者角度看，ESG 是评估上市公司经营状况的重要指标，良好的 ESG 表现可以吸引绿色偏好投资者的关注（Gao et al.，2022）。具体而言，投资者在投资决策过程中会将 ESG 因素纳入其中，原因在于 ESG 展现了上市公司在满足消费者对可持续产品需求方面的投入，而且投资者也更加看重公司治理（G）方面的得分或评级，因而上市公司在 ESG 方面的表现与财务绩效具有较强的联系（McCahery et al.，2023）。此外，良好的 ESG 表现在市场上发挥着信号传递的作用，可以向市场展现上市公司的高质量运营状况和有利的发展前景等积极信息，有助于提高上市公司的外部融资效率，进而提高公司绩效（Zhang and Lucey，2022）。为此，上市公司会通过积极披露 ESG 相关信息向市场展示其在 ESG 方面的良好表现以提高公司财务绩效（Alkaraan et al.，2022）。

在外部危机冲击下，上市公司的 ESG 表现对提高公司财务绩效同样具有积极效应。已有研究基于新冠疫情相关背景，实证检验了上市公司 ESG 表现与公司财务绩效之间的关系，研究认为上市公司的 ESG 表现越好则其资产回报率越高（Aqabna et al.，2023）。而且，具有良好 ESG 表现的上市公司由于其较强的可持续发展潜力，在应对外部不利环境冲击时可以表现出较强的抗风险能力和韧性，有助于提高公司未来的盈利能力和财务绩效（Lu et al.，2022）。因此，ESG 表现有助于提高公司财务绩效并降低企业风险（Chen et al.，2022）。

从 ESG 各维度对公司财务绩效影响的研究看，在社会责任（S）维度上，已有研究认为社会责任（S）方面的投入与公司财务绩效之间具有积极关系（Wang and Qian，2011）。具体来看，上市公司的慈善行为是一种帮助其获得

"合法性"地位的重要手段，积极践行社会责任（S）能够赢得利益相关者的正向反馈，并帮助上市公司建立政治关联。进一步的，慈善行为对于社会知名度高和业绩良好的上市公司具有更强的积极影响，而且利益相关者的支持度也更高，进而加强了上市公司慈善行为与财务绩效之间的积极关系。对于民营企业或政治关联不强的上市公司而言，上市公司可以通过慈善行为为其获取所需的政治资源以实现更好的发展。因此，在社会责任（S）方面的投入有助于上市公司获得内外部利益相关者的正面评价和支持，进而获取经营与发展所需的资源和条件。之后，有研究用产品社会绩效（社会维度）和环境社会绩效（环境维度）的指标构建了代表 ESG 的企业社会绩效（CSP）总体指标（Jayachandran et al.，2013）。研究发现，从总体上看，上市公司的 ESG 表现对公司财务绩效有正向影响。但相较于环境社会绩效（环境维度）而言，产品社会绩效（社会维度）对公司财务绩效的正向影响更显著，原因可能在于环境维度的筛选条件会降低公司财务绩效水平（Barnett and Salomon，2006）。进一步的，弗拉默等（Flammer et al.，2019）将由环境和社会维度构建的指标作为 ESG 相关行为的代理变量，并与高管的薪酬合同进行整合，借以验证 ESG 表现是否能够缓解上市公司的"短视行为"进而改善公司财务绩效。研究发现，当环境（E）和社会（S）维度的因素纳入到高管薪酬合同中后，能够对上市公司的长期利润起到改善作用。与此同时，将 ESG 与高管薪酬挂钩的上市公司也会更加积极地在 ESG 方面投入更多的资源，以实现上市公司的可持续发展。在 ESG 表现的分维度实证检验中，有研究认为，ESG 的整体表现与经济绩效之间具有显著的积极关系，其中，社会（S）和治理（G）维度具有显著作用，而环境（E）方面的表现对经济绩效没有影响（Cek and Eyupoglu，2020）。而且对于大型企业而言，其在公司治理（G）方面的投入对改善 ESG 表现的影响更大，且更有利于提高公司财务绩效（Tran and Nguyen，2021）。

此外，还有部分研究认为更佳的 ESG 表现并不意味着会带来更好的财务绩效（Shahbaz et al.，2020）。甚至还有研究认为，ESG 表现不但不利于提高公司的财务绩效，反而会降低公司的盈利能力（Vuong，2022；Zhang et al.，2022）。主要原因在于上市公司在 ESG 方面的投入可能是以牺牲股东利益为代价而实施的公司行为（Manchiraju and Rajgopal，2017），因而会增加上市公司的财务成本（Chen et al.，2018）。为此，有研究基于巴西、智利、哥伦比亚、墨西哥、秘鲁等新兴市场的上市公司数据，实证检验了上市公司 ESG 表现与财务绩效之间的关系（Duque-Grisales and Aguilera-Caracuel，2021）。研究发现，上市公司 ESG 表现会显著降低公司财务绩效，其中，环境（E）、社会（S）和治理（G）各维度均与财务绩效呈负相关关系。进一步的，研究验证了公司财务松弛度和国际化战略对两者关系的负向调节作用。ESG 表现与公司财务绩效负相关关系的研究结果表明，一方面，上市公司在 ESG 方面的表现与公司财务绩效的关系在某种程度上是建立在企业资源或实力的基础上才得以发挥其作用。另一方面，由于新兴市场国家存在的制度弱点会影响 ESG 表现与财务绩效之间的关系，因而新兴市场上的上市公司在 ESG 方面的意识相对较弱，更有可能优先考虑经济效益问题（Garcia and Orsato，2020）。在确保可持续发展的同时，为了防止上市公司追求短期的财务绩效而将 ESG 作为金融套利的工具（Zhang et al.，2022），需要政府等相关部门加强对上市公司 ESG 行为的监督与管理。

除了以上 ESG 表现与公司财务绩效所呈现的线性关系外，上市公司的 ESG 表现与公司财务绩效之间也可能存在复杂的非线性关系，因此并不能简单地认为"做好事就一定会做得好"（Zhao and Murrell，2016）。早在 2006 年，巴尼特和萨洛蒙（Barnett and Salomon，2006）选用环境（E）和社会（S）两个维度来度量上市公司的 ESG 表现，研究了 ESG 相关表现与公司财务绩效之间的关系。研究发现，公司的财务绩效随社会（S）维度的指标筛选项目数量的增加而下降，但其趋势随着筛选数量的增加达到极值后公司财务绩效又出现反弹的情况，总体上呈曲线关系。之后，巴尼特和萨洛蒙（Barnett and Salomon，2012）进一步发现上市公司的 ESG 表现与公司财务绩效之间是一种倒 U 形关系。具体而言，在 ESG 相关方面表现最优的上市公司其公司财务绩效也最优，但在 ESG 相关方面表现较差的上市公司其公司财务绩效水平高于 ESG 相关方面表现为中等水平的上市公司。

2.2.3.2　ESG 表现对企业价值的影响

在上市公司 ESG 表现对企业价值的影响研究方面，多数研究认为 ESG 表现与企业价值呈正相关关系，上市公司良好的 ESG 表现有助于提升企业价值（Vuong，2022；Chang and Lee，2022；王波和杨茂佳，2022；王琳璘等，2022）。虽然在短期内上市公司的 ESG 表现会降低企业价值，但从长期来看，ESG 表现有助于提高企业价值（Behl et al.，2021）。具体而言，国内学者利用中国 A 股非金融上市公司的数据作为样本，从利益相关者角度实证检验了上市公司 ESG 表现与企业价值之间的关系（Zheng et al.，2023）。研究发现，ESG 表现对提高企业价值具有显著的积极影响。进一步的，研究发现 ESG 表现会引起媒体和证券分析师的关注，媒体和证券分析师是上市公司的重要利益相关者，因而他们均可通过对上市公司施加压力进而改善 ESG 表现，有助于提高企业价值。还有研究采用商道融绿 ESG 评级数据，实证检验了 ESG 表现与企业价值的关系（Zhou et al.，2022）。研究发现，上市公司 ESG 表现可以提高企业价值，财务业绩在其中起到传导作用，即 ESG 表现通过提高公司财务业绩进而提高企业价值，且运营能力在其中发挥主要作用。国外学者采用 KLD 数据库数据衡量上市公司 ESG 表现的整体情况（Awaysheh et al.，2020）。在基准检验中，首先明确了 ESG 表现最佳（排名前 10%）和 ESG 表现最不理想（排名后 10%）的上市公司。在控制了时间和行业固定效应后发现，ESG 表现最佳的上市公司不仅经济绩效高于行业平均水平，而且其也具有更高的市场估值。进一步的，研究将公司治理（G）维度排除后，仍得出了同样的结论。霍恩和约安努（Hawn and Ioannou，2016）基于新制度理论认为，上市公司 ESG 表现通过为其带来声誉资本等无形资产进而提升了企业价值。近年来，还有研究基于外部动荡环境或全球危机背景实证检验了 ESG 表现对企业价值的影响。譬如，有研究利用欧洲发达国家上市公司的数据研究了经济政策不确定性对上市公司 ESG 表现的影响（Vural-Yavas，2020）。研究认为，上市公司增加 ESG 投入可以有效减少企业风险承担，同时也是在动荡时期提高企业价值以及获得利益相关者支持的重要手段。还有研究发现，在新冠疫情期间全球经济背景下 ESG 表现越好越有助于提高企业价值（Aqabna et al.，2023）。

在基于公司并购背景探讨 ESG 表现对并购后企业价值的影响研究方面，有研究发现，选择在 ESG 方面具有良好表现的上市公司可以帮助收购方在完成并购后提高其在 ESG 方面的表现，因而良好的 ESG 表现可以成为收购方进行并购筛选考虑的因素之一，同时也可以成为并购方进行并购谈判的有利筹码（Tampa-koudis and Anagnostopoulou，2020）。同样的，泰蒂等（Teti et al.，2022）也认为在并购过程中，ESG 对提高收购方的市场价值具有积极意义，其中，公司治理（G）维度在其中起到关键作用，而环境（E）和社会（S）维度不会对此过程产生影响。

在 ESG 各维度表现对企业价值的影响研究方面，有研究发现公司治理（G）维度对上市公司的市场价值影响最大（Ionescu et al.，2019）。类似的，库雷希等（Qureshi et al.，2020）利用 812 家欧洲上市公司数据作为样本检验了 ESG 表现与企业价值之间的关系，研究发现，在董事会中增加女性人数或比例可以有效提高企业价值。但与此同时，也有研究持不同的观点。譬如，麦基等（Mackey et al.，2007）选用 KLD 数据库中的环境（E）和社会（S）维度对 ESG 表现进行度量，验证了上市公司在环境（E）和社会（S）方面的优异表现有助于提高企业价值。类似的，有研究认为 ESG 各维度中，环境（E）和社会（S）两个维度均会对企业价值产生正向影响，相较于环境（E）而言，社会责任（S）维度对公司价值的影响较小，而公司治理（G）维度则不会对企业价值产生影响（Zheng et al.，2023）。进一步的，还有研究认为上市公司

ESG 表现与企业价值之间呈 U 形关系，其中，环境（E）和社会（S）两个维度上的表现与企业价值均呈 U 形关系，但公司治理（G）维度对企业价值没有显著的影响（Wu and Chang，2022）。因此，ESG 各维度对企业价值的影响仍存在一定争议。

2.2.3.3 ESG 表现对股票回报的影响

上市公司 ESG 表现与股票回报之间的关系一直是 ESG 领域的研究热点。通常，在资本市场中 ESG 表现对上市公司的生存与发展具有重要的意义。ESG 评级的变化会影响上市公司的股票收益水平，当 ESG 评级下降时会对上市公司的股票收益产生不利影响（Shanaev and Ghimire，2022）。格雷沃尔等（Grewal et al.，2019）在研究中发现，上市公司的 ESG 表现与股票市场之间存在紧密联系，上市公司 ESG 表现与股价之间呈正相关关系，ESG 的评级越高公司股价越好，且股票回报越高。还有研究利用上市公司的 ESG 综合评分研究了 ESG 表现对股票价格的影响（Havlinova and Kukacka，2023）。研究发现，ESG 表现对上市公司在股票市场中的表现起到积极作用，而且当上市公司在 ESG 方面的投入与其核心业务密切相关时，ESG 表现对股价的积极作用更强。戈弗雷（Godfrey，2005）的研究认为，上市公司在社会责任（S）方面的良好表现能够帮助其积累道德资本，有助于上市公司在其所在的社区中与利益相关者建立友好关系，而这种道德资本则会成为增加股东财富的一种无形资产和重要保障。

近年来，还有研究基于全球危机背景下研究 ESG 表现是否能够起到"保险"作用以帮助上市公司在危机中渡过难关。譬如，有研究发现，在危机时期上市公司良好的 ESG 表现与股票回报呈正相关关系且与股票波动性呈负相关关系，特别在环境（E）维度上的良好表现更能提高股票回报并降低股票波动性（Yoo et al.，2021）。还有研究利用 MSCI 的 ESG 评级数据，研究了 ESG 表现与股价波动的关系（Zhou and Zhou，2022）。研究发现，ESG 表现良好的上市公司其股价波动相对较低，同时在新冠疫情期间等全球经济背景下，ESG 表现越好的上市公司其股价波动的幅度也更小，因而 ESG 在增强上市公司应对风险的能力和韧性以及提高股价稳定性方面具有重要的作用。

此外，有部分研究认为 ESG 表现越好的上市公司其向投资者支付的回报较低（Fandella et al.，2023），因而 ESG 表现对股票回报并不会产生积极作用。类似的，还有研究使用英国上市公司的数据检验了 ESG 表现与股票收益的关系，研究发现上市公司 ESG 表现与股票收益呈负相关关系，ESG 得分较低的上市公司能获得更高的收益（Luo，2022）。进一步的，有相关研究认为，上市公司 ESG 表现对股票回报的影响在不同的维度下有不同的作用效果，其中，社会（S）和治理（G）对股票回报具有负面影响（Zhang et al.，2022）。

2.2.3.4　ESG 表现对企业创新的影响

上市公司 ESG 表现与企业创新关系的研究近年来逐渐兴起，多数研究认为上市公司 ESG 表现与企业创新之间呈正相关关系，ESG 表现越好越有助于提高上市公司的创新水平（Li et al.，2023；王治和彭百川，2022）。其中，有更多的研究认为上市公司的 ESG 表现对绿色创新具有积极意义。譬如，国内学者采用商道融绿的 ESG 评级数据研究了上市公司 ESG 表现与绿色创新之间的关系，研究发现，ESG 表现通过降低财务约束水平和提高管理者的环保意识进而提高了上市公司的绿色创新水平。同时，在外部市场竞争更加激烈以及环境规制越加严格的背景下，上市公司 ESG 表现与绿色创新之间的关系更强。此外，ESG 表现与绿色创新之间的关系对成长期的上市公司而言具有更强的积极作用（Tan and Zhu，2022）。类似的，有研究认为上市公司积极践行 ESG 有助于推动绿色创新，且外部环境监管力度对提高创新质量具有积极意义（Wang and Sun，2022）。还有研究利用 2011～2020 年中国 770 家上市公司的数据作为样本，研究发现上市公司 ESG 表现与绿色创新之间存在双向协动的关系（Zheng et al.，2022）。

2.2.3.5　ESG 表现与企业风险相关研究

ESG 自提出以来，逐渐受到各地区、政府监管机构、上市公司及利益相关者的追捧。对于国家和地区的发展而言，ESG 的综合治理理念能够转变环境或社会责任的单一观念和行为，从公司治理（G）的底层设计中带动一国或地区的经济社会高质量发展。对于政府监管机构而言，明确的 ESG 框架能为其制定相关政策提供有效的体系和构架。更为重要的是，ESG 对于上市公司和利益相关者而言，全面的 ESG 治理框架有助于降低企业风险（Capelle-Blancard et al.，2019），这不仅是投资者等利益相关者对上市公司的要求，也是上市公司实现可持续发展的题中之义。因此，上市公司 ESG 表现与企业风险之间的关系是 ESG 表现研究的热点话题。

当前，ESG 已成为解决风险管理问题的重要手段，股东、政府等利益相关者对 ESG 的关注度也日益提高（Galbreath，2013）。ESG 表现作为资本市场上的一个重要的信号，有助于降低企业风险、稳定资本市场（Fu et al.，2022；帅正华，2022；谭劲松等，2022），而且投资者对上市公司在环境（E）方面的表现更为关注，在环境（E）维度得分较高的上市公司其面临的风险也更低（Li et al.，2022）。在上市公司 ESG 表现降低企业风险的研究方面，休伯尔（Hubel，2022）

认为 ESG 表现对缓解企业风险具有积极作用，同时 ESG 对降低风险的作用在长期内更为显著，因而投资者可以通过 ESG 指标进行投资决策并从中获益。同样的，国内有研究认为，ESG 是评估上市公司经营状况的重要指标，ESG 表现有助于降低企业风险，上市公司的 ESG 表现越好其股价崩盘的风险就越低。其中，良好的 ESG 表现可以提高绿色偏好投资者对上市公司的关注，并有助于提高证券分析师预测的准确性，进而有利于降低股价崩盘的风险。进一步的，研究还发现在环境保护规制较为缺失的地区以及市场化程度较高的地区，ESG 表现对降低股价崩盘风险的作用更强。而且，在我国的东部和西部地区，ESG 表现对降低股价崩盘风险的作用也更为显著（Gao et al.，2022）。还有研究发现，ESG 评级可以通过降低信息风险和运营风险两个传导机制提高证券分析师预测的准确性（Luo and Wu，2022）。同样的，有研究将中国上市公司作为研究样本进行实证检验，研究发现良好的 ESG 表现与信息风险和运营风险呈负相关关系，因而 ESG 表现对降低企业风险具有重要意义（Tian and Tian，2022）。沙基尔（Shakil，2021）针对石油和天然气行业的上市公司，研究了 ESG 表现与公司财务风险之间的关系。研究发现，上市公司在 ESG 方面的良好表现会降低系统风险，因而研究认为监管机构应积极修订 ESG 及相关披露标准以便于外部投资者进行投资决策。雷伯（Reber et al.，2021）基于合法性理论研究了上市公司 ESG 表现与特质性风险的关系，研究发现，ESG 表现有助于降低特质性风险，特别是当上市公司与外部利益相关者之间存在信息不对称的时候，ESG 表现对降低特质性风险和下行尾部风险具有重要意义。因此，良好的 ESG 表现是上市公司向市场传递其行为与可持续发展理念相一致的最佳诠释，有助于上市公司建立声誉资本并获得利益相关者的支持。相关研究也表明，当上市公司的 ESG 表现被外部利益相关者知晓后有助于上市公司获得利益相关者的支持，进而降低企业风险（Wen et al.，2022）。此外，还有研究实证检验了中国上市公司 ESG 表现与违约风险之间的关系，研究认为上市公司的 ESG 表现越好则其违约风险越低（Li et al.，2022）。进一步的，此研究还发现 ESG 表现降低违约风险的作用在制造业的上市公司中具有更强的积极效应。因此，投资者可以将 ESG 因素考虑到投资决策中以避免投资风险。加莱塔等（Galletta et al.，2023）则针对银行业，使用2011～2020 年全球 35 个国家的数据实证分析了 ESG 的整体表现与银行运营风险之间的关系，研究发现 ESG 表现有助于降低银行运营风险。

基于外部不利环境或危机背景，多数研究认为 ESG 表现具有降低企业风险的作用，因而 ESG 投资在危机时期对投资者至关重要（D'Hondt，2022）。譬如，有研究利用欧洲发达国家上市公司的数据检验了经济政策不确定性对上市公司 ESG 表现与企业风险关系的影响，研究认为上市公司增加 ESG 方面的投入可以有效减少企业风险承担，同时也是在动荡时期提高企业价值以及获得利益相关者支持的重要手段（Vural-Yavas，2020）。黄（Hoang，2023）研究发现，在外部环境不确定性较大的情况下，上市公司通过发布 ESG 报告向外界披露 ESG 相关信息可以规避外部环境不确定性所带来的风险。还有研究利用 MSCI 的 ESG 评级数据研究了 ESG 表现与股价波动的关系，研究发现 ESG 表现良好的上市公司其股价波动相对较低，同时在新冠疫情期间等全球经济背景下 ESG 表现越好的上市公司其股价波动的幅度也更小，因而 ESG 是一种"保险机制"，在增强上市公司的韧性和提高股价稳定性方面具有重要的意义（Zhou and Zhou，2022）。

但是，在 ESG 表现与企业风险关系的研究方面也有不同的观点，范德拉等（Fandella et al.，2023）采用汤森路透 ESG 数据的综合得分对非金融行业的上市公司 ESG 表现进行衡量，研究发现上市公司的 ESG 表现不会对公司财务风险产生影响。因此，有关 ESG 表现与企业风险之间关系的研究仍存在一定的争议。

2.2.3.6　ESG 表现对资本成本的影响

有关上市公司 ESG 表现对资本成本的影响是近年来 ESG 表现研究的重点内容。埃利瓦等（Eliwa et al.，2021）的研究认为，ESG 表现越好的上市公司其债务成本越低，因此贷款机构会将其 ESG 表现和 ESG 信息披露水平纳入信贷决策中。类似的，有研究表明 ESG 表现可以显著降低上市公司的债务成本，具体而言，良好的 ESG 表现可以通过提高上市公司的声誉、信息透明度以及降低财务风险三条传导机制来降低上市公司的债务成本（Gao et al.，2022）。同样的，阿佩吉斯等（Apergis et al.，2022）也认为 ESG 评级与债务成本有关，上市公司良好的 ESG 表现有助于降低债务成本。此外，ESG 各维度均对降低债务成本具有积极作用。进一步的，国内学者发现 ESG 表现主要通过提高信息透明度、降低企业风险、提高证券分析师和机构投资者的关注度实现债务融资成本的降低（李井林等，2023；梅亚丽和张倩，2023；廉永辉等，2023）。此外，有研究采用华证 ESG 数据进行实证检验，研究发现 ESG 表现越好的上市公司其股权资本成本越低（Tang，2022）。还有研究认为较好的 ESG 表现可以降低公司的股权资本成本，进而提升企业价值（Zhang et al.，2022）。但是，纳齐尔等（Nazir et al.，2022）通过研究 ESG 表现与资本成本之间的关系后发现，ESG 表现与股权成本和债务成本均呈正相关关系，这意味着在 ESG 方面的投入会使上市公司承担更高的资本成本，原因在于投资者并不会将 ESG 视为提高投资回报的考量因素，而是将 ESG 视为额外的财务负担。

2.2.3.7　ESG 表现对企业全要素生产率的影响

目前，在 ESG 表现与全要素生产率关系的研究方面相对较少，现有研究基本认为 ESG 表现对上市公司的全要素生产率具有积极意义。譬如，有研究认为，ESG 表现有助于改善上市公司的自身状况，具体体现在上市公司的 ESG 表现与全要素生产率之间呈正相关关系，ESG 表现越好越有助于提高全要素生产率（Deng et al.，2023）。还有研究发现，上市公司良好的 ESG 表现可以缓解财务约束并改善上市公司的创新投入水平，进而有利于提高全要素生产率。而且，在国有企业和高污染倾向行业的上市公司中，ESG 表现对提高全要素生产率的作用更强（Ma et al.，2022）。

除了以上梳理的 ESG 表现对财务绩效、企业价值、股票回报、企业创新、企业风险、资本成本、全要素生产率影响的研究外，还有少数研究从对外贸易与出口、债券发行等角度研究了上市公司 ESG 表现的影响后果。譬如，有研究认为 ESG 表现有助于提高上市公司的出口强度（Wu et al.，2022）。谢红军和吕雪（2022）研究了上市公司 ESG 表现对跨国公司对外直接投资的影响，研究发现 ESG 可以帮助上市公司构建新型的竞争优势，提高上市公司的对外投资水平。还有研究发现，上市公司的 ESG 表现与公司发行绿色债券的倾向呈正相关关系，在 ESG 方面表现优异的上市公司更倾向于发行绿色债券（Wang and Wang，2022）。

2.3
股票流动性的影响因素研究

2.3.1　股票流动性概念界定

股票流动性是资本市场的基本属性之一（Amihud and Mendelson，1986），它是保证资本市场健康运行、平稳发展的重要基础和前提条件（王翌秋和王新悦，2022），其在构建一个良好的资本市场过程中发挥着重要的作用。因此，如何提高股票流动性水平等问题成为近年来各界热议和探讨的研究热点。

股票流动性是衡量市场运行效率和成熟度的重要指标（田昆儒和王晓亮，2013）。一般而言，股票流动性体现了投资者在资本市场中完成交易所耗费的时间和成本，即以合理的价格完成交易（Amihud and Mendelson，1986）。布莱克（Black，1971）和凯尔（Kyle，1985）提出了流动性经典维度理论，该理论从金融产品的角度入手，将流动性细分为及时性、宽度、弹性和深度四个方面：（1）及时性主要测度股票的成交速度，从理论上来讲，如果不对股票的涨跌幅和报价进行限制，那么买卖可以在短时间内迅速成交。（2）宽度用来测度股票的买卖价差，即短时间内买卖股票所需成本，这个成本越小代表股票流动性越强，反之亦然。（3）弹性用来测度股票价格偏离价值时所需要的调整时间或速度，时间越短，速度越快，弹性就越大，股票流动性也越高。（4）深度则可以理解为在现时价格水平下可以达到的最大的股票交易量，深度越大，代表着这个交易量越大，相应地，股票流动性也就越高。因此，股票流动性就是以交易时间、交易成本和交易量为基础衡量市场运行效率的重要指标。

2.3.2 股票流动性指标测量

在流动性经典维度理论的基础上，不断有学者对股票流动性进行讨论与研究，随即衍生出以价格、流动比率、市场冲击以及时间为基础的测量指标。在既有研究中，股票流动性指标通常有 Amihud 指标（Roy et al.，2022；吴非等，2021；温军等，2021；林志帆等，2021；杨兴哲和周翔翼，2020；熊家财和苏冬蔚，2016）、Roll 指标（谭春枝和闫宇聪，2020；熊家财和苏冬蔚，2016；Goyenko et al.，2009）、Zeros 指标（Roy et al.，2022；王运陈等，2020；陈辉和吴梦菲，2020）、换手率（李金甜等，2020；胡妍等，2019）、Pastor_Stambaugh 指标（熊家财和苏冬蔚，2016），以上指标由于数据的可得性及较适合我国股市特性，因而在相关研究中的使用频率较高。具体指标及测量见表 2 - 5。

表 2 - 5   股票流动性指标及测量

股票流动性指标	计算方法
Amihud 指标 （年）	$ILLQ_{iy} = 10^8 \times 1/D_{iy} \sum\limits_{t=1}^{D_{iy}} \mid R_{iyd} \mid / VOLD_{ivyd}$ D_{iy} 为股票 i 在 y 年内的有效交易天数； R_{iyd} 为股票 i 在 y 年内第 d 天考虑现金红利再投资的日收益率； $VOLD_{ivyd}$ 为股票 i 在 y 年内第 d 天的日成交金额
Roll 指标 （年）	$Roll = \begin{cases} 2\sqrt{-cov(\Delta P_t,\ \Delta P_{t-1})}, & if\ cov(\Delta P_t - \Delta P_{t-1}) < 0 \\ 0, & if\ cov(\Delta P_t - \Delta P_{t-1}) \geqslant 0 \end{cases}$ P_t 为股票在 t 年内考虑现金红利再投资的日收益率；$cov(\Delta P_t,\ \Delta P_{t-1})$ 为股票在 t 年内考虑现金红利再投资的日收益率的一阶差分序列协方差； Roll_Impact = Roll/年内日均成交金额（万元）
Zeros 指标 （年）	Zeros = 年内零收益率天数/年交易天数； Zeros_Impact = Zeros/年内日均成交金额（万元）
换手率 （年）	日个股交易股数 ×100/流通股份； 日个股交易股数 ×100/总股份； 年换手率 = 年内日换手率之和

股票流动性指标	计算方法
Pastor_Stambaugh 指标 （年）	$R^e_{i,d+1,t} = \beta_0 + \beta_1 R_{i,d,t} + \beta_2 \text{sign}(R^e_{i,d,t}) \times V_{i,d,t} + \varepsilon_{i,d+1,t}$ $R_{i,d,t}$ 为股票 i 在 t 年内第 d 天考虑现金红利再投资的日收益率； $V_{i,d,t}$ 为股票 i 在 t 年内第 d 天的日成交金额

资料来源：笔者根据相关资料整理所得。

2.3.3 股票流动性的影响因素

有关股票流动性影响因素的研究，近年来国内学者针对数字化转型（吴非等，2021）、关键审计事项（柳木华等，2021）等角度展开了股票流动性前因研究。总体上，国内外对股票流动性影响因素的研究主要包括宏观因素、交易制度、公司治理、公司投资行为、信息披露五个方面。

2.3.3.1 宏观因素对股票流动性的影响

宏观层面的因素主要体现在经济波动、货币政策、利率变化和市场环境等方面对股票流动性的影响。早期研究中，科迪亚（Chordia et al.，2005）的研究指出一国的经济波动情况和利率变化均会对股票流动性产生影响。具体而言，研究将样本聚焦于金融危机时期，发现扩张的货币政策会提高股票流动性水平，而当利率上调后则会降低股票的流动性。王建新和丁亚楠（2022）认为经济政策的不确定性会增大信息不对称性进而显著降低股票流动性。董小红和刘向强（2020）实证检验了经济政策的不确定性对股票流动性的影响及机制，研究发现经济政策的不确定性会降低股票流动性水平，但分析师跟踪对两者之间的关系起到抑制作用。同时，当机构投资者持股比例更低时，证券分析师对经济政策不确定性与股票流动性之间负向关系的抑制作用更强。邢治斌和仲伟周（2013）分析了宏观经济政策对股票流动性风险的影响，研究发现货币供应量、财政支出和印花税等宏观经济政策的变化会对股票流动性风险产生不同影响。其中，增加货币供应量和财政支出均会降低股票流动性风险，而增加印花税则会提高股票流动性的风险。方舟等（2011）的研究认为货币政策是一个重要的调控手段，不同的货币政策对股票流动性具有不同的影响效果，扩张的货币政策有助于提高股票流动性水平，而紧缩的货币政策则会降低股票流动性水平。但具体而言，需要根据股票市场的不同状态进行政策的制定，不同的股市状态货币政策对股票流动性的影响具有显著差异，一般而言在股市的膨胀期两者之间的关系更为显著。类似的，邹萍等（2015）进一步研究货币政策与股票流动性之间的关系，研究通过多个股票流动性指标的变换验证后发现，货币政策的扩张对提高股票流动性和稳定金融市场具有重要意义。在货币政策与股票流动性之间的机制探讨方面，戈延科和乌科夫（Goyenko and Ukhov，2009）发现货币政策紧缩会降低股票流动性，而债券市场是货币政策影响股票流动性的中介机制。金春雨和张浩博（2016）对货币政策与股票流动性之间的机制探讨中发现，扩张性的货币政策与股票流动性水平呈正相关关系，而紧缩性的货币政策与股票流动性水平呈负相关关系。其中，货币政策对股票流动性的影响不仅可以通过提高外部投资者的投资能力和意愿来实现，还可以通过增加货币供应量和下调利率等间接手段提高股票流动性水平。之后，杨立生和杨杰（2021）基于 TVP－SV－VAR 模型研究了货币政策对股票流动性的影响效果，研究发现宽松的货币政策有助于提高股票流动性水平。随着利率市场化改革的深入，价格型货币政策对股票流动性的提升效果更强。进一步的，姚梅芳和于莹（2021）实证分析了美联储货币政策对股票流动性的影响，研究认为美联储数量型宽松货币政策与股票流动性呈负相关关系，而价格型宽松货币政策则有助于提高股票流动性水平。在市场风险方面，陈春春（2018）认为市场不确定性越高时，出于规避风险的需要外部投资者会降低投资意愿，进而降低股票流动性水平。因而，市场风险的提高会降低股票流动性水平（Bai and Qin，2015）。杜邦和李（Dupont and Lee，2007）基于信息不对称研究了交易税对股票流动性的影响，研究发现信息不对称的程度会影响交易税对股票流动性的影响，信息不对称程度较低时其影响较小，当信息不对称程度较高时由于存在弥补交易税损失的需求，因而交易税会对股票流动性产生较大的负面影响。此外，莱文和施姆克勒（Levine and Schmukler，2005）的研究认为，当上市公司在国际市场上进行融资时会影响其国内市场的股票流动性水平，即上市公司投融资向国际市场的转移会降低国内市场的股票流动性水平。李等（Lee et al.，2016）用主权债务评级的变化验证了国家信用等宏观因素通过对投资者产生影响进而影响股票流动性的机制。

2.3.3.2　交易制度对股票流动性的影响

随着股票流动性在资本市场中重要性的日益凸显，股票流动性的影响因素研究逐渐转向交易制度角度。希拉特等（Hillert et al.，2016）以美国上市公司 2004～2010 年的股票回购数据作为样本，研究发现股票回购对提高股票流动性具有积极作用，而且股票流动性也会反作用于股票回购的方式。林苍祥等（2017）的研究发现撤单有助于提高股票流动性水平。针对中国金融市场的特点，陈辉和顾乃康（2017）研究新三板做市商制度与股票流动性之间的关系，研究发现新三板做市商制度的新型交易制度符合中国股市特点，有利于提高股票流动性水平。

此外，还有研究利用可融资债券探究融资融券交易制度与股票流动性之间的关系，研究发现融资融券交易制度有助于提高股票流动性水平（钟永红和李书璇，2018）。同时，融资融券交易制度需要政府等监管部门的规范和引导，以防止在危机时期对股票流动性产生不利影响。因此，股票流动性的提高需要根据市场特点和商业周期适时调整交易机制。此外，梅林（Meling，2021）的研究发现，交易员匿名制度能够增加交易量，进而提高股票流动性水平。

2.3.3.3 公司治理对股票流动性的影响

公司治理是影响股票流动性的重要因素，已有大量研究进行了实证检验。魏明海和雷倩华（2011）的研究选取公平性、透明度和合规性作为公司治理的代理指标，研究发现公司治理水平是提高股票流动性的重要原因，良好的公司治理可以通过降低信息不对称进而改善股票流动性水平。除了公司治理的效果外，研究还发现上市公司的外部地区环境是影响公司治理水平和股票流动性的重要因素，上市公司所处地区的治理环境越差公司治理水平对股票流动性的提升作用就越强。苏拉特等（Searat et al.，2016）利用公司治理指数（CGQ）从整体上直接验证了公司治理对股票流动性水平的提升作用，研究认为公司治理水平越高则上市公司的信息透明度就越高，有利于缓解上市公司与利益相关者之间的信息不对称问题，进而有助于改善股票流动性。王晓亮和俞静（2016）则从反面角度验证了公司治理水平对股票流动性的提升作用，研究发现公司的盈余管理意味着存在着公司治理不善的问题，上市公司与外部投资者等利益相关者之间的信息不对称会降低股票流动性水平。而李常青等（2016）利用 1991～2013 年上市公司的数据进行实证检验后发现，公司的资本结构与股票流动性之间并非线性关系，而是一种 U 形关系，而且国有企业在两者之间的关系中所受影响更大。但也有研究表明，公司治理与股票流动性之间呈负相关关系（米增渝和林雅婷，2018）。

在公司治理对股票流动性影响的研究方面，既有研究还从股权结构、投资者、高管等方面研究公司治理对股票流动性的影响。在股权结构因素的研究方面，杨秋平和刘红忠（2022）研究了外资持股与股票流动性之间的关系，研究发现，外资持股与股票流动性之间呈负相关关系。具体而言，由于境外投资者具有丰富的投资经验和较强的信息搜集处理能力，因而在交易中处于优势地位，非知情交易者则会通过提高买卖价差来避免损失，进而造成股票流动性的降低。类似的，有研究认为，境外股东的持股与股票流动性呈负相关关系，特别是对于资本市场不够成熟的国家而言，由于信息披露制度的不完善以及监管的不到位，会加剧上市公司与利益相关者之间的信息不对称问题，进而降低股票流动性水平（Stiglitz，2000；Goldstein and Razin，2006）。还有研究选用印尼的数据为样本进行检验，得出类似的结论（Rhee and Wang，2009）。邓柏峻等（2016）用 1999~2013 年上市公司的境外股东持股数据进行检验后发现，境外股东持股并不会提高股票流动性水平，意味着国内资本市场上的信息披露机制有待进一步规范和完善。而另有研究结果显示，境外的机构投资者与股票流动性之间呈正相关关系（童元松和王光伟，2015）。徐晟和程逊（2012）的研究认为上市公司的大股东持股比例会对中小股东产生影响，具体而言，当大股东的持股比例越高时会加剧其与中小股东之间的信息不对称问题，增加中小股东获取信息的成本，进而不利于提高股票流动性水平。李阳和黄国良（2016）发现大股东控制会降低股票流动性水平，且国有企业中大股东控制对股票流动性的抑制作用更强。田昆儒和王晓亮（2013）用机构投资者的持股比例、股权集中度股权制衡度、管理者持股比例验证股权结构与股票流动性之间的关系，研究发现，机构投资者持股比例越高则股票流动性越低，股权集中度越高则股票流动性越高，但其他因素与股票流动性的关系并未在统计上显著。然而，还有研究提出，机构所有权与股票流动性之间呈正相关关系（Dang et al.，2018）。

在投资者对股票流动性影响的研究方面，多数研究认为投资者作为资本市场上最活跃和重要的参与者，其行为和态度对股票流动性的变化具有关键作用。由于个体投资者具有明显的个性特征和投资偏好，因而有研究以个体投资者的情绪作为切入点，研究了投资者情绪对股票流动性的影响，研究发现投资者情绪有助于提高股票流动性水平，而卖空约束在两者之间起到抑制作用（刘晓星等，2016；尹海员，2017）。李顺平和朱顺和（2023）通过空间计量模型检验了投资者关注对股票流动性的影响，研究发现投资者关注与股票流动性之间呈正相关关系，且存在同业溢出效应。此外，机构投资者在资本市场上同样扮演着重要的角色，正如梅林（Meling，2021）在研究中所发现的一样，总交易量的增加主要是得益于机构投资者的参与。胡淑娟和黄晓莺（2014）则以投资者的治理作用作为研究切入点，发现由于机构投资者对上市公司有监督的外部治理作用，因而当机构投资者对上市公司的关注度越高时，股票流动性就越强。刘劭睿等（2022）研究了机构投资者的调研对提高股票流动性影响的程度和作用机制，研究发现机构投资者调研与股票流动性之间呈正相关关系，且当机构投资者的调研广度和频率越高时对提高股票流动性的作用就越强。两者之间的关系主要源于上市公司信息披露程度的提高进而降低了信息不对称所致，机构投资者利用其专业性和影响力充分挖掘上市公司的信息并进行有效披露，进而提高了市场效率。弗里德兰（Friedlan，2010）的研究认为，机构投资者虽然在信息的获取方面具有优势，但是这样的优势并不会对股票流动性产生积极影响，反而会降低股票流动性水平。但两者之间的关系会随着信息的公开程度和资产风险而发生变化。还有研究发现，由于存在金融市场监管制度不完善等问题会引致内幕交易等不良行为的发生，同时也会引起机构投资者利用其信息优势操纵股价进而造成资本市场股价信息效率低弱的问题，进而阻碍了股票流动性水平的提升。因此，机构投资者不利于股票流动性的改善和提升，政府等监管机构需要完善制度以防止发生机构投资者获取内幕信息等不良行为（雷倩华等，2012）。

在高管因素对股票流动性影响的研究方面，李阳和黄国良（2016）选用2011~2014 年的上市公司数据检验了高管股权激励与股票流动性的关系，研究发现高管股权激励有助于提高股票流动性水平。贾亚拉曼和米伯恩（Jayaraman and Mibourn，2012）的研究发现 CEO 的股权收入占总薪酬的比例越高越有利于提高股票流动性水平，CEO 薪酬的股价敏感性越高也有助于提高股票流动性水平。因此，CEO 的股权收入对提高股票流动性水平具有重要作用。

2.3.3.4 公司投资行为对股票流动性的影响

既有研究表明，上市公司的投资行为会对股票流动性产生影响。孟为和陆海天（2018）通过研究新三板上市公司的投资行为得出上市公司的风险投资与股票流动性水平在一定范围内呈正相关关系的结论。研究认为，上市公司的风险投资在信息效率机制的作用下，在一定程度上有助于提升股票流动性水平。但当风险投资超过合理范围时则会造成逆向选择，因而两者之间为倒 U 形关系。佘伟军和张纯静（2022）对新三板上市公司的实证研究表明，上市公司的风险投资有助于显著地提高股票流动性水平。从现有研究看，上市公司进行风险投资有助于改善股票流动性水平，其机理在于上市公司向外界传递的信号有利于提高公司透明度，使信息效率机制产生效果，进而提高了股票流动性。因此，上市公司的投资行为是提高投资者对信息的掌握程度进而对上市公司作出合理判断的重要影响因素。

2.3.3.5 信息披露对股票流动性的影响

在资本市场上，信息是影响股票流动性的一个重要因素，信息不对称程度越高则股票流动性水平越低（Goldstein and Razin，2006）。在有关信息披露对股票流动性影响的研究方面，多数研究认为两者之间呈正相关关系。巫升柱（2007）以我国上市公司为样本，检验了上市公司自愿披露公司年度报告的程度与股票流动性之间的关系，研究发现公司年度报告披露程度越高则股票流动性越强。蔡传里和许家林（2010）进一步证实了较高的信息披露质量能有效防止和减少交易市场中的投机行为，上市公司向外披露的信息质量越高则信息透明度越高，因而有助于外界利益相关者了解上市公司的真实情况，提高投资者信心，进而有利于提高股票流动性，对稳定金融市场具有重要作用。韩琳等（2019）从高铁开通这一全新视角实证检验了高铁开通可以通过改善信息传递效率、降低信息不对称进而提高股票流动性水平。高宏霞等（2022）以科创板上市公司为样本，实证分析了上市公司创新信息的披露对股票流动性的影响。研究发现，上市公司在创新信息方面的披露显著提高了股票流动性水平，同时，两者之间的关系因投资者情绪、证券分析师关注度和行业竞争水平的提高而增强。国外研究同样认为，上市公司的自愿披露有助于提高股票流动性。原因主要在于当上市公司的信息披露程度和质量越高时，外部投资者对上市公司的情况就越了解，有利于对投资者的投资意向进行引导，进而提高股票流动性水平（Schoenfeld，2017）。还有研究认为，上市公司的信息披露质量与股票流动性风险呈负相关关系，且当股票流动性受到外界的冲击时，信息披露质量越高则股票流动性风险就越小，越有利于市场的稳定（Ng，2011）。此外，阿加瓦尔等（Agarwal et al.，2015）研究了在共同基金的影响下，强制披露对股票流动性的影响效果。研究认为，强制信息披露有利于提高股票流动性水平，但对于知情投资者而言则会增加投资成本。

2.4

ESG 表现对股票流动性的影响

关于上市公司 ESG 表现与股票流动性关系的研究中，目前国内外学者鲜有对两者之间的直接关系进行系统化的论证和分析，涉及上市公司 ESG 表现对股票流动性的影响研究大多是聚焦于 ESG 表现的单一维度角度展开探讨。

在环境维度表现方面，中文文献鲜有针对上市公司环境方面的表现对股票流动性的影响展开研究，外文文献中有少量研究对两者之间的关系进行了探讨。譬如，有研究探讨了绿色创新与股票流动性之间的关系，研究认为上市公司在绿色创新方面的行为有助于降低公司内部与外部投资者之间的信息不对称，进而提高股票流动性水平（Chen et al.，2022）。进一步的，此研究还发现两者之间的关系在公司规模较小、公司所在地环境质量较差以及环境规制较严格的情境下会有更强的积极效应。

在社会责任维度表现方面，李姝和肖秋萍（2012）基于有效市场假说认为社会责任贡献值会对资本市场上的投资者行为产生影响，上市公司在社会责任方面的表现越好则股票流动性水平越高。王琳琳和许志杰（2022）基于信号传递理论认为，上市公司在社会责任方面的贡献会为其带来良好的声誉，因而流通行业的上市公司在社会责任方面的表现会获得资本市场投资者的认可且呈递增效应，具体表现为股票流动性的提高。同样，罗伊等（Roy et al.，2022）探讨了强制性的企业社会责任投入与股票流动性之间的积极关系。但是，王攀娜和徐博韬（2017）则认为社会责任表现与股票流动性之间呈负相关关系，由于上市公司在社会责任方面的投入可能是其掩盖不道德行为的"粉饰工具"，因而当公司的企业社会责任相关信息被证券分析师进行分析并发布后会降低股票流动性水平。可见，上市公司在社会责任方面的表现对股票流动性的影响具有"双刃剑"效应。

在公司治理维度表现方面，魏明海和雷倩华（2011）认为，良好的内部治理机制有利于推动上市公司向外界提供高质量的相关信息以缓解信息不对称问题，进而有助于提高股票流动性水平。类似的，有研究基于泰国上市公司的数据，实证检验了良好的公司治理通过提高信息透明度进而对股票流动性产生积极作用的效果（Prommin et al.，2014）。还有研究利用公司治理质量数据（CGQ）探讨了有效的公司治理机制与股票流动性之间的正向关系，研究认为良好的公司治理有助于降低公司内部与外部投资者之间的信息不对称程度，进而提高股票流动性水平（Ali et al.，2017）。张肖飞（2017）从不同角度检验了公司治理与股票流动性之间的关系，研究认为股权集中度会提高交易逆向选择成本进而不利于提高股票流动性水平。但是，通过扩大董事会和监事会的规模，以及提高上市公司独立董事的比例或者设立专门的审计委员会，能够有助于降低信息不对称程度进而提高股票流动性水平。齐岳和李晓琳（2019）认为家族企业的高管性质对提高股票流动性水平具有重要意义。当家族企业的高管由家族成员担任或家族成员同时担任董事长和总经理时有助于降低第一类代理成本，实现对投资者利益的有效保护，进而有利于提高股票流动性水平。此外，有研究探讨了董事会性别多样性与股票流动性之间的关系，研究认为女性董事占比高的上市公司有助于提高股票流动性水平（Ye et al.，2021；Ahmed and Ali，2017）。而且，当投资者情绪较为低迷时董事会性别多样性对股票流动性的提升作用更强（Ye et al.，2021）。类似的，阮和穆尼安迪（Hguyen and Muniandy，2021）认为上市公司董事会和审计委员会成员的性别及种族多样性与股票流动性呈显著的正相关关系。迈克尔等（Michael et al.，2022）认为，上市公司的高级管理顾问具有法律教育背景有利于降低信息不对称和业务风险，进而对股票流动性产生积极作用。可见，完善的公司治理机制可以有效保护投资者利益，有助于上市公司赢得资本市场的认可，是提高股票流动性水平的重要制度安排。

通过对相关文献的梳理本书发现，目前关于上市公司 ESG 表现对股票流动性影响的研究大多基于 ESG 表现的单一维度进行分析，鲜有研究将 ESG 表现作为整体进行系统化的整合分析。同时，环境、社会和治理各维度的表现对股票流动性影响的作用机制呈现雷同的观点，即大多数研究基于信号传递理论论证信息披露在两者之间产生的作用，因而缺乏更深层次及多元化的微观机制分析。此外，我国在推动 ESG 实践的过程中具有不同于其他国家或地区的制度背景及特点，制度压力、产权性质等因素是否会调整上市公司 ESG 表现与股票流动性之间的关系，目前鲜有研究对其进行探讨。

2.5

文献述评

ESG 是近年来兴起的前沿研究，成为了国内外学者重点关注的热点问题，且已积累了较为丰富的研究成果。本书在采用 CiteSpace 文献计量工具对 ESG 表现研究进行计量分析并以客观数据呈现 ESG 表现研究的研究热点、趋势及研究空白的基础上，对 ESG 表现、股票流动性以及上市公司 ESG 表现对股票流动性的影响三个方面进行了系统的梳理和总结。综合以上文献分析和梳理结果，呈现出以下特点、趋势及不足。

第一，ESG 表现研究的研究热点、趋势及研究空白。首先，在中文文献和外文文献的研究成果总体差异方面。本书通过对 ESG 表现的中文文献和外文文献进行发文量统计后发现，中文文献和外文文献对 ESG 表现的研究成果呈现较大的差距。外文文献对 ESG 表现的研究起步早、成果丰富，具体表现在研究成果的发文量和研究角度两个方面。在发文量方面，外文文献发文量是中文文献的约 3.5 倍。在研究角度方面，中文文献的研究主题侧重点较为单一，主要聚焦于公司层面的研究，而外文文献的研究主题不仅关注公司层面，而且已经涉及宏观层面的研究，因而外文文献的研究主题的侧重点较为广泛且研究呈现出细化的特点。可见，中文文献有关 ESG 表现的研究成果还有待进一步深入和细化。其次，在 ESG 表现的研究热点和趋势方面。通过文献计量分析本书发现，目前 ESG 表现研究的热点内容聚焦于财务绩效、公司价值、公司治理、信息披露、企业风险、社会责任、股票回报、环境绩效等方面，是国内外学者对 ESG 表现研究的重点关注方向。同时，与企业创新相关的主题已成为近年来 ESG 表现研究的焦点之一，未来或将成为 ESG 表现研究的热点内容。最后，在研究空白方面。本书发现，ESG 表现与资本市场之间呈互动关系，且鲜有研究涉及有关上市公司 ESG 表现与资本市场活跃度之间的关系，说明上市公司 ESG 表现与股票流动性之间的互动关系研究是一个值得深入探讨的重要内容。

第二，ESG 表现的影响后果研究。在文献计量分析的基础上，本章节系统梳理了与 ESG 表现的影响后果相关的研究热点。国内外学者主要从公司财务绩效、企业价值、股票回报、企业创新、企业风险、资本成本、全要素生产率、对外投资与出口贸易等方面对 ESG 表现的影响后果展开了研究，相关研究呈现以下特点。首先，从研究角度看，多数研究基于制度理论、合法性理论提出上市公司提高 ESG 表现所带来的"合法性"地位对经济后果产生的积极影响（Lee and Raschke，2022；Hawn and Ioannou，2016；Wang and Qian，2011）。此外，从利益相关者理论探讨上市公司 ESG 表现与其经济后果之间的关系也是一个重要的研究角度（McCahery et al.，2023；Zheng et al.，2023）。整体上看，无论是基于制度理论、合法性理论还是利益相关者理论，良好的 ESG 表现对上市公司的价值体现在为公司创造"声誉资产"，提高上市公司在市场竞争中的软实力，进而为其获得生存和发展所需的资源和条件。其次，从研究结论看，ESG 表现对财务绩效、企业价值和股票回报的影响并非均产生积极作用。虽然上市公司践行 ESG 是应对制度压力和利益相关者要求的"合法性"行为框架，不仅能为上市公司带来积极的经济后果且能在外部不利环境冲击下发挥规避风险的重要保障作用，但是上市公司在 ESG 方面的投入有可能会对公司的运营产生成本，甚至是以牺牲股东利益为代价来实现的（Vuong，2022；Zhang et al.，2022；Shahbaz et al.，2020；Chen et al.，2018；Manchiraju and Rajgopal，2017）。因而上市公司在 ESG 方面的表现对经济后果的影响还需要从 ESG 的不同维度、不同的制度背景、外部环境因素等方面予以进一步分类探讨。最后，从 ESG 各维度的检验结果看，环境（E）、社会（S）和治理（G）各维度对经济后果影响的结论并不一致。为此，在 ESG 表现对上市公司经济后果影响的研究方面还需要进一步检验、分析和探讨 ESG 各维度对经济后果产生的影响及贡献度，对其中的作用机制予以深入剖析。

第三，ESG 表现对股票流动性影响研究。首先，通过文献计量分析发现，ESG 表现与资本市场之间的互动是 ESG 表现研究的重要领域，但是鲜有研究针对 ESG 表现与股票流动性之间的关系进行深入探讨。其次，通过系统梳理股票流动性影响因素的相关研究后发现，既有研究主要针对宏观因素、交易制度、公司治理、公司投资行为和信息披露进行了讨论，虽然有关股票流动性的影响因素研究已经形成一定基础，但在公司行为这一微观视角方面的研究还较为缺乏。最后，目前已有研究聚焦于环境、社会责任或公司治理某一角度研究了其与股票流动性之间的关系，但鲜有研究将 ESG 作为一个整体研究 ESG 表现对股票流动性的影响。而且，已有研究在探讨环境、社会责任或公司治理对股票流动性影响的作用机制方面，主要基于信号传递理论分析两者之间的传导机制，因而在既有研究角度方面缺乏更深层次及多元化的微观机制分析。此外，基于我国的制度背景，在探讨上市公司 ESG 表现对股票流动性的影响及作用机制时，需要建立一个整合性和系统化的理论框架对两者之间的关系进行层次性、递进式的深入探讨，诸如制度压力、产权性质等因素是否会调整上市公司 ESG 表现与股票流动性之间的关系等问题目前鲜有研究对其进行探讨。

综上所述，本书认为上市公司 ESG 表现与股票流动性之间的关系是一个值得探讨和研究的问题。虽然已有研究针对强制性的企业社会责任投入与股票流动性之间的关系进行了讨论和检验（Roy et al.，2022），但是从 ESG 的概念及内涵方面看，在 ESG 与股票流动性关系的研究方面并未形成直接的结论。因此，本书基于与可持续发展战略相吻合的上市公司长期主义行为框架，分析具有高投入、周期长、见效慢的 ESG 长期主义行为如何作用于股票流动性，并深入探讨两者之间的关系及作用机制。同时，本书进一步检验 ESG 各维度在提高股票流动性过程中的作用，明确 ESG 整体表现与股票流动性关系研究的实质性意义，通过理论分析与实证检验来验证 ESG 与企业社会责任之间的差异性。此外，本书基于我国制度背景，选取外部制度压力和政府支持两类重要的外部影响因素深入探讨上市公司 ESG 表现与股票流动性之间的关系。因此，本书在既有研究的基础上，不仅扩展了 ESG 表现的经济后果研究范围，同时为股票流动性的前因研究提供了新的视角。

第 *3* 章

上市公司 ESG 表现对
股票流动性影响的理论框架

3. 1

ESG 在实践中的发展

ESG 概念在 2004 年被联合国全球契约组织（United Nations Global Compact）首次提出，旨在构建可持续发展的金融投资体系。之后，联合国提出的 17 项可持续发展目标（Sustainable Development Goals，SDGs）从经济、环境和社会三方面明确了可持续发展道路的具体实现路径。在此背景下，ESG 理念作为涵盖了环境（E）、社会（S）和治理（G）全方位的行动框架与"可持续发展"概念不谋而合，它为经济社会实现可持续发展提供了具体的解决方案。全球各国及各国际组织积极响应联合国的可持续发展倡议，根据各国制度背景、国情及地区发展情况从环境（E）、社会（S）和治理（G）各方面规划、制定符合自身发展的战略部署，全方位实现可持续发展。经过近 20 年的发展，ESG 理念渐入主流，在实践中不断深化和发展并逐渐受到金融界和实业界的认可和热捧。根据既有研究，ESG 的内涵主要体现在四个方面。第一，ESG 是一个可持续投资的实践。第二，ESG 是企业非财务绩效披露的主流框架。第三，ESG 是企业可持续发展实践的核心框架体系。第四，ESG 是一种兼具工具性和目的性的价值判断标准（王大地和黄洁，2021；孙忠娟等，2021）。因此，ESG 不仅是资本市场实现不断发展和完善的内在要求，同时也是影响上市公司实现可持续性发展的行为框架（操群和许骞，2019）。具体而言，ESG 的实践过程应基于 ESG 体系的三大环节得以实现，即 ESG 披露、ESG 评价和 ESG 投资（王大地和黄洁，2021）。

3.1.1　ESG 披露

ESG 披露是指 ESG 信息披露。ESG 信息的披露是构建 ESG 生态系统流通体系的关键环节，对 ESG 信息披露质量提出要求的目的是让上市公司以更加透明的方式向外部利益相关者传递其在生态环境保护、社会责任投入和完善公司治理机制各方面作出了积极的贡献。对上市公司而言，上市公司 ESG 信息披露有助于向市场传递其经营良好且具有发展前景的利好信号，是提升上市公司声誉的重要途径。与此同时，上市公司 ESG 信息披露有助于倒逼其践行 ESG，加强 ESG 管理，形成外部制度压力。对政府监管部门、外部投资者等利益相关者而言，上市公司 ESG 信息披露是提升政府相关部门、投资者等利益相关者掌握上市公司真实信息的前提条件，有助于政府部门对上市公司的行为进行监管，避免机会主义行为的发生，同时也有利于外部投资者对上市公司作出合理、客观的评估，这将有利于提高市场上资金的流动质量。资本市场上的合理投资不仅有利于外部投资者获取可持续的经济回报，也有利于对在 ESG 方面作出贡献的上市公司进行有效激励，进而可以起到 ESG 行为的行业溢出效应（吴育辉等，2022），最终形成 ESG 生态体系的良性循环。

按照 ESG 披露的方式，ESG 信息披露包括强制披露和自愿披露（孙忠娟等，2021）。强制披露是一国政府或地区组织以法律法规的形式要求上市公司披露 ESG 相关行为，目前只有少数国家或地区强制要求上市公司披露 ESG 信息。例如，我国为了进一步建立健全 ESG 体系建设，2022 年出台的《提高央企控股上市公司质量工作方案》中明确提出，要求央企控股上市公司"力争到 2023 年相关专项报告披露'全覆盖'"。这是党中央对贯彻落实新发展理念，推动央企控股上市公司在资本市场中发挥示范带头作用的重大制度安排。自愿披露是上市公司根据自身意愿决定是否公开信息、公开信息的内容、公开信息的方式。目前，自愿披露是多数国家和地区对 ESG 信息披露采用的主要方式。按照 ESG 披露的模式，ESG 信息披露分为独立披露和整合披露。独立披露要求上市公司将 ESG 信息与财务信息分开，对 ESG 信息单独进行披露。整合披露要求上市公司将财务信息与 ESG 信息进行综合披露，整合披露对上市公司信息的传递具有更好的有效性（Mervelskemper and Streit，2017），可以让外部投资者更直观、全面地了解上市公司的经营发展状况，有利于使企业价值实现最大化。

为了推动上市公司与资本市场的有效连接，在 ESG 信息披露方面各国际组织、政府监管机构通过制定 ESG 信息披露指南等政策，以制度的方式向上市公司提出 ESG 信息披露的要求以推动市场上的信息流动和良性互动，最终实现 ESG 信息披露制度的进一步优化。在 ESG 披露标准的框架方面，目前国际上主流的标准有 GRI（Global Reporting Initiative）标准、SASB（Sustainability Accounting Standards Board）标准、ISO 26000（International Standard Organization）标准、

TCFD（Task Force on Climate-related Financial Disclosure）标准、CDP（Climate Disclosure Project）标准（孙忠娟等，2021）。各国和各国际组织在 ESG 披露标准的要求下分别制定其 ESG 信息披露政策。譬如，欧盟范围内的上市公司在 ESG 的信息披露方面具有较好的表现，这得益于欧盟在 ESG 信息披露方面作出的多维管理。针对上市公司，2014 年欧盟出台《非财务报告指令》，明确提出上市公司必须披露 ESG 信息。针对金融行业，欧盟出台《金融服务业可持续性相关披露条例》，细化 ESG 披露准则。针对第三方信用评级机构，欧盟出台《信用评级披露要求准则》，对 ESG 评级提出了专门要求。法国作为在 ESG 信息披露方面实践较早的国家，2001 年就制定了《新经济规制法》，成为法国在 ESG 信息披露方面的奠基性政策。之后，法国在 ESG 信息披露方面不断地进行改革，先后制定了《综合环境政策与协商法Ⅱ》《转型法》《企业成长与转型法》等相关制度，明确了 ESG 披露的相关准则。不断更新的 ESG 信息披露制度对降低企业风险，为外部投资者提供投资决策信息具有重要意义。德国在 ESG 信息披露方面也进行积极改进，不断强化对上市公司 ESG 信息披露质量的要求。2011 年德国出台的《德国可持续发展守则》提出了 ESG 相关信息披露框架，经过修订后的 2014 年版《德国可持续发展守则》明确了 ESG 的概念。2016 年出台《德国可持续发展守则：中小企业指南》，对中小企业提出了 ESG 信息披露的相关标准和准则。2017 年出台的《企业社会责任指令实施法》强制要求大型上市公司进行 ESG 信息披露。德国出台的一系列 ESG 信息披露政策明确规定了评估标准和披露范围，为上市公司提供了便于衡量可持续发展的框架体系，不仅有利于提升上市公司 ESG 信息披露质量，也有利于提高上市公司的抗风险能力以助推可持续发展。英国作为较早关注 ESG 的国家，早在 2006 年就出台了《公司法》，在董事会的统领下要求企业在发展过程中要关注对环境、员工、社区的影响。之后，出台的《平等法案》《战略报告条例》《战略报告指南》逐渐完善了英国在 ESG 信息披露质量方面的制度建设。在国际上，2021 年 11 月，国际可持续性准则理事会（International Sustainability Standards Board，ISSB）成立，2023 年 6 月发布了《国际财务报告可持续披露准则第 1 号——可持续相关财务信息披露一般要求》和《国际财务报告可持续披露准则第 2 号——气候相关披露》，为全球可持续发展信息披露基准建设奠定重要基石。

我国在 ESG 生态体系建设方面虽然起步较晚，但也积极借鉴国际经验不断完善 ESG 信息披露方面的制度建设。2001 年我国发布了《公开发行证券的公司信息披露内容与格式准则第 1 号——招股说明书》，成为我国上市公司信息披露的基础性文件。2006 年深圳证券交易所发布《深圳证券交易所上市公司社会责任指引》和 2008 年上海证券交易所发布《关于加强上市公司社会责任承担工作暨发布〈上海证券交易所上市公司环境信息披露指引〉的通知》，均对上市公司在社会责任和环境方面信息的披露作出了要求和规范。2018 年中国证券监督委员出台的《上市公司治理准则》明确了"上市公司应当依照法律法规和有关部门的要求，披露环境信息以及履行扶贫等社会责任相关情况"以及"上市公司应当依照有关规定披露公司治理相关信息，定期分析公司治理状况，制定改进公司治理的计划和举措并认真落实"的要求，这是我国 ESG 信息披露工作制度化的一大推进。2022 年是我国 ESG 信息披露制度建设的关键节点，国务院国资委出台的《提高央企控股上市公司质量工作方案》中明确了央企控股上市公司要全面统筹推进新阶段的可持续发展理念，要完善 ESG 工作机制、提升 ESG 表现，在资本市场中发挥带头作用，力争在 2023 年实现央企控股上市公司 ESG 信息披露的全覆盖，这是我国 ESG 信息披露制度的重大转变和进一步推进。

从全球各国政府及各地区组织在 ESG 信息披露方面的发展看，ESG 信息披露从制度的建立、完善到 ESG 信息披露的落实是 ESG 生态系统中的多方主体共同推动的结果。政府根据经济社会发展要求对 ESG 披露作出制度安排并出台相关政策法规以规范上市公司行为，上市公司在政府的引导和鼓励下按照政策法规要求进行 ESG 信息披露，投资者则将 ESG 三个维度的因素纳入到投资决策范围中以作为衡量上市公司经营状况及判断其发展前景的重要标准。因此，ESG 披露是 ESG 体系的关键环节之一，同时也是上市公司连接资本市场以实现两者良性互动的重要渠道。

3.1.2　ESG 评价

ESG 评价指衡量上市公司在环境、社会和治理（ESG）方面的风险应对和管理能力，通过对上市公司 ESG 表现的评价以确定其在行业中的地位。ESG 评价作为衡量上市公司 ESG 表现的重要工具其目的在于"以评促改"（王凯和邹洋，2021）。对上市公司而言，通过对上市公司 ESG 表现进行评价和评级可以推动其在环境（E）、社会（S）和治理（G）各方面的持续改善，为上市公司在未来如何实现可持续发展提供具体的行动方向（Galbreath，2013；Qureshi et al.，2020）。对政府等监管部门而言，ESG 评价可以直观反映上市公司在环境（E）、社会（S）和治理（G）各方面及总体的表现，不仅有利于政府及时了解上市公司的情况，同时也有利于为政府制定和出台相关政策提供参考，充分发挥政府对上市公司行为的规范和监管作用（Li et al.，2022）。对投资者而言，ESG 评价可以作为其投资决策的重要评判标准和工具，将 ESG 评价纳入投资决策中有利于投资者规避风险（Zhang et al.，2023），实现长期的可持续回报。

　　ESG 评价是上市公司 ESG 表现的具体体现，ESG 评价作为连接上市公司、政府和投资者的重要载体，其变化对上市公司的财务绩效和企业价值具有重要的影响（Shanaev and Ghimire，2022）。目前 ESG 的评价主要由第三方评价机构提供，国际上主流的 ESG 评价体系有 KLD ESG 评价体系、MSCI（Morgan Stanley Capital International）ESG 评价体系、Sustainalytics ESG 评价体系、汤森路透（Thomson Reuters）ESG 评价体系、富时罗素（FTSE Russell）ESG 评价体系、标普道琼斯（S&P Dow Jones）ESG 评价体系、Vigeo Eiris ESG 评级体系，国内主流的 ESG 评价体系有华证 ESG 评价体系、Wind ESG 评价体系、商道融绿（SynTao Green Finance）ESG 评价体系、社会价值投资联盟 ESG 评价体系等。一系列评价体系的构建有利于提高外部投资者对上市公司在环境（E）、社会（S）和治理（G）各方面及 ESG 整体表现的了解，也有利于发挥 ESG 评价在资本市场中充当信号传递的重要作用（Cambrea et al.，2023；Zhang and Lucey，2022；Fu et al.，2022；Khan，2022；Broadstock et al.，2021）。为此，国内外学者利用 ESG 评价机构对上市公司 ESG 表现的评价结果进行了实证研究，研究进一步验证了 ESG 评价对上市公司及投资者的重要性（McCahery et al.，2023；Zhang et al.，2023；D'Hondt et al.，2022；Ng and Rezaee，2020）。随着 ESG 评价重要性的日益凸显，全球各地区、各国际组织积极开展有关 ESG 标准体系的构建工作，譬如，欧盟于 2022 年 11 月发布了《企业可持续发展报告指令》。与此同时，我国各专业机构、智库等主体也积极探索并建立了一系列具有中国特色的企业 ESG 标准体系，诸如《企业 ESG 评价体系》等评价标准体系的建立为进一步推动我国上市公司的可持续发展作出了积极的贡献[①]。因此，ESG 评价不仅是 ESG 体系的关键环节，也是连接上市公司和资本市场的重要载体。

3.1.3　ESG 投资

　　ESG 投资概念于 2006 年由高盛（Goldman Sachs）在其报告中提出，旨在呼吁投资机构在投资决策中考虑 ESG 因素。随着 ESG 披露、ESG 评价标准的发展和完善，ESG 理念和 ESG 投资逐渐得到投资者的认可。与此同时，上市公司的外部投资者也认识到 ESG 对于上市公司的可持续发展及投资回报的重要性，继而 ESG 投资成为连接上市公司与资本市场良性互动的重要桥梁。最早与 ESG 投资相关的概念是伦理投资，伦理投资是指在投资决策中应该考虑社会福祉等道德

---

　　① 《企业 ESG 评价体系》团体标准由首都经济贸易大学中国 ESG 研究院牵头起草，联合中国经济信息社、中国企业改革与发展研究会等相关单位共同研究制定。

约束方面的因素，而不应该紧紧围绕财务绩效等传统的指标和标准（Cowton，1999）。普朗蒂格和斯科尔顿（Plantiga and Scholtens，2001）认为 ESG 投资是投资者将个人的价值评判标准与道德约束方面的标准共同纳入投资决策中，在考虑经济回报的同时兼顾上市公司行为的外部性影响。王大地和黄洁（2021）认为，ESG 投资是投资者在进行投资决策时将财务绩效与环境、社会和伦理问题相结合的投资标准和投资模式。虽然有关 ESG 投资的定义并没有统一的界定，但综合既有研究，本书认为 ESG 投资是投资者将上市公司在环境（E）、社会（S）和治理（G）各方面的表现作为衡量上市公司经营状况和发展前景的重要标准，在考虑经济回报的同时也力求对社会和环境产生正向影响以获取可持续回报的投资过程。投资者进行 ESG 投资时一般有三种策略进行选择（王大地和黄洁，2021）。第一，组合筛选。组合筛选是将道德和环境指标作为衡量标准进行投资决策的方法，投资者对上市公司的财务绩效等经营状况进行评估时加入 ESG 因素进行综合考量。其中，投资者可以根据 ESG 评价标准从投资组合中剔除不符合要求的上市公司进行消极筛选，也可以选取在 ESG 方面表现出色的上市公司进行积极筛选。第二，股东倡导。股东倡导作为一种主动的筛选方式，标志着 ESG 理念在资本市场上地位的提升（Sparkes and Cowton，2004）。但是股东倡导的 ESG 投资方式需要在政府对上市公司进行严格规制的情况下才能发挥其作用。第三，社区投资。社区投资是指投资者将资源投入到社区活动中的一种 ESG 投资方式，属于主动式的 ESG 投资。

为了推动上市公司与资本市场的有效连接，ESG 相关的社会责任投资体系通过要求投资机构将 ESG 因素考虑到投资决策中进而将资金引入到 ESG 表现良好的上市公司，这是一种借用投资者的力量推动上市公司积极改善 ESG 表现的方法。譬如，德国在 2013 年出台的《资本投资法》、2018 年修订的《保险监督法》、2020 年出台的《关于职业养老基金自有风险评估的最低监管要求的准则》等一系列政策，明确鼓励投资机构需要将环境、社会和治理三个因素考虑到投资决策中。意大利的养老基金早在 2010 年就被要求将社会责任纳入投资决策中。之后，意大利在欧盟出台了《职业退休服务机构活动与监管》文件后，强制要求将 ESG 风险考虑到养老基金的投资决策中。英国具有较为成熟的金融市场，因此在 ESG 投资方面有较为系统的制度建设。1999 年英国就出台了《地方政府退休金计划（基金管理和投资）（修订）规例》，明确要求基金管理者将 ESG 因素纳入到投资的考虑范畴之中。之后，英国相继出台的《养老金保护金条例》《职业养老金计划条例》《职业养老金计划（投资与披露）条例》均指出要将 ESG 等非财务因素纳入投资决策中。同时，英国对养老基金进行监管也进一步推动了资本市场的稳定与健康发展。此外，美国作为全球最大的养老基金市场，ESG 相关的社会责任投资为 ESG 的实践注入了活力。相较于西方国家，我国在对 ESG 的社会资本引入方面主要通过绿色债券、社会债券、ESG 基金等方式完成。譬如，在绿色债券方面主要通过绿色金融债、绿色企业债等绿色债券融资工具推动社会资本对上市公司绿色发展的支持。

3. 2

股票流动性的制度背景

股票流动性是资本市场的命脉，保证充足的股票流动性是维护资本市场稳定以及为上市公司获取金融资源以实现可持续发展的关键环节。在既有有关提高股票流动性的研究中，影响股票流动性的制度主要有股权分置改革、融资融券制度、"沪港通"制度、"深港通"制度、新三板分层制度，这一系列的制度安排都是为了提高股票流动性，以激发资本市场活力为目的。

2005 年《关于上市公司股权分置改革的指导意见》的出台启动了对上市公司的股权分置改革，允许非流通股在场内进行交易，旨在弥补制度性缺陷，并在保护投资者为原则的条件下提高资本市场的直接融资能力和资源配置效率，进而提高股票流动性水平（朱小平等，2006）。叶志强等（2013）认为通过股权分置改革可以提高上市公司信息透明度，进而提高资本市场的有效性。陈辉等（2011）认为在股权分置改革背景下，会加强股票流动性对企业价值的提升作用。因此，股权分置改革是提高股票流动性水平的一项重要制度安排（孙静，2007）。

2010 年，我国实行融资融券制度，旨在"促进流动性、降低波动性"。融资融券制度具有价格发现、增强流动性、风险管理的优势。在我国资本市场尚不完善的发展过程中，融资融券制度安排有利于政府监管部门掌握市场交易的流向，起到防范风险的作用。融资融券制度实行截至 2022 年时已经历了 7 次扩容，上海证券交易所的主板标的股票数量已扩大到 1 000 只，深圳证券交易所的标的股票数量已扩大到 1 200 只。从总体上看，融资融券制度对改善股票流动性水平具有积极的作用。但在学术界，既有研究在融资融券制度对股票流动性影响的研究方面持有不同的观点。有研究认为，融资融券制度可以显著提高股票流动性水平（谢黎旭等，2021；谢黎旭等，2018；刘倩，2016）。另有研究认为，融资融券制度在牛市前后并不利于提高股票流动性（潘立生和徐俊杰，2017）。无论如何，融资融券制度是对我国资本市场基础制度改革的持续推进，是提高交易量、提升交易活跃程度、分散风险以及维护我国资本市场平稳健康发展的重要制度安排。

2014 年的"沪港通"制度和 2016 年的"深港通"制度相继启动，均旨在放宽境内外投资限制，推动内地和香港股票交易的互联互通、共同发展，这一制度安排成为我国资本市场双向开放迈向新台阶的重要里程碑。资本市场的开放有助于吸引更多投资者参与投资，以提高资本市场运转效率、稳定资本市场，是提高我国资本市场竞争力的有效制度安排（张庆君和白文娟，2020）。我国股票市场作为典型的"政策市"，资本市场的开放通过互联互通的交易机制无疑会对股票流动性水平产生积极影响（李沁洋和陈婷，2022）。

2016 年，我国开始实行新三板分层制度，旨在解决新三板流动性不足的问题。为了满足全国中小企业的差异化需求，新三板分层制度将按照标准分为精选层、创新层和基础层，打通了中小企业发展的上升通道。根据不同标准对上市公司进行划分，可以在不同层级上进行股票投融资交易，投资者能更为透明地了解上市公司的真实情况以规避投资风险。通过明确的分层标准，投资者能够有效识别不同层级上市公司的声誉情况，将资金投向声誉良好的上市公司中。另外，经过筛选和分类后，不仅减少了投资者搜寻信息的时间和成本，同时也提高了上市公司的信息披露质量。总之，新三板分层制度是解决中小微企业融资难、融资贵问题的重要举措，是提高股票流动性水平的有效制度安排（赵崇博等，2020；鄢伟波等，2019；何诚颖等，2018）。

现如今，随着全面实行股票发行注册制改革等制度的推进以及相关配套规则的持续优化，蓬勃发展的市场生态将逐步形成，激发市场活力有利于推动上市公司与资本市场的良性互动以实现可持续发展。因此，从历次政府相关部门对提高股票流动性水平的举措来看，提高股票流动性水平对激发资本市场活力、提高上市公司融资能力、促进上市公司与资本市场的积极互动具有重要意义。

3. 3

上市公司 ESG 表现与股票流动性的内在联系

3.3.1　ESG 与股票流动性的联系

ESG 并非一个独立的概念，而是由政府、上市公司、证券交易所、ESG 评价机构、投资者等构成的生态系统（王大地和黄洁，2021）。在 ESG 生态系统中，作为一种投资方式的 ESG 与资本市场有着天然的联系。而股票流动性作为衡量资本市场质量的重要指标，其与 ESG 也有内在的必然联系，具体体现在 ESG 披露、ESG 评价和 ESG 投资三个方面。

第一，从 ESG 披露角度看。根据信号传递理论，在资本市场中，信息是连接上市公司与外部投资者的重要载体，ESG 信息披露是发挥信息效用的关键环节。提高 ESG 信息披露质量的目的是让上市公司以更加透明的方式向外界传递其在环境保护、社会责任与公司治理各方面所作的积极贡献，因而提高信息披露质量进而提升上市公司的信息透明度对发挥 ESG 对资本市场的积极作用至关重要。对于资本市场而言，信息是资本市场发生交易的前置条件，投资者会根据 ESG 相关信息的披露作出反应并影响公司股价（Wong and Zhang，2022），因而资本市场需要较高的信息透明度以保证股票市场的稳定与发展。可见，提高信息透明度是维护资本市场公平与公正的核心，是保护投资者的重要途径。上市公司 ESG 信息披露质量的提高不仅是上市公司向市场传递利好信息、提高声誉的重要途径，同时也有利于外部投资者及时、准确、全面地掌握上市公司的财务信息和非财务信息，以帮助投资者对上市公司的情况作出合理的判断。因此，ESG 信息披露是连接上市公司与资本市场的重要桥梁，是上市公司向资本市场传递信息进而提高股票流动性的重要一环。

第二，从 ESG 评价角度看。ESG 评价是上市公司 ESG 表现的综合反映，有助于降低上市公司面临的风险进而提高上市公司在资本市场中的表现。一方面，根据制度理论，ESG 作为一种符合可持续发展战略要求的具体行动框架和行为准则，其会对上市公司的公司战略目标和运营活动产生重要的约束作用，从而推动上市公司将制度环境中的合理化因素纳入组织内部以使其行为趋于"合法化"需求。因此，ESG 作为实现社会效益最大化的具体行动框架，上市公司需要通过改善 ESG 表现以获取"合法性"地位，"合法性"地位的获取有利于帮助上市公司降低其所面临风险的可能性（王琳璐等，2022；谭劲松等，2022），进而实现可持续发展。另一方面，在资本市场上，ESG 是投资者投资决策时所要考虑的非财务指标，ESG 评价不仅可以反映上市公司的可持续发展理念，而且 ESG 评价也是上市公司经营状况、发展前景和资质信誉的综合体现。较高的 ESG 评价意味着上市公司在环境和社会方面具有较高的投入水平，有助于降低上市公司因负面评价而带来的诉讼风险、破产风险等损失，进而提高上市公司在资本市场中的表现。因此，ESG 评价对上市公司和资本市场都具有重要的意义，ESG 评价不仅能向外界展现上市公司的可持续发展理念及其在 ESG 方面的贡献，同时也为资本市场识别和筛选具有可持续发展潜力的上市公司提供有效信息，促使上市公司与资本市场之间形成良性互动，进而推动双方的可持续发展。

第三，从 ESG 投资角度看。ESG 源于负责任投资，因而投资是 ESG 的首要内涵。根据 ESG 生态系统观点，ESG 实践需要依靠 ESG 生态系统中的多方主体共同推动，因而上市公司的 ESG 实践需要在金融机构等各方的支持下才能得以顺利推进。根据利益相关者理论，上市公司与利益相关者之间呈互动关系，上市公司的行为不仅会受到内外部利益相关者的影响，同时利益相关者的利益诉求也会影响上市公司的行为（Freeman，1984；Clarkson，1995）。ESG 作为符合社会效益和经济效益双重发展目标的理念和行为准则，其是利益相关者对上市公司在环境保护、社会责任以及公司治理各方面作出"利他"行为的期望和具体呈现形式。因此，利益相关者将环境（E）、社会（S）和治理（G）三个维度融入投资分析和交易中，是利益相关者从环境（E）、社会（S）和治理（G）三个维度对上市公司的可持续形象提出的具体要求。总体上看，上市公司通过 ESG 管理体系的构建和实践，有助于提升企业声誉，打造"负责任"的企业形象，赢得利益相关者的支持及相应的资源。与此同时，上市公司的内部治理机制的建设也有助于降低上市公司的非系统风险，为实现可持续发展创造有利条件。对于资本市场而言，资本市场是上市公司进行融资活动、获取金融资源的主要渠道。资本市场的可持续发展是以保护投资者利益为前提，因而从 ESG 投资角度看，ESG 所具有的可持续发展性对提高资本市场的投资效率和股票流动性水平具有重要意义，是上市公司与投资者实现良性互动的重要实现方式。

3.3.2　上市公司 ESG 表现对股票流动性影响理论框架

综上可知，本书认为从构成 ESG 体系的 ESG 披露、ESG 评价和 ESG 投资三个环节上看，上市公司 ESG 表现与股票流动性具有深刻的内在联系。基于以上分析，本书构建了上市公司 ESG 表现对股票流动性影响的理论框架。具体而言，上市公司 ESG 表现提升股票流动性水平主要通过信息传导机制、风险规避机制和利益相关者支持机制三条路径得以实现（见图 3－1）。

第一，信息传导机制。ESG 作为重要的非财务指标是上市公司财务信息的重要补充，可以更加全面地展现上市公司的经营状况和发展前景。基于信号传递理论，信息是资本市场运转的重要载体，上市公司表现的优劣通过信息披露向外界传递。由于上市公司与外部投资者之间存在信息不对称的问题，因而当上市公司向外界披露的信息越多时越能够有效提高信息透明度，进而让外部投资者了解更多有关上市公司的信息。外部投资者通过对有效信息的掌握作出合理的投资决策，继而将资金投入到在 ESG 方面表现优异的上市公司中（官小燕和刘志彬，2022；徐辉等，2020）。已有研究表明，在环境（E）、社会（S）等方面投入较大的上市公司有更强的意愿向外界披露信息，通过提高信息透明度向投资者展现一个"负责任"的企业形象（Sun et al.，2017）。与此同时，完善的公司治理机制能够有效降低上市公司的盈余管理进而提高信息透明度水平（翟淑萍等，2021）。因此，在 ESG 方面做得好的上市公司其信息披露质量更高，信息透明度的提升能够为外部投资者提供更多真实、准确的信息以帮助投资者进行合理的投资决策，有助于上市公司在资本市场上获取更多的金融资源（Eccles et al.，2014），进而提高股票流动性水平。

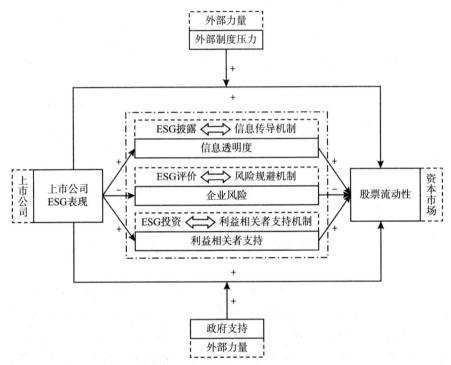

图 3 – 1　上市公司 ESG 表现对股票流动性影响理论框架

第二，风险规避机制。基于制度理论，ESG 是符合高质量、可持续发展战略规划的行动框架，上市公司在国家战略和政策的规制及引导下积极践行 ESG 可以帮助其获得"合法性"地位（Scott，1995）。一方面，随着 ESG 相关法律法规的不断完善和健全，上市公司需要通过对生态环境的保护、缓解就业压力、提升社会福利、反腐败等方面的"利他"行为对相关制度及规范作出积极回应，这有利于提高外界对上市公司的包容度，减少外界对上市公司的负面评价，以及降低由法律诉讼风险、破产风险带来的损失（王琳璐等，2022；冯丽艳等，2016；Godfrey，2005）。另一方面，在发生全球经济动荡、疫情等外部危机事件时，由良好的 ESG 表现带来的道德资本可以提高上市公司应对风险的韧性，有助于缓解上市公司在资本市场上面临的股价崩盘、股价下跌等风险，以帮助上市公司渡过难关（Aqabna，2023；Lu et al.，2022；Koh et al.，2014）。此外，ESG 表现良好的上市公司具有较好的公司治理能力，可以有效降低风险（Apergis et al.，2022），而外部投资者也更倾向于投资风险较小的上市公司，投资者规避风险的偏好有助于 ESG 表现优异的上市公司获得投资者的青睐，进而有助于提高股票流动性水平。因此，上市公司积极实施 ESG 相关活动、提高 ESG 表现有助于规避风险，进而提高上市公司在资本市场中的表现。

第三，利益相关者支持机制。根据利益相关者理论，上市公司的生存和发展依赖于利益相关者的支持，资本市场上的金融机构是上市公司最直接的利益相关者群体。ESG 是一种可持续发展的价值观，上市公司实现可持续绩效的最大化是满足利益相关者利益与诉求的平衡要求（Jensen，2002）。上市公司在 ESG 各方面的优异表现是综合考虑了环境保护、社会责任和公司治理各方面与利益相关者密切相关的非财务因素而实施的经营发展方式。因此，上市公司良好的 ESG 表现能够为其带来良好的声誉资本和道德资本，更容易获得利益相关者的正向反馈、信任与支持，有助于改善上市公司在资本市场中的表现，进而提高股票流动性水平。

此外，由于 ESG 的实践和延续是在由政府、上市公司、证券交易所、ESG 评价机构、投资者等构成的生态系统中完成的，因此本书基于我国制度背景，选取外部制度压力和政府支持两类重要的外部影响因素，进一步探讨外部制度压力和政府支持对上市公司 ESG 表现与股票流动性关系的影响。第一，外部制度压力。上市公司是否切实履行 ESG 责任及实施 ESG 活动，需要通过外部制度压力加以规制和监管才能得以很好地落实（刘柏和琚涛，2021；张莹，2019）。再者，激发资本市场活力、实现资本市场的长期稳健发展的关键在于防范和化解金融风险、保护投资者的合法权益，防止上市公司的"漂绿"行为，因而需要外部制度压力在此发挥作用。当外部制度压力越大时，有助于提高上市公司与外部投资者对 ESG 相关方面的关注度，促使上市公司提高信息披露质量、提升信息透明度，进而有利于增强上市公司与投资者之间的联系。因此，外部制度压力会加强上市公司 ESG 表现对提高股票流动性水平的作用。第二，政府支持。ESG 作为与可持续发展战略相配套的行动框架，政府通过政府补贴等形式向上市公司提供资源支持是有效发挥了"有形之手"的调控作用（李增福等，2016）。政府加大对上市公司 ESG 实践的支持力度，不仅可以起到引导上市公司积极践行 ESG 活动以及为上市公司实现可持续的经营发展方式提供一定的资源保障，与此同时，政府补贴在资本市场上的"认证效应"是外部投资者进行投资决策的"指示灯"，有助于将金融资源引入到在 ESG 方面表现良好的上市公司中（白俊红，2011）。因此，政府支持会加强上市公司 ESG 表现对股票流动性水平的提升作用。

　　总体上，本书立足可持续发展战略要求与资本市场"稳中求进"的制度安排，基于 ESG 体系框架对上市公司 ESG 表现与股票流动性之间的关系提出整体的理论框架，层层递进、深入剖析，探究上市公司 ESG 表现提高股票流动性的内在机制作用。

第*4*章

上市公司 ESG 表现对
股票流动性的影响

本章是本书实证检验的第一步，主要分析上市公司 ESG 表现对股票流动性的影响。第一，根据相关理论及既有研究分析上市公司 ESG 表现对股票流动性的影响并提出研究假设；第二，明确上市公司 ESG 表现和股票流动性的内涵及测度方式；第三，选择 2009~2021 年全部 A 股上市公司为初始研究样本进行实证检验，并采用替换解释变量、替换被解释变量、延长观测窗口、删除部分样本、两阶段最小二乘法和倾向得分匹配方法进行稳健性检验；第四，分别检验环境（E）、社会（S）和治理（G）三个维度对股票流动性的影响，以期明确上市公司 ESG 表现对股票流动性影响的实质性意义。

4.1
理论分析与研究假设

既有研究表明，上市公司 ESG 表现的影响后果研究主要聚焦于公司财务绩效、企业价值、资本成本、股票回报、企业创新、全要素生产率及对外投资等领域，鲜有研究针对上市公司 ESG 表现与股票流动性之间的关系进行探讨。但是，从现有研究中仍可追溯到两者之间的紧密联系。根据既有研究，上市公司 ESG 表现对经济后果的影响呈现不同的研究角度和结论。

首先，从 ESG 整体表现上看，上市公司 ESG 表现与资本市场之间有紧密的关系。格雷沃尔等（Grewal et al.，2019）研究了 ESG 表现与股票市场之间的关系，研究认为上市公司的 ESG 评级与股票价格呈正相关关系，良好的 ESG 表现和较高的 ESG 披露水平能够带来较高的股票回报。类似的，有研究利用 ESG 综合评分研究了 ESG 表现与股票价格的关系（Havlinova and Kukacka，2023）。研究发现，在金融危机后上市公司的 ESG 表现与股市表现具有显著的正相关关系，且当上市公司实施与核心业务相关的业务时 ESG 表现对股市表现具有积极影响。还有研究基于并购背景，探讨了 ESG 表现对收购方并购后的市场价值产生的影响。具体而言，如果在并购前并购目标的 ESG 表现优于收购方，那么并购后收购方的市场价值会增加（Tampakoudis and Anagnostopoulou，2020）。贝尔等（Behl et al.，2021）通过划分时间区间后发现，虽然在短期内 ESG 表现对企业价值有负向影响，但从长期来看 ESG 表现对提升企业价值具有积极作用。金和李（Kim and Lee，2020）研究了利益相关者要求餐饮企业披露相关的 ESG 信息，借以分析 ESG 因素给上市公司带来的长期风险和机会。研究表明，ESG 相关的可持续性活动对上市公司的财务绩效有积极的影响。此外，贝克等（Baker et al.，2021）的研究表明，ESG 评级与 IPO 抑价呈负相关关系，且环境（E）、社会（S）和治理（G）各维度与 IPO 抑价的关系亦如此。

其次，从 ESG 各维度的角度上看。已有研究从环境（E）和社会（S）维度分别实证检验了上市公司的 ESG 行为对企业价值和公司财务绩效产生的积极影响（Jayachandran et al.，2013；Mackey et al.，2007）。譬如，有研究侧重于环境（E）和社会（S）维度，认为 ESG 相关行为有助于提高上市公司的财务回报水平（Tsai and Wu，2021）。特别是在金融危机期间，ESG 表现越好越有助于为上市公司带来较高的财务回报；而在非金融危机期间，在社会责任（S）方面的改善对提高财务回报水平的影响更加明显。戈弗雷（Godfrey，2005）认为上市公司在慈善活动等社会责任方面的投入可以为其带来无形资本，进而增加股东财富。类似的，还有研究认为上市公司的慈善行为有助于提高公司财务绩效，而且这样的关系在高知名度和拥有良好绩效的上市公司中具有更强的积极效应（Wang and Qian，2011）。此外，慈善行为还能为缺乏政治关联的民营企业带来政治资源，进而对财务绩效产生积极影响。而诺莱等（Nollet et al.，2016）则认为，公司治理（G）才是改善 ESG 整体表现进而提高公司财务绩效的重要驱动力。

最后，有研究结果表明上市公司 ESG 表现对经济后果的影响并非简单的线性关系。如巴尼特和萨洛蒙（Barnett and Salomon，2006）以环境（E）和社会（S）为主研究了上市公司 ESG 相关方面的表现与财务绩效之间的关系，研究发现了两者之间呈曲线关系。在之后的研究中，巴尼特和萨洛蒙（Barnett and Salomon，2012）发现，上市公司 ESG 表现与财务绩效之间呈倒 U 形关系。还有研究认为，ESG 表现与经济后果之间并非积极关系，而且存在复杂的关系（Mervelskemper and Streit，2017；Zhao and Murrell，2016），因此并非做好事就一定会做得好。正如曼奇拉朱和拉杰戈帕尔（Manchiraju and Rajgopal，2017）的研究发现，上市公司的 ESG 行为与股东价值之间是显著的负相关关系。因为上市公司在 ESG 方面的改善是以牺牲股东利益为代价的行为，因而上市公司的 ESG 行为会增加财务成本（Chen et al.，2018）。类似的，还有研究进一步实证检验了 ESG 整体表现及各维度的得分与财务绩效之间的关系（Duque-Grisales and Aguilera-Caracue，2021）。研究认为，上市公司 ESG 表现不利于提高财务绩效，且环境（E）、社会（S）和治理（G）各维度的表现与财务绩效之间的关系也呈负相关关系，但上市公司的国际化发展以及宽松的财务资源可以改善 ESG 表现与财务绩效之间的负相关关系。

由上可见，上市公司 ESG 表现与资本市场具有明显的联系，主要体现在公司财务绩效、企业价值和股票回报等方面。而股票流动性作为衡量资本市场运行质量的重要指标，本书预期上市公司的 ESG 表现会对股票流动性产生一定的影响。ESG 是创造共享价值的聚合点，它可以为上市公司带来经济效益、社会效益和竞争优势（Fontoura and Coelho，2022），而这样的优势可能会反映在股票流动性上。有研究发现，较高的 ESG 评级可以为上市公司带来更高的估值以及盈利能力（Giese et al.，2019），并有助于降低上市公司的股价崩盘等风险（Feng et al.，2021），这意味着上市公司向市场传递了其具有良好的资质和信誉等信息，且更容易获得投资者的关注。当上市公司提高其在 ESG 相关方面的投入后，股票流动性会得到明显改善（Tang and Zhang，2020）。因此，上市公司的 ESG 实践会为其创造价值，而这种价值可以反映在股票市场上（Ramchander et al.，2012）。

综上所述，本书认为上市公司 ESG 表现对股票流动性的影响可能从三个方面得以体现。

首先，上市公司良好的 ESG 表现有信息传导的作用。根据信号传递理论，上市公司的管理层比外界更了解其经营发展方面的信息，两者之间存在信息不对称问题。而信息是外部投资者了解上市公司经营理念、经营状况和发展前景的重要载体（Ross，1977）。通常认为，ESG 作为一种非财务指标，ESG 的实践不但不会对上市公司的财务绩效产生直接积极作用，反而会侵占上市公司的经济资源，甚至会增加财务成本，瓜分上市公司的"蛋糕"。因此，ESG 作为一种可有可无的行为，有意愿进行 ESG 实践的一般是资产状况较佳、规模较大、实力较强的上市公司。ESG 表现越好则上市公司越有意愿向外界披露相关信息以展现自身资质良好的信号，向外界传递其具有较好的 ESG 管理体系。与此同时，上市公司信息披露水平意愿的提高会提升信息透明度，进而有利于外部投资者等利益相关者掌握更多信息，引导投资者合理评估上市公司的投资价值，将资源引入 ESG 表现良好的上市公司中（Pham and Tran，2020），这有助于提高股票流动性水平。

其次，上市公司良好的 ESG 表现具有风险规避的作用。根据制度理论，上市公司的生存和发展基于其业务活动是否被内外部的利益相关者所接受和认可，当利益相关者认为上市公司的行为符合法律法规及道德规范的要求时，上市公司就取得了"合法性"地位（Scott，1995）。ESG 是符合高质量、可持续发展战略的行动框架，在我国所提出的绿色发展、社会公平、反腐败、党建引领等政策引导下，ESG 从整体上呼应了国家对环境保护、社会福祉、公司治理等各方面的责任履行。此外，ESG 也符合上市公司利益相关者对建设绿色低碳、公平正义的社会生活环境的美好追求。上市公司在 ESG 方面的投入不仅能够较为全面地展现其具有可持续发展的理念，同时也体现了其"负责任"的企业形象，因而有助于上市公司获取道德合法性和认知合法性。上市公司通过改善 ESG 表现获得的"合法性"地位能够帮助上市公司在发生不可抵抗的外部冲击时渡过难关（Farooq et al.，2017；Lins et al.，2017；Flammer and Luo，2015；Balakrishnan et al.，2011）。因此，良好的 ESG 表现能够降低上市公司面临的风险（Patel et al.，2021），这对提高上市公司在资本市场中的表现具有积极作用。

最后，上市公司良好的 ESG 表现可以获得利益相关者的支持。根据利益相关者理论，弗里曼（Freeman，1984）认为利益相关者是能够影响组织目标实现或者能够为组织目标实现所影响的人或者集团。上市公司的利益相关者众多且繁杂，包括经理人、债权人、雇员、消费者、供应商、竞争者、社区、管理机构等，但上市公司的精力和资源有限，无法满足所有利益相关者的诉求。在 ESG 整体框架下，利益相关者可以从上市公司在环境保护与绿色转型、就业机会的平等、培训与教育、社会影响、反歧视、客户隐私、反贿赂与腐败、股东权利等各方面综合评价和考察上市公司的整体表现，因而兼顾了经济效益和社会效益的 ESG 行为能够满足各利益相关者及其不同时期的权益和诉求，实现上市公司与利益相关者之间的良性互动与共存。在 ESG 方面表现良好的上市公司更容易获得利益相关者的支持和信赖，并能减少与利益相关者之间的摩擦（Ramchander et al.，2012；Jayachandran et al.，2013）。因此，良好的 ESG 表现更容易让上市公司获得投资者等利益相关者的支持，增加投资者对上市公司的投资，这对提高股票流动性具有积极作用。基于此，本书提出以下假设：

H_1：上市公司 ESG 表现对股票流动性有正向影响。

4.2
实证研究设计

4.2.1　样本选取与数据来源

本书选取 2009～2021 年全部 A 股上市公司为初始样本。数据来源主要有以下途径：（1）万得（Wind）金融数据库；（2）国泰安 CSMAR 数据库；（3）上市公司年报。样本筛选按照以下标准进行处理：（1）剔除 ST、*ST 和 PT 股票的上市公司；（2）剔除上市不满一年、已经退市或被暂停上市的上市公司；（3）剔除北交所上市公司；（4）剔除 ESG 评级数据缺失的样本；（5）剔除相关财务数据不可获得、数据缺失或不完整的样本；（6）剔除金融行业的上市公司样本。最终样本包含 18 531 个观测值。数据的具体选取和整理过程如下：从万得（Wind）金融数据库获取 2009～2021 年的华证 ESG 评级数据，将华证 ESG 评级数据作为基准数据与国泰安 CSMAR 数据库中获取的相关财务数据进行合并匹配，并按照以上筛选标准进行整理。最后，本书对所有微观层面的连续变量进行 1% 和 99% 的缩尾处理，以避免极端值对本书实证结果造成的偏差影响。

4.2.2 变量定义与测量

4.2.2.1 解释变量

ESG 是环境、社会和治理三个主要命题的统一体，无论从框架内涵、评价效果还是适用性各角度来说，ESG 有别于企业社会责任（CSR）。从框架内涵方面看，ESG 框架简明清晰且具有包容性。ESG 理念框架自 2004 年被联合国全球契约组织首次提出以来就明确了其核心框架，环境（E）、社会（S）和治理（G）三个维度下均各具针对性地包含了上市公司在商业生态中理应履行的具体责任等内容。整体框架由上至下呈"金字塔"形，不仅明确了上市公司践行 ESG 的核心议题，同时也更大程度上辐射到上市公司利益相关者所关切的各方面权益。从评价效果方面看，ESG 更为客观地量化了上市公司在环境保护、社会责任及公司治理等各方面的实践程度，更全面地反映了上市公司在社会治理效益方面的总体投入水平。ESG 评级（评分）根据环境（E）、社会（S）、治理（G）三个维度由上至下构建 1～3 级评价体系，各下级指标依据上级指标进行延伸和细化，勾勒出上市公司 ESG 实践的范围和具体事项。上市公司的 ESG 评级（评分）由第三方评级机构根据 ESG 评价体系打分得出，因而 ESG 能够更为系统和客观地反映上市公司在环境、社会和治理各方面及整体的表现。从适用性方面看，ESG 具有更好的黏合性。一方面，ESG 的丰富内涵不仅能够在更宽、更深的层次上满足利益相关者对上市公司在社会效益方面的要求，同时，在 ESG 系统性的框架下能够为上市公司提供适应不同环境与企业生命周期的行为指引。上市公司与利益相关者在 ESG 框架下被有效连接起来，各取所需、形成合力，共同推动可持续发展。因此，ESG 是围绕环境（environmental）、社会（social）和治理（governance）三个重要维度设计的评价体系和衡量标准，旨在此多维框架体系的规范和指引下推动上市公司与经济社会的可持续、高质量发展。根据既有研究，国内外对 ESG 的衡量方法主要集中于以下方面：第一，基于中国上市公司的 ESG 研究。目前，国内针对中国上市公司 ESG 表现的评级主要来源于华证 ESG 评级、Wind ESG 评级、商道融绿 ESG 评级与评分、富时罗素 ESG 评分、社投盟 ESG 评级、润灵环球 ESG 评级。ESG 评级或评分均来源于不同的第三方评级机构，每家评级机构均构建了 ESG 评价体系和评分标准。其中，华证 ESG 评级由于覆盖面广、时间跨度大以及及时更新等特点，广泛应用于国内上市公司 ESG 表现的研究。第二，基于国外上市公司的 ESG 研究。国内外学者对国外上市公司 ESG 表现的测度主要来源于 KLD 数据库和汤森路透 ESG 数据库。两家评级机构均具有较宽的时间长度、较好的样本宽度以及较高的实证效度，因此广泛应用于国外上市公司 ESG 表现的研究。

在此基础上，本书参考谢红军和吕雪（2022）的做法，选用华证 ESG 评级对中国上市公司的 ESG 表现进行衡量。华证 ESG 评级数据具有贴近中国市场、覆盖范围广泛、时效性高等特点，其数据来源包括传统数据和另类数据，覆盖上市公司公开披露数据、上市公司社会责任及可持续发展报告，同时，利用机器学习及文本挖掘等方法处理政府及相关监管部门网站数据和新闻媒体等数据。因此，选用华证 ESG 评级数据能够获取更加全面的信息，更加准确地反映中国上市公司的 ESG 表现。华证 ESG 评价指标体系包括 3 个（环境、社会、公司治理）一级指标、14 个二级指标、26 个三级指标以及超过 130 个的底层数据指标。基于指标得分和根据上市公司行业特点构建行业权重矩阵，最后计算出由低到高的"C – AAA"九级评级。因此，本书选取华证 ESG 评级中 2009 ~ 2021 年 A 股上市公司的样本，根据华证 ESG 评级将"C – AAA"依次赋值为"1 ~ 9"进行实证检验。

4.2.2.2 被解释变量

股票流动性是衡量资本市场发展程度和质量的重要指标，是上市公司治理质量和可持续发展潜力在资本市场中的重要体现，对构建稳健的金融市场具有重要意义。股票流动性的衡量方法有多种，如换手率和买卖价差这类基于高频交易数据的方法。这类数据主要用于衡量在短期内股票成交的难易程度，但这种数据在本书中用来衡量股票流动性存在一定的缺陷：第一，上市公司的 ESG 行为是一种长期主义行为，用高频数据无法客观地反映出 ESG 表现对股票流动性的影响。第二，我国股票市场的波动性比较大，非流动性指标更能直观地反映我国资本市场在一定时间范围内股票交易的活跃程度，而且有研究认为 Amihud 指标优于其他低频指标（张峥等，2014）。因此，本书基于 ESG 及我国股市的特点，参考罗伊等（Roy et al.，2022）和吴非等（2021）等研究，选取更符合我国股市交易的低频数据衡量股票流动性。借鉴艾米霍德（Amihud，2002）的研究方法，按照式（4-1）计算股票非流动性指标（Illiquidity）。

$$Illiquidity_{i,t} = \frac{1}{Days_{i,t}} \sum_{d=1}^{Days_{i,t}} \frac{|R_{i,t,d}|}{Volume_{i,t,d}} \qquad (4-1)$$

在式（4-1）中，$|R_{i,t,d}|$ 表示股票 i 在 t 年第 d 个交易日的收益率的绝对值，$Volume_{i,t,d}$ 表示股票 i 在 t 年第 d 个交易日的交易金额，$Days_{i,t}$ 为股票 i 在 t 年的交易日天数。直观地看，$|R_{i,t,d}|/Volume_{i,t,d}$ 即为股票 i 在 t 年第 d 个交易日每单位成交金额所引起的收益率变化，对其加总取均值后，即为非流动性指标。Illiquidity 数值越大，说明单位交易金额对股票价格的冲击越大，投资者的交易成本越高，股票流动性就越低，反之亦然。为了避免极端值对本书实证结果造成的偏差影响，本书对非流动性指标进行了对数处理，同时为了便于理解将对数处理后的非流动性指标进行相反数处理（Roosenboom et al.，2014）。股票流动性指标 LIQ 计算方式见式（4-2）。

$$LIQ = -LN(Illiquidity) \qquad (4-2)$$

4.2.2.3　控制变量

本书参考谢红军和吕雪（2022）、罗伊等（Roy et al.，2022）、吴非等（2021）、林志帆等（2021）相关研究，选取以下 12 个变量作为控制变量。企业年龄（Age）、企业规模（Size）、股权集中度（SD）、现金流强度（Cash）、盈利能力（ROE）、账面市值比（BM）、两职合一（Dual）、审计意见（Audit）、股票收益波动性（Stdret）、股票回报（Return）、机构投资者持股（Inshold）、企业价值（TobinQ）为控制变量。同时，控制了年份（Year）和行业（Industry）虚拟变量。其中，企业年龄和企业规模是影响上市公司 ESG 表现及股票流动性的重要因素，相比较而言，发展较为成熟的上市公司更有资源和能力进行 ESG 相关活动。股权集中度反映上市公司内部股权的制衡与监督程度，股权集中度越高越有可能造成第二类代理问题，进而影响股票流动性。现金流强度、盈利能力、账面市值比、股票收益波动性、股票回报、企业价值反映上市公司财务情况，是上市公司进行 ESG 实践的基础，同时体现公司的投资价值。两职合一、审计意见和机构投资者持股是公司治理机制的具体体现，其对 ESG 实践和股票流动性具有重要的影响。本书主要变量及定义如表 4-1 所示。

表 4 - 1   变量定义

变量类型	变量名称	符号	变量定义
被解释变量	股票流动性	LIQ	借鉴雅各布和艾米霍德（Yakov and Amihud，2002）的研究方法，对非流动性指标进行对数处理后取相反数
解释变量	ESG 表现	ESG	根据华证 ESG 评级中 ESG 评级，将 "C - AAA" 依次赋值为 "1~9"
	E 维度表现	E	根据华证 ESG 评级中的 E 维度评级，将 "C - AAA" 依次赋值为 "1~9"
	S 维度表现	S	根据华证 ESG 评级中的 S 维度评级，将 "C - AAA" 依次赋值为 "1~9"
	G 维度表现	G	根据华证 ESG 评级中的 G 维度评级，将 "C - AAA" 依次赋值为 "1~9"
控制变量	企业年龄	Age	上市公司成立年限加 1 后取自然对数
	企业规模	Size	上市公司期末总资产的自然对数
	股权集中度	SD	第一大股东集中度
	现金流强度	Cash	现金及其现金等价物与总资产之比
	盈利能力	ROE	净利润与股东权益平均余额之比。其中，股东权益平均余额 = 股东权益期末余额
	账面市值比	BM	所有者权益总额与市值之比
	两职合一	Dual	董事长和总经理两职合一赋值为 1，否则为 0
	审计意见	Audit	会计师事务所出具标准无保留意见赋值为 0，否则为 1
	股票收益波动性	Stdret	企业月收益率的年度标准差
	股票回报	Return	公司年度股票的回报率，该变量是以上市公司月度股票回报采用持有方式计算得到
	机构投资者持股	Inshold	机构投资者持股比例
	企业价值	TobinQ	上市公司市值与期末总资产之比
	年份	Year	年度虚拟变量
	行业	Industry	行业虚拟变量

4.2.3 实证模型设计

本书为验证上市公司 ESG 表现对股票流动性的影响，设定了式（4 - 3）加以检验。

$$LIQ_{i,t} = \varphi_0 + \varphi_1 ESG_{i,t} + \sum \varphi\, CV_S + \sum Year + \sum Ind + \varepsilon \qquad (4-3)$$

其中，回归中的因变量为股票流动性（LIQ），自变量为上市公司 ESG 表现（ESG），CV_S 为控制变量；ε 为模型随机误差项。本书同时控制了年份（Year）和行业（Industry）虚拟变量，分别对宏观政策因素和行业因素进行了控制。

4.3

实证结果与分析

4.3.1　描述性统计

表 4-2 汇报了主要变量的描述性统计结果。如表 4-2 所示，上市公司 ESG 表现（ESG）的评级最大值为 8，最小值为 1，均值为 4.106，标准差为 1.143，表明我国上市公司的 ESG 表现水平整体偏左，总体表现低于评级的平均值，且各上市公司 ESG 表现呈现出较大的差异。环境（E）、社会（S）和治理（G）三个维度的评级最大值均为 9，最小值均为 1。其中，环境（E）维度的均值为 1.943，标准差为 1.214，表明我国上市公司在环境（E）维度的表现较差，且各上市公司在环境（E）方面的表现呈现出较大的差异。社会责任（S）维度的均值为 4.472，标准差为 1.952，表明我国上市公司在社会责任（S）方面的表现水平整体偏左，且各上市公司在社会责任（S）方面的表现呈现出较大的差异。公司治理（G）维度的均值为 5.238，标准差为 1.459，表明我国上市公司在公司治理（G）方面的表现水平整体偏右，且各上市公司在公司治理（G）方面的表现呈现出较大的差异。股票流动性经对数处理以及取相反数后，最大值为 6.229，最小值为 1.471，均值为 3.457，标准差为 0.968，说明各上市公司之间的股票流动性水平存在较大差异。从控制变量来看，企业规模（Size）、股权集中度（SD）、企业价值（TobinQ）标准差较大，其他变量标准差较小，表明各上市公司之间在企业规模、股权集中度和企业价值方面存在较大的差异。

表 4-2		描述性统计			
变量	样本量	均值	标准差	最小值	最大值
ESG	18 531	4.106	1.143	1	8
E	18 531	1.943	1.214	1	9
S	18 531	4.472	1.952	1	9

续表

变量	样本量	均值	标准差	最小值	最大值
G	18 531	5.238	1.459	1	9
LIQ	18 531	3.457	0.968	1.471	6.229
Age	18 531	2.914	0.338	1.792	3.526
Size	18 531	22.25	1.257	19.96	26.12
SD	18 531	33.53	14.48	8.720	72.63
Cash	18 531	0.153	0.115	0.0110	0.579
ROE	18 531	0.0529	0.150	−0.899	0.313
BM	18 531	0.340	0.158	0.0571	0.802
Dual	18 531	0.281	0.450	0	1
Audit	18 531	0.0282	0.166	0	1
Stdret	18 531	0.422	0.184	0.153	1.171
Return	18 531	0.103	0.491	−0.529	2.110
Inshold	18 531	0.422	0.244	0.00200	0.893
TobinQ	18 531	2.023	1.286	0.835	8.353

4.3.2 相关性分析

表 4-3 汇报了主要变量之间的相关性结果。其中，被解释变量股票流动性（LIQ）与解释变量（ESG）之间的相关系数是 0.17，且在 1% 的水平下显著为正，结果与研究假设的预期相符，初步验证了上市公司 ESG 表现有助于提高股票流动性的假设。各变量之间的相关性系数的绝对值基本小于 0.5，说明本书构建的实证模型不存在严重的多重共线性问题。

表 4-3 　　　　　　　　　　　　　相关性分析

变量	LIQ	ESG	Age	Size	SD	Cash	ROE
LIQ	1						
ESG	0.17 ***	1					
Age	0.16 ***	−0.01	1				
Size	0.59 ***	0.23 ***	0.25 ***	1			
SD	−0.08 ***	0.09 ***	−0.07 ***	0.16 ***	1		

变量	LIQ	ESG	Age	Size	SD	Cash	ROE
Cash	−0.03 ***	0.09 ***	−0.10 ***	−0.21 ***	0.04 ***	1	
ROE	0.17 ***	0.22 ***	−0.05 ***	0.11 ***	0.14 ***	0.17 ***	1
BM	−0.22 ***	0.09 ***	0.01 *	0.04 ***	0.04 ***	0.06 ***	0.04 ***
Dual	−0.03 ***	−0.04 ***	−0.09 ***	−0.14 ***	−0.04 ***	0.04 ***	−0.01
Audit	−0.03 ***	−0.17 ***	0.05 ***	−0.03 ***	−0.08 ***	−0.07 ***	−0.32 ***
Stdret	0.09 ***	−0.11 ***	−0.07 ***	−0.16 ***	−0.06 ***	0.03 ***	−0.04 ***
Return	−0.02 **	0.03 ***	−0.10 ***	−0.05 ***	0.04 ***	0.05 ***	0.15 ***
Inshold	0.14 ***	0.10 ***	0.09 ***	0.42 ***	0.50 ***	0.01	0.14 ***
TobinQ	0.17 ***	−0.07 ***	−0.07 ***	−0.37 ***	−0.07 ***	0.22 ***	0.10 ***

变量	BM	Dual	Audit	Stdret	Return	Inshold	TobinQ
BM	1						
Dual	−0.03 ***	1					
Audit	−0.06 ***	0.01	1				
Stdret	−0.31 ***	0.05 ***	0.03 ***	1			
Return	−0.14 ***	0.02 ***	−0.07 ***	0.14 ***	1		
Inshold	−0.08 ***	−0.18 ***	−0.04 ***	−0.09 ***	0.04 ***	1	
TobinQ	−0.56 ***	0.08 ***	0.02 ***	0.32 ***	0.17 ***	−0.03 ***	1

注：*** p < 0.01，** p < 0.05，* p < 0.1。

4.3.3　回归结果分析

本部分以上市公司 ESG 表现为解释变量，股票流动性为被解释变量进行回归分析，检验上市公司 ESG 表现对股票流动性的影响，结果如表 4-4 所示。本书采用了递进式的回归策略检验上市公司 ESG 表现与股票流动性之间的关系。表 4-4 列（1）在没有加入任何控制变量的情况下进行了最小二乘回归，上市公司 ESG 表现（ESG）的回归系数为 0.144，t 值为 23.515，且通过了 1% 的统计显著检验；列（2）在列（1）的基础上加入了控制变量，上市公司 ESG 表现（ESG）的回归系数为 0.017，t 值为 3.961，回归结果仍然通过了 1% 的统计显著检验。控制变量中，企业规模（Size）、股权集中度（SD）、现金流强度（Cash）、盈利能力（ROE）、账面市值比（BM）、二职合一（Dual）、股票收益波动性（Stdret）、股票回报（Return）、机构投资者持股（Inshold）和企业价值

（TobinQ）与股票流动性之间存在显著相关关系，公司年龄（Age）和审计意见（Audit）与股票流动性之间不存在显著相关关系。表4-4列（3）和列（4）中加入了年份（Year）和行业（Industry）虚拟变量，分别控制了宏观政策因素和行业因素。表4-4列（3）中仅控制了年份（Year）和行业（Industry）虚拟变量进行了最小二乘回归，上市公司 ESG 表现（ESG）的回归系数为0.163，t 值为27.731，且通过了1%的统计显著检验；列（4）在列（3）的基础上加入了控制变量，上市公司 ESG 表现（ESG）的回归系数为0.034，t 值为8.694，回归结果仍然通过了1%的统计显著检验。无论是否控制年份和行业因素，在加入了控制变量后相关的回归系数均有所缩小，这可能是由于加入了控制变量后造成了影响股票流动性的部分因素被吸收。上述结果表明，上市公司 ESG 表现与股票流动性之间存在显著的正相关关系，验证了假设 H_1，即上市公司 ESG 表现越好越有助于提高股票流动性水平。控制变量中，企业年龄（Age）、公司规模（Size）、股权集中度（SD）、现金流强度（Cash）、盈利能力（ROE）、账面市值比（BM）、股票收益波动性（Stdret）、股票回报（Return）、机构投资者持股（Inshold）、企业价值（TobinQ）与股票流动性之间存在显著的相关关系，二职合一（Dual）和审计意见（Audit）与股票流动性之间不存在显著相关关系。

表4-4　　　　　　　　　上市公司 ESG 表现对股票流动性的影响

变量	(1)	(2)	(3)	(4)
	LIQ	LIQ	LIQ	LIQ
ESG	0.144 *** (23.515)	0.017 *** (3.961)	0.163 *** (27.731)	0.034 *** (8.694)
Age		-0.015 (-1.040)		-0.046 *** (-3.379)
Size		0.656 *** (137.967)		0.647 *** (136.999)
SD		-0.008 *** (-20.302)		-0.007 *** (-20.012)
Cash		0.365 *** (8.583)		0.429 *** (10.911)
ROE		0.482 *** (14.215)		0.520 *** (16.120)

续表

变量	(1)	(2)	(3)	(4)
	LIQ	LIQ	LIQ	LIQ
BM		-0.096 *** (-2.583)		-0.150 *** (-4.180)
Dual		0.031 *** (3.022)		0.013 (1.422)
Audit		-0.024 (-0.816)		-0.017 (-0.629)
Stdret		0.352 *** (13.166)		0.488 *** (15.721)
Return		-0.132 *** (-13.795)		-0.273 *** (-23.098)
Inshold		-0.624 *** (-25.670)		-0.458 *** (-21.565)
TobinQ		0.334 *** (66.354)		0.279 *** (44.635)
Constant	2.865 *** (109.643)	-11.508 *** (-104.116)	2.753 *** (42.921)	-10.833 *** (-91.240)
N	18 531	18 531	18 531	18 531
Year	不控制	不控制	控制	控制
Industry	不控制	不控制	控制	控制
R - squared	0.029	0.594	0.227	0.688

注：括号内为 t 值。 *** 、 ** 和 * 分别表示在 1% 、 5% 和 10% 水平下显著。对标准误进行了 robust 处理。

综上结果表明，上市公司 ESG 表现对股票流动性有正向影响，即上市公司 ESG 表现有助于提高股票流动性水平，这意味着 ESG 的践行对维护资本市场的稳健发展具有重要意义。在 ESG 框架体系的指导下，上市公司通过将 ESG 各维度融入其组织目标和生产运营中，不仅有利于为上市公司创造声誉资本以获取经济效益和社会效益，而且为上市公司在市场中赢得竞争优势提供了一条有效路径（Fontoura and Coelho, 2022；Hawn and Ioannou, 2016；Koh et al., 2014）。因此，上市公司良好的 ESG 表现对推动其在资本市场中的"稳中求进"具有重要作用。

4.4

稳健性检验

4.4.1 替换解释变量的检验

本书将上市公司 ESG 表现进行以下替换：第一，参考谢红军和吕雪（2022）的做法，改变华证 ESG 评级的赋值方式。将 ESG 表现为 "C – CCC" 的评级赋值为 1，"B – BBB" 的评级赋值为 2，"A – AAA" 的评级赋值为 3。第二，选用 Wind ESG 评级和综合评分分别作为替换上市公司 ESG 表现的变量（Zhang et al.，2022）。万得（Wind）自 2018 年开始对中国上市公司进行 ESG 评级和评分，且已覆盖全部 A 股上市公司。万得（Wind）对标国际标准并结合中国市场特点构建了 Wind ESG 评级及评价体系，其具有信息量大、准确透明、更新实时、披露实质的优势，数据具有较高的可信度和较好的深度。因此，本书将 Wind ESG 的评级和综合评分作为上市公司 ESG 表现的替换变量进行稳健性检验。其中，Wind ESG 根据评级结果将 CCC – AAA 由低到高赋值为 1 ~ 7；Windscore 则采用 Wind ESG 的综合评分进行衡量。结果如表 4 – 5 所示。

表 4 – 5　　　　　　　　　稳健性检验：替换解释变量

变量	(1)	(2)	(3)	(4)	(5)	(6)
	LIQ	LIQ	LIQ	LIQ	LIQ	LIQ
ESG2	0.276 *** (20.583)	0.063 *** (6.781)				
WindESG			0.318 *** (25.612)	0.055 *** (7.340)		
Windscore					0.376 *** (27.430)	0.074 *** (8.700)
Age		− 0.048 *** (− 3.472)		− 0.005 *** (− 4.480)		− 0.005 *** (− 4.538)
Size		0.651 *** (139.336)		0.672 *** (114.019)		0.669 *** (113.051)

续表

变量	(1)	(2)	(3)	(4)	(5)	(6)
	LIQ	LIQ	LIQ	LIQ	LIQ	LIQ
SD		−0. 007 *** (−19. 917)		−0. 006 *** (−14. 002)		−0. 006 *** (−14. 065)
Cash		0. 438 *** (11. 142)		0. 532 *** (9. 210)		0. 523 *** (9. 066)
ROE		0. 532 *** (16. 456)		0. 384 *** (11. 460)		0. 383 *** (11. 434)
BM		−0. 143 *** (−3. 987)		−0. 023 (−0. 508)		−0. 023 (−0. 516)
Dual		0. 012 (1. 348)		0. 022 * (1. 832)		0. 023 * (1. 907)
Audit		−0. 026 (−0. 989)		−0. 052 (−1. 626)		−0. 049 (−1. 513)
Stdret		0. 481 *** (15. 473)		0. 642 *** (16. 962)		0. 643 *** (17. 040)
Return		−0. 273 *** (−23. 042)		−0. 268 *** (−17. 145)		−0. 268 *** (−17. 192)
Inshold		−0. 461 *** (−21. 719)		−0. 480 *** (−16. 599)		−0. 479 *** (−16. 578)
TobinQ		0. 281 *** (44. 826)		0. 306 *** (34. 770)		0. 306 *** (34. 893)
Constant	2. 890 *** (43. 675)	−10. 903 *** (−91. 730)	2. 358 *** (25. 886)	−12. 007 *** (−81. 900)	1. 196 *** (10. 431)	−12. 189 *** (−83. 270)
N	18 531	18 531	10 599	10 599	10 599	10 599
Year	控制	控制	控制	控制	控制	控制
Industry	控制	控制	控制	控制	控制	控制
R − squared	0. 208	0. 687	0. 155	0. 691	0. 165	0. 692

注：括号内为 t 值。 *** 、 ** 和 * 分别表示在 1%、5% 和 10% 水平下显著。对标准误进行了 robust 处理。

结果表明，上市公司 ESG 表现与股票流动性之间存在显著的正相关关系，回归结果与主效应结果无实质性差异。表 4-5 中列（1）、列（3）和列（5）仅控制了年份（Year）和行业（Industry），ESG2、WindESG 和 Windscore 的回归系数分别为 0.276、0.318 和 0.376，且均通过了 1% 的统计显著检验。在此基础上，表 4-5 中列（2）、列（4）和列（6）加入控制变量进行回归检验，ESG2、WindESG 和 Windscore 的回归系数分别为 0.063、0.055 和 0.074，且均通过了 1% 的统计显著检验。由此可见，上市公司 ESG 表现对股票流动性有正向影响，结果具有较强的稳健性。

4.4.2　替换被解释变量的检验

本书参考罗伊等（Roy et al.，2022）、陈辉和顾乃康（2017）等相关研究对股票流动性的度量方法，选用 Zeros 和 Zeros_impact 非流动性指标替换 Amihud 指标进行稳健性检验。Zeros 为年内零收益率天数与年交易天数的比值；Zeros_impact 为 Zeros 与年内日均成交金额的比值。由于 Zeros 为非流动性指标，值越大则流动性越差。为方便理解，本书对指标取相反数或对数处理后再取相反数，构建四个指标：Zeros1 = -Zeros；Zeros2 = -Zeros_impact；Zeros3 = -Ln(Zeros)；Zeros4 = -Ln(Zeros_impact)。结果如表 4-6 所示。

表 4-6　　　　　　　　　　稳健性检验：替换被解释变量

变量	（1）	（2）	（3）	（4）	（5）	（6）	（7）	（8）
	Zeros1	Zeros2	Zeros3	Zeros4	Zeros1	Zeros2	Zeros3	Zeros4
ESG	0.001*** (8.306)	0.000*** (9.837)	0.001*** (8.455)	0.000*** (9.842)	0.002*** (11.960)	0.000*** (7.120)	0.002*** (12.023)	0.000*** (7.122)
Age					-0.006*** (-11.908)	-0.000*** (-8.085)	-0.006*** (-12.078)	-0.000*** (-8.092)
Size					-0.003*** (-14.581)	0.000*** (27.301)	-0.002*** (-14.347)	0.000*** (27.327)
SD					0.000*** (3.988)	-0.000*** (-4.301)	0.000*** (4.076)	-0.000*** (-4.302)
Cash					0.015*** (11.662)	0.000*** (8.841)	0.015*** (11.745)	0.000*** (8.847)
ROE					0.025*** (20.948)	0.001*** (12.849)	0.024*** (21.102)	0.001*** (12.857)

续表

变量	(1)	(2)	(3)	(4)	(5)	(6)	(7)	(8)
	Zeros1	Zeros2	Zeros3	Zeros4	Zeros1	Zeros2	Zeros3	Zeros4
BM					− 0.026 ***	− 0.001 ***	− 0.025 ***	− 0.001 ***
					(− 17.763)	(− 12.422)	(− 17.882)	(− 12.434)
Dual					0.003 ***	0.000 ***	0.003 ***	0.000 ***
					(9.506)	(5.553)	(9.575)	(5.557)
Audit					− 0.002	0.000	− 0.002	0.000
					(− 1.543)	(0.676)	(− 1.582)	(0.673)
Stdret					0.031 ***	0.002 ***	0.029 ***	0.002 ***
					(31.496)	(43.038)	(31.576)	(43.064)
Return					− 0.004 ***	− 0.000 ***	− 0.004 ***	− 0.000 ***
					(− 11.515)	(− 14.293)	(− 11.537)	(− 14.298)
Inshold					0.002 ***	− 0.000 ***	0.002 ***	− 0.000 ***
					(2.753)	(− 5.947)	(2.646)	(− 5.952)
TobinQ					0.001 ***	0.000 ***	0.001 ***	0.000 ***
					(4.085)	(8.773)	(4.472)	(8.785)
Constant	− 0.020 ***	− 0.000 ***	− 0.020 ***	− 0.000 ***	0.033 ***	− 0.004 ***	0.030 ***	− 0.004 ***
	(− 13.425)	(− 5.842)	(− 13.845)	(− 5.852)	(7.689)	(− 26.426)	(7.300)	(− 26.452)
N	18 531	18 531	18 531	18 531	18 531	18 531	18 531	18 531
Year	控制	控制	控制	控制	控制	控制	控制	控制
Industry	控制	控制	控制	控制	控制	控制	控制	控制
R − squared	0.166	0.163	0.167	0.164	0.318	0.309	0.321	0.310

注: 括号内为 t 值。 *** 、 ** 和 * 分别表示在 1% 、 5% 和 10% 水平下显著。对标准误进行了 robust 处理。

结果表明，上市公司 ESG 表现与股票流动性之间存在显著的正相关关系，回归结果与主效应结果无实质性差异。表 4 - 6 中列 (1)、列 (2)、列 (3) 和列 (4) 仅控制了年份 (Year) 和行业 (Industry)，在此基础上，表 4 - 6 中列 (5)、列 (6)、列 (7) 和列 (8) 加入了控制变量，且均通过了 1% 的统计显著检验。由此可见，上市公司 ESG 表现对股票流动性有正向影响，结果具有较强的稳健性。

4.4.3　延长观测窗口

由于上市公司 ESG 表现具有长期主义行为周期长、见效慢等特点，因此其

对股票流动性的影响不一定会在当期产生效应。基于此，本书延长了上市公司
ESG 表现影响股票流动性的时间范围，将上市公司 ESG 表现（ESG）分别滞后
1～3 期后进行回归检验，又将股票流动性（LIQ）分别前置 1～3 期后进行回归
检验。结果如表 4－7 所示。

表 4－7　　　　　　　　　　　稳健性检验：延长观测窗口

变量	(1)	(2)	(3)	(4)	(5)	(6)
	LIQ	LIQ	LIQ	F1. LIQ	F2. LIQ	F3. LIQ
ESG				0.032 ***	0.031 ***	0.043 ***
				(7.280)	(5.080)	(5.618)
L1. ESG	0.021 ***					
	(4.672)					
L2. ESG		0.021 ***				
		(3.842)				
L3. ESG			0.027 ***			
			(4.145)			
Age	－0.036 **	－0.067 ***	－0.093 ***	－0.084 ***	－0.151 ***	－0.170 ***
	(－2.197)	(－3.331)	(－3.785)	(－5.455)	(－7.344)	(－6.991)
Size	0.671 ***	0.688 ***	0.687 ***	0.631 ***	0.624 ***	0.593 ***
	(124.001)	(107.245)	(88.169)	(116.559)	(85.197)	(64.415)
SD	－0.008 ***	－0.009 ***	－0.008 ***	－0.008 ***	－0.009 ***	－0.008 ***
	(－21.127)	(－18.829)	(－14.548)	(－21.985)	(－16.795)	(－12.505)
Cash	0.451 ***	0.460 ***	0.519 ***	0.366 ***	0.404 ***	0.220 ***
	(9.744)	(8.343)	(7.884)	(8.331)	(6.827)	(3.185)
ROE	0.528 ***	0.600 ***	0.669 ***	0.571 ***	0.592 ***	0.883 ***
	(14.205)	(13.148)	(12.008)	(13.027)	(10.028)	(11.065)
BM	－0.156 ***	－0.100 **	－0.127 **	－0.041	0.075	0.092
	(－3.759)	(－2.075)	(－2.227)	(－1.011)	(1.351)	(1.287)
Dual	0.003	0.012	0.011	0.023 **	0.073 ***	0.073 ***
	(0.262)	(0.992)	(0.737)	(2.304)	(5.170)	(4.181)
Audit	－0.043	－0.042	0.015	－0.058 *	－0.170 ***	－0.139 *
	(－1.440)	(－1.144)	(0.347)	(－1.678)	(－3.335)	(－1.899)

续表

变量	(1)	(2)	(3)	(4)	(5)	(6)
	LIQ	LIQ	LIQ	F1. LIQ	F2. LIQ	F3. LIQ
Stdret	0.538 ***	0.427 ***	0.372 ***	0.661 ***	0.278 ***	− 0.081
	(15.774)	(10.451)	(7.409)	(20.502)	(6.158)	(− 1.471)
Return	− 0.278 ***	− 0.318 ***	− 0.330 ***	0.438 ***	0.333 ***	0.247 ***
	(− 20.894)	(− 19.743)	(− 16.032)	(31.028)	(18.635)	(11.685)
Inshold	− 0.495 ***	− 0.500 ***	− 0.537 ***	− 0.326 ***	− 0.211 ***	− 0.171 ***
	(− 19.738)	(− 16.277)	(− 14.616)	(− 13.603)	(− 6.453)	(− 4.187)
TobinQ	0.292 ***	0.313 ***	0.315 ***	0.262 ***	0.261 ***	0.249 ***
	(41.044)	(37.326)	(31.040)	(35.845)	(28.796)	(24.980)
Constant	− 11.260 ***	− 11.870 ***	− 12.176 ***	− 10.528 ***	− 10.418 ***	− 9.952 ***
	(− 81.464)	(− 73.247)	(− 61.351)	(− 77.645)	(− 56.865)	(− 43.672)
N	13 746	10 390	7 843	13 746	10 390	7 843
Year	控制	控制	控制	控制	控制	控制
Industry	控制	控制	控制	控制	控制	控制
R − squared	0.702	0.698	0.690	0.709	0.609	0.560

注：括号内为 t 值。*** 、** 和 * 分别表示在 1%、5% 和 10% 水平下显著。对标准误进行了 robust 处理。

结果表明，上市公司 ESG 表现与股票流动性之间存在显著的正相关关系，回归结果与主效应结果无实质性差异。表 4 - 7 中的列（1）、列（2）和列（3）分别对上市公司 ESG 表现（ESG）进行了 1 ~ 3 期的滞后处理，L1. ESG、L2. ESG 和 L3. ESG 的回归系数分别为 0.021、0.021 和 0.027，且均通过了 1% 的统计显著检验。表 4 - 7 中的列（4）、列（5）和列（6）分别对股票流动性（LIQ）进行了 1 ~ 3 期的前置处理，上市公司 ESG 表现（ESG）的回归系数分别为 0.032、0.031 和 0.043，且均通过了 1% 的统计显著检验。由此可见，上市公司 ESG 表现对股票流动性有正向影响，结果具有较强的稳健性。

4.4.4　删除部分样本

全球范围内重大事件的发生均会对上市公司 ESG 表现及股票流动性产生一定的影响。譬如，蔓延全球的新冠疫情给全球经济带来的冲击会影响上市公司的

ESG 表现及股票流动性水平，若忽视这类因素的探讨，可能会对检验结果造成一定的内生性干扰。为此，本书删除了样本期内 2020 ~ 2021 年的数据，在此基础上进行回归检验。结果如表 4 - 8 所示。

表 4 - 8　　　　　　　　　　稳健性检验：删除部分样本

变量	(1)	(2)	(3)	(4)
	LIQ	LIQ	LIQ	LIQ
ESG	0. 116 *** (16. 350)	0. 015 *** (2. 975)	0. 143 *** (21. 342)	0. 037 *** (7. 980)
Age		− 0. 031 * (− 1. 874)		− 0. 044 *** (− 2. 879)
Size		0. 643 *** (109. 756)		0. 622 *** (107. 901)
SD		− 0. 007 *** (− 16. 075)		− 0. 006 *** (− 16. 151)
Cash		0. 282 *** (5. 800)		0. 390 *** (8. 829)
ROEA		0. 439 *** (10. 473)		0. 482 *** (12. 521)
BMA		− 0. 159 *** (− 3. 567)		− 0. 159 *** (− 3. 715)
Dual		0. 018 (1. 519)		0. 004 (0. 402)
Audit		− 0. 008 (− 0. 240)		− 0. 001 (− 0. 029)
Stdret1		0. 250 *** (7. 617)		0. 461 *** (11. 365)
ReturnA		− 0. 082 *** (− 7. 556)		− 0. 232 *** (− 15. 764)
Inshold		− 0. 611 *** (− 21. 780)		− 0. 435 *** (− 17. 798)

续表

变量	(1)	(2)	(3)	(4)
	LIQ	LIQ	LIQ	LIQ
TobinQA		0. 349 *** (54. 260)		0. 282 *** (36. 500)
Constant	2. 861 *** (94. 887)	− 11. 183 *** (− 80. 838)	2. 785 *** (40. 155)	− 10. 370 *** (− 71. 025)
N	13 486	13 486	13 486	13 486
Year	不控制	不控制	控制	控制
Industry	不控制	不控制	控制	控制
R − squared	0. 019	0. 555	0. 248	0. 667

注：括号内为 t 值。 *** 、 ** 和 * 分别表示在 1% 、 5% 和 10% 水平下显著。对标准误进行了 robust 处理。

结果表明，在删除 2020 ~ 2021 年新冠疫情期间的样本后，上市公司 ESG 表现与股票流动性之间仍存在显著的正相关关系，回归结果与主效应结果无实质性差异。表 4 – 8 中列（1）在没有加入任何控制变量的情况下进行了最小二乘回归，上市公司 ESG 表现（ESG）的回归系数为 0. 116，t 值为 16. 350，且通过了 1% 的统计显著检验；列（2）在列（1）的基础上加入了控制变量，上市公司 ESG 表现（ESG）的回归系数为 0. 015，t 值为 2. 975，回归结果仍然通过了 1% 的统计显著检验。表 4 – 8 列（3）和列（4）中加入了年份（Year）和行业（Industry）虚拟变量，分别控制了宏观政策因素和行业因素。表 4 – 8 列（3）中仅控制了年份（Year）和行业（Industry）虚拟变量进行了最小二乘回归，上市公司 ESG 表现（ESG）的回归系数为 0. 143，t 值为 21. 342，且通过了 1% 的统计显著检验；列（4）在列（3）的基础上加入了控制变量，上市公司 ESG 表现（ESG）的回归系数为 0. 037，t 值为 7. 980，回归结果仍然通过了 1% 的统计显著检验。由此可见，上市公司 ESG 表现对股票流动性有正向影响，结果具有较强的稳健性。

4.4.5　内生性问题处理

本书为解决研究问题存在的内生性问题，采用以下两种方法进行稳健性检验。第一，两阶段最小二乘法。本书将 ESG 的行业 – 年份平均水平（IV_IndYmean）以及 ESG 的地区 – 年份平均水平（IV_CityYmean）作为工具变量分别进行回归（EI Ghoul et al.，2011）。由于上市公司的 ESG 表现可能会受到邻近地区或同一行业中其他上市公司的影响，因此这两个工具变量可以作为 ESG 表现的外生变量（Attig et al.，2013）。第二，倾向得分匹配（PSM）。本书选择了企业年龄（Age）、企业规模（Size）、股权集中度（SD）、现金流强度（Cash）、盈利能力（ROE）、账面市值比（BM）、两职合一（Dual）、审计意见（Audit）、股票收益波动性（Stdret）、股票回报（Return）、机构投资者持股（Inshold）、企业价值（TobinQ）作为控制变量进行 1∶1 匹配。ESG 表现平均分为五组，得分最高的组为处理组。内生性检验结果如表 4 - 9 和表 4 - 10 所示。

表 4 - 9　　　　　　　　　　　　内生性问题处理

变量	2SLS		PSM
	(1)	(2)	(3)
	First stage ESG	Second stage LIQ	LIQ
ESG		0.036 *** (3.796)	0.042 *** (4.683)
IV_IndYmean	0.720 *** (13.848)		
IV_CityYmean	0.876 *** (69.098)		
Age	-0.091 *** (-3.634)	-0.046 *** (-3.338)	-0.051 (-1.437)
Size	0.220 *** (28.089)	0.647 *** (124.630)	0.686 *** (65.049)
SD	0.003 *** (5.147)	-0.007 *** (-19.930)	-0.011 *** (-12.247)
Cash	0.658 *** (9.741)	0.427 *** (10.721)	0.383 *** (3.772)
ROE	0.802 *** (12.596)	0.518 *** (15.542)	1.147 *** (7.521)
BM	0.467 *** (7.527)	-0.151 *** (-4.171)	0.089 (1.003)

续表

变量	2SLS		PSM
	(1)	(2)	(3)
	First stage ESG	Second stage LIQ	LIQ
Dual	−0.048 *** (−2.874)	0.013 (1.431)	−0.033 (−1.398)
Audit	−0.604 *** (−10.870)	−0.015 (−0.567)	0.246 ** (2.174)
Stdret	−0.335 *** (−6.803)	0.489 *** (15.638)	0.704 *** (8.569)
Return	0.045 ** (2.331)	−0.273 *** (−23.115)	−0.259 *** (−8.772)
Inshold	−0.206 *** (−5.343)	−0.457 *** (−21.413)	−0.482 *** (−8.353)
TobinQ	0.052 *** (6.372)	0.279 *** (44.581)	0.317 *** (20.457)
Constant	−7.131 *** (−25.327)	−10.831 *** (−90.813)	−11.773 *** (−41.684)
N	18 531	18 531	3 117
Year	控制	控制	控制
Industry	控制	控制	控制
R − squared	0.294	0.688	0.737

注：括号内为 t 值。***、** 和 * 分别表示在 1%、5% 和 10% 水平下显著。对标准误进行了 robust 处理。

表 4 – 10　　　　　　　　　匹配变量平衡性检验结果

匹配变量	样本	均值		T 检验		偏差/%
		处理组	控制组	T 值	P 值	
Age	匹配前	2.972	2.908	7.500	0.000	19.300
	匹配后	2.972	2.979	−0.650	0.515	−2.100
Size	匹配前	23.120	22.155	31.530	0.000	70.300
	匹配后	23.116	23.162	−0.910	0.365	−3.400

匹配变量	样本	均值		T 检验		偏差/%
		处理组	控制组	T 值	P 值	
SD	匹配前	35. 668	33. 300	6. 560	0. 000	15. 800
	匹配后	35. 643	35. 920	− 0. 540	0. 591	− 1. 900
Cash	匹配前	0. 163	0. 152	3. 730	0. 000	9. 400
	匹配后	0. 162	0. 159	0. 830	0. 404	2. 800
ROE	匹配前	0. 097	0. 048	13. 200	0. 000	38. 300
	匹配后	0. 097	0. 093	1. 210	0. 225	3. 100
BM	匹配前	0. 349	0. 339	2. 680	0. 007	6. 800
	匹配后	0. 350	0. 351	− 0. 240	0. 811	− 0. 800
Dual	匹配前	0. 244	0. 285	− 3. 690	0. 000	− 9. 400
	匹配后	0. 243	0. 263	− 1. 350	0. 176	− 4. 500
Audit	匹配前	0. 007	0. 031	− 5. 740	0. 000	− 17. 600
	匹配后	0. 007	0. 012	− 1. 720	0. 085	− 4. 200
Stdret	匹配前	0. 376	0. 427	− 11. 080	0. 000	− 29. 100
	匹配后	0. 376	0. 375	0. 230	0. 821	0. 700
Return	匹配前	0. 101	0. 103	− 0. 200	0. 840	− 0. 500
	匹配后	0. 100	0. 092	0. 540	0. 588	1. 700
Inshold	匹配前	0. 491	0. 414	12. 630	0. 000	31. 200
	匹配后	0. 491	0. 500	− 1. 100	0. 270	− 3. 700
TobinQ	匹配前	1. 885	2. 037	− 4. 740	0. 000	− 11. 800
	匹配后	1. 880	1. 840	0. 910	0. 363	3. 100

结果表明，上市公司 ESG 表现与股票流动性之间存在显著的正相关关系，回归结果与主效应结果无实质性差异。表 4 - 9 中列（1）为两阶段最小二乘法第一阶段的回归结果，两个工具变量（IV_IndYmean 和 IV_CityYmean）的回归系数均在 1% 的水平上显著为正，说明本书选取的两个工具变量均与上市公司 ESG 表现（ESG）高度相关。表 4 - 9 中列（2）为两阶段最小二乘法第二阶段的回归结果，当两个工具变量同时放入模型进行回归时，上市公司 ESG 表现（ESG）的回归系数为 0. 036，t 值为 3. 796，且通过了 1% 的统计显著检验。因此，上市公司 ESG 表现对股票流动性有正向影响。表 4 - 10 为倾向得分匹配（PSM）检验中

将控制变量匹配后的平衡性检验结果。结果显示，匹配后除了审计意见（Audit）的系数为 0.085 外，其余变量均不存在显著差异。表 4 - 9 列（3）展示了匹配后上市公司 ESG 表现（ESG）对股票流动性（LIQ）的回归结果。结果显示，上市公司 ESG 表现（ESG）的回归系数为 0.042，t 值为 4.683，且通过了 1% 的统计显著检验。因此，上市公司 ESG 表现对股票流动性有正向影响。综上可见，上市公司 ESG 表现对股票流动性有正向影响，结果具有较强的稳健性。

4.5

进一步检验

ESG 不同于传统的企业社会责任（corporate social responsibility，CSR）所强调的上市公司在环境、社会责任等相关方面对外部环境的回应。ESG 作为集环境（E）、社会（S）和治理（G）于一体的非财务指标，上市公司的 ESG 行为必然由对生态环境的保护、社会责任的投入以及公司治理制度的安排三部分构成。因此，上市公司 ESG 表现是三个维度综合表现的具体呈现。在主效应的检验中，已经明确了上市公司 ESG 的良好表现对股票流动性的积极影响，其对激发资本市场活力具有重要的意义。但仍不清楚的是，ESG 总体表现对股票流动性的积极作用是否是环境（E）、社会（S）和治理（G）三方面共同作用的结果，即环境（E）、社会（S）和治理（G）维度的表现是否均对提高股票流动性具有积极影响。为此，在主效应检验结果的基础上，本书将分别检验环境（E）、社会（S）和治理（G）各维度对股票流动性的影响，分析 ESG 三个维度对提升股票流动性的效果及贡献。结果如表 4 - 11 所示。

表 4 - 11　　　　　上市公司 ESG 各维度表现对股票流动性的影响

变量	(1)	(2)	(3)	(4)	(5)	(6)
	LIQ	LIQ	LIQ	LIQ	LIQ	LIQ
E	0.124 *** (21.203)			0.011 *** (3.100)		
S		0.087 *** (23.311)			0.017 *** (7.170)	
G			0.076 *** (16.347)			0.025 *** (7.929)
Age				- 0.053 *** (- 3.831)	- 0.043 *** (- 3.132)	- 0.053 *** (- 3.837)

续表

变量	(1)	(2)	(3)	(4)	(5)	(6)
	LIQ	LIQ	LIQ	LIQ	LIQ	LIQ
Size				0.653 *** (137.626)	0.650 *** (138.442)	0.652 *** (140.355)
SD				−0.007 *** (−19.590)	−0.007 *** (−19.581)	−0.007 *** (−20.241)
Cash				0.459 *** (11.689)	0.456 *** (11.630)	0.406 *** (10.197)
ROE				0.551 *** (17.071)	0.529 *** (16.349)	0.529 *** (16.425)
BM				−0.127 *** (−3.545)	−0.123 *** (−3.432)	−0.170 *** (−4.703)
Dual				0.012 (1.342)	0.011 (1.176)	0.012 (1.333)
Audit				−0.039 (−1.471)	−0.034 (−1.280)	−0.013 (−0.484)
Stdret				0.475 *** (15.298)	0.478 *** (15.442)	0.487 *** (15.652)
Return				−0.272 *** (−22.915)	−0.271 *** (−22.944)	−0.273 *** (−23.064)
Inshold				−0.466 *** (−21.972)	−0.456 *** (−21.425)	−0.466 *** (−21.998)
TobinQ				0.282 *** (44.787)	0.281 *** (44.889)	0.277 *** (43.995)
Constant	3.088 *** (48.514)	3.205 *** (51.511)	2.831 *** (40.680)	−10.851 *** (−90.683)	−10.833 *** (−90.820)	−10.936 *** (−92.051)
N	18 531	18 531	18 531	18 531	18 531	18 531
Year	控制	控制	控制	控制	控制	控制
Industry	控制	控制	控制	控制	控制	控制
R − squared	0.215	0.216	0.204	0.687	0.687	0.688

注：括号内为 t 值。*** 、** 和 * 分别表示在 1%、5% 和 10% 水平下显著。对标准误进行了 robust 处理。

结果表明，上市公司 ESG 各维度的表现与股票流动性之间均存在显著的正相关关系，意味着上市公司在环境（E）、社会（S）和治理（G）各维度的表现均对股票流动性有正向影响。表 4 - 11 中的列（1）、列（2）和列（3）仅控制了年份（Year）和行业（Industry）虚拟变量，环境（E）、社会（S）和治理（G）的回归系数分别为 0.124、0.087 和 0.076，t 值分别为 21.203、23.311 和 16.347，且均通过了 1% 的统计显著检验。在此基础上，表 4 - 11 中的列（4）、列（5）和列（6）加入控制变量后进行回归检验，环境（E）、社会（S）和治理（G）的回归系数分别为 0.011、0.017 和 0.025，t 值分别为 3.100、7.170 和 7.929，且均通过了 1% 的统计显著检验。当加入了控制变量后相关的回归系数均有所缩小，这可能是由于影响股票流动性的部分因素被吸收。在各维度对股票流动性的影响程度上，环境（E）、社会（S）和治理（G）各维度对提高股票流动性的影响程度依次提高。这在一定程度上说明了在真实的市场环境下，公司治理（G）可能是改善上市公司 ESG 表现进而提高股票流动性水平的一个关键因素。

通过对比本部分的检验结果与既有文献的研究结论后发现，多数研究认为 ESG 各维度与股票流动性之间呈正相关关系，上市公司通过绿色创新（Chen et al.，2022）、增加社会责任方面的投入（王琳琳和许志杰，2022；Roy et al.，2022；李姝和肖秋萍，2012），以及建立良好的公司治理机制（Michael et al.，2022；Hguyen and Muniandy，2021；Ye et al.，2021；齐岳和李晓琳，2019；张肖飞，2018；Ali et al.，2017；Ahmed and Ali，2017；Prommin et al.，2014；魏明海和雷倩华，2011）有助于提高股票流动性水平，说明良好的 ESG 表现对提高上市公司在资本市场中的表现具有重要的现实意义。然而，在社会责任维度方面仍存在不同的研究结论，譬如，王攀娜和徐博韬（2017）则认为上市公司在社会责任方面的表现是一种"粉饰工具"，旨在掩盖其不道德行为而刻意向外界发出不真实的"积极"信号，最终并不利于提高股票流动性水平。为此，本书将针对上市公司 ESG 表现如何对股票流动性产生积极影响，以及上市公司如何有效利用 ESG 提高其在资本市场中的表现进行深入探讨。

4.6

本章小结

本章基于 2009 ~ 2021 年 A 股上市公司数据，主要研究了上市公司 ESG 表现对股票流动性的影响。实证结果表明：（1）上市公司 ESG 表现对股票流动性有正向影响，上市公司 ESG 表现越好越有助于提高股票流动性水平。（2）上市公司在环境（E）、社会（S）和治理（G）各维度上的良好表现均对股票流动性有正向影响，且公司治理（G）对提高股票流动性水平的影响程度高于环境（E）和社会（S）两个维度。基于此，本书认为上市公司 ESG 表现提高股票流动性的积极影响可能从三个方面得以体现。从信号传递理论视角看，ESG 表现是上市公司经营状况、经济实力及发展前景的综合反映，较高的 ESG 评级代表上市公司在环境保护、社会责任以及公司治理各方面具有良好的表现。上市公司不仅有经济实力践行 ESG 相关活动，同时上市公司也具有系统和规范的治理体系。因而良好的 ESG 表现是上市公司向外部投资者传递利好信号的重要信息，有利于降低上市公司与外部投资者之间的信息不对称，增强外部投资者对上市公司的信任，引导资本流入在 ESG 方面表现优异的上市公司中。从制度理论视角看，制度压力由规制性压力、规范性压力和文化认识性压力构成，上市公司的生存和发展需要符合政府、投资者等利益相关者的"合法性"需求。首先，我国提出的"碳达峰碳中和""坚定不移走中国人权发展道路""提升上市公司治理水平"等战略和政策是实现绿色发展、可持续发展和高质量发展的重要制度安排。因此，上市公司积极践行 ESG 是应对外部环境压力、顺应时代对可持续发展要求的可行路径，是降低企业风险、增强上市公司抗风险能力进而提高上市公司在资本市场中表现的具体行动框架。从利益相关者理论看，上市公司良好的 ESG 表现为其带来的声誉资本和道德资本可以改善上市公司和利益相关者之间的关系。ESG 的丰富内涵和内在要求能更广泛、多层次地满足利益相关者的利益诉求，进而有利于扩宽上市公司的融资渠道、提高上市公司的融资效率。综上所述，上市公司 ESG 表现与股票流动性之间有紧密联系，良好的 ESG 表现有助于提高股票流动性水平。可见，通过长期主义行为以改善股票流动性水平的战略引领对我国上市公司和资本市场的可持续发展具有重要的现实意义。

第5章

上市公司 ESG 表现对股票流动性
影响的中介机制分析

本章在第4章研究的基础上深入探索我国上市公司 ESG 表现对股票流动性影响的中介机制。本书从信息传导机制、风险规避机制和利益相关者支持机制三个视角，打开上市公司 ESG 表现如何提高股票流动性水平的"黑箱"，剖析上市公司 ESG 表现在资本市场中的作用和重要意义。本章提出上市公司 ESG 表现对股票流动性影响的中介路径、理论分析以及研究假设，选择 2009~2021 年全部 A 股上市公司作为样本进行实证研究。

5.1
理论分析与研究假设

5.1.1 信息传导机制

根据信号传递理论，在资本市场中，信息是连接上市公司与外部投资者的重要载体，但由于上市公司与外部投资者之间存在信息不对称的问题，因而上市公司所披露信息的数量和质量是上市公司与资本市场实现有效互动的重要基础。当上市公司向外界传递的有效信息越多时，外部投资者对公司真实情况的掌握就越全面，有助于投资者作出合理的投资决策（官小燕和刘志彬，2022；徐辉等，2020），进而将资源引入到 ESG 表现良好的上市公司中。

从上市公司 ESG 表现对提高信息透明度的积极作用方面看，信息透明度的提高是基于 ESG 的非财务绩效和可持续发展实践的内涵对上市公司所产生的价值而言。追求经济利益最大化是上市公司的首要目标，ESG 作为一种非财务指标并不会对上市公司的经济效益产生直接影响，但是 ESG 是体现上市公司是否具有较好的可持续发展能力和风险控制能力的具体体现（Atif and Ali,

2021），因而在 ESG 方面表现优异的上市公司更有意愿和能力向投资者披露 ESG 等非财务绩效信息以展现其投资价值（Eccles et al.，2014；Alkaraan et al.，2022）。与此同时，ESG 等非财务信息的有效披露不仅可以为证券分析师提供财务信息以外的非财务信息以帮助证券分析师全面挖掘上市公司的信息，进而提高盈余预测的准确性和信息透明度（Arvidsson and Dumay，2021；Muslu et al.，2019，Schiemann and Tietmeyer，2022；Flores et al.，2019），而且 ESG 信息的披露还有利于评级机构准确评估上市公司的 ESG 表现，降低各评级机构间的 ESG 评级分歧度，进而有助于外部投资者对上市公司作出合理评估（Kimbrough et al.，2022）。因此，上市公司的 ESG 表现对提高其信息透明度具有重要的积极作用（Li et al.，2022，Kim and Park，2022；Gerwanski，2020；Hussaini et al.，2022；孙慧等，2023）。

从信息透明度对股票流动性的积极作用方面看，信息是连接上市公司与外部投资者的重要载体，因而外部投资者的投资决策会受到上市公司所发布的信息的影响。外部投资者会根据管理层向外传递的信息对上市公司的经营状况和发展前景进行判断和评估，进而作出投资决策（Ross，1977）。通常，投资者不仅关注上市公司在盈利能力和发展前景方面的经济表现，同时也会关注上市公司的 ESG 表现和相关信息的披露（Ng and Rezaee，2020）。ESG 信息披露是投资者等利益相关者对提高上市公司信息透明度的要求（Kimbrough et al.，2022），高质量及持续性的 ESG 披露对上市公司的可持续发展具有重要意义（Wen et al.，2022），因而进行 ESG 等非财务信息披露的公司会受到较少的负面市场反应（Grewal et al.，2019）。在信息透明度影响外部投资者投资决策的研究中，赛尼等（Saini et al.，2022）的研究认为投资者在投资决策中会重点关注 ESG 信息，因而上市公司的 ESG 信息披露有利于吸引投资者（Chen and Xie，2022）。譬如，有研究探讨了公司发布的报告对上市公司 ESG 表现的价值及有效性，研究发现资本市场上的投资者会重点关注上市公司在 ESG 方面的表现，且综合性的 ESG 报告具有更好的有效性（Mervelskemper and Streit，2017）。类似的，还有研究发现上市公司的 ESG 行为需要被投资者知晓后才有助于体现其价值，因而上市公司的 ESG 实践需要向市场传递相关信息才能获得其所需的金融资源（Economidou et al.，2022）。进一步的，已有研究开始从 ESG 信息披露的角度研究了其与股票流动性的关系（Chen et al.，2023）。研究发现，ESG 披露在资本市场上是一种积极的信号，有助于提高上市公司在资本市场上的声誉，因而强制性的 ESG 信息披露会提高股票流动性。国内有关信息透明度与股票流动性关系的研究基本达成一致结论，即信息透明度与股票流动性呈正相关关系，当上市公司信息披露越充分、关键审计事项披露水平越高、自愿披露水平越高时股票流动性就越强（高宏霞等，2022；柳木华等，2021；吴战篪等 2008；巫升柱，2007）。因此，信息披露质量的提高有助于提升信息透明度水平，信息透明度的提高有利于外部投资者接收到更多的相关信息（Chen and Xie，2022）。当外部投资者获取的信息越充分时，外部投资者能够更为全面地掌握上市公司在环境（E）、社会（S）和治理（G）各方面的活动情况，进而更好地综合评估上市公司在 ESG 各方面的表现及其经营能力，有利于外部投资者进行客观、理性的投资分析和决策。这不仅能够降低"噪声"误导的可能性以及对上市公司 ESG 表现评价的分歧，而且有利于增加投资者对上市公司的信任和投资信心（王波和杨茂佳，2022）。

综上所述，ESG 信息披露作为 ESG 实践过程中的关键环节，对连接上市公司与资本市场进而提高上市公司在资本市场中的表现具有重要意义。信息透明度是上市公司信息披露质量和数量的综合反映（徐浩峰等，2022），上市公司与利益相关者之间的信息不对称会造成投资效率的低下、股东利益受损等问题，因而信息披露质量是金融市场成熟度的重要体现（阮睿等，2021；Bushman et al.，2004）。客观、完整且具有可比性、实质性的高质量信息披露能有效提高信息透明度，改善上市公司与投资者之间的信息不对称问题，这对优化资源配置、保护投资者权益以及提高资本市场的有效性具有重要意义。良好的 ESG表现有助于提高上市公司信息披露的意愿和质量，信息披露质量的提高不仅有利于外部投资者了解上市公司在 ESG 方面的表现，与此同时，ESG 等方面的非财务信息作为财务信息的重要补充能够让投资者更为全面地掌握上市公司各方面的经营发展情况，便于投资者客观、准确地对上市公司进行评估并作出合理的投资决策。因此，优异的 ESG 表现推动了上市公司信息透明度的提高，较高的信息透明度不仅可以更加清晰、全面地向外界传递上市公司的真实信息，提高外部投资者对上市公司 ESG 表现的认知程度，同时也有利于减少外部投资者对上市公司的实际表现和感知信息之间的差距，提高外部投资者对上市公司的信任。这不仅对有效改善上市公司的外部融资渠道和融资能力具有重要作用（Zhang and Lucey，2022），而且对推动高质量上市公司与资本市场之间的良性互动进而实现资本市场的稳定、可持续发展具有重要意义。基于以上分析，本书提出以下假设：

H_2：信息透明度在上市公司 ESG 表现与股票流动性水平之间起到中介作用。

5.1.2　风险规避机制

根据制度理论，上市公司的行为受到正式制度和非正式制度的约束和规范，促使上市公司作出相应的决策和行为以满足效益的最大化（North，1990）。制度对上市公司行为的规制作用在于上市公司需要通过对制度的遵守以获取外界的认可，进而获取上市公司在市场上生存和发展所需的"合法性"地位。上市公司为了在市场中取得"合法性"地位，需要遵守特定环境下由社会规则、法律制度以及认知规范所构建的社会价值体系（Scott，1995）。同时，上市公司也需要调整其战略决策及行为，将组织行为导入市场环境中并与制度要求保持一致。因此，上市公司获得"合法性"地位，意味着其行为被社会认可和接纳，且更容易获得生存和发展的机会。

从上市公司 ESG 表现对降低企业风险的积极作用方面看，ESG 表现是上市公司综合能力的具体体现，其作为资本市场上的一个重要信号有助于降低企业风险、稳定资本市场，对上市公司起到规避风险的作用（Fu et al.，2022；帅正华，2022；谭劲松等，2022）。具体而言，ESG 是符合可持续发展战略及规划的具体行动框架，是政府、投资者等主体对上市公司实现可持续发展的内在要求。上市公司加大对 ESG 相关方面的投入、改善 ESG 表现是为了符合相关制度及规范的要求而作出的行为决策。因此，良好的 ESG 表现不仅可以增加上市公司的声誉资本和道德资本，同时良好的 ESG 表现是上市公司取得竞争优势、抵御风险的重要手段和方式。在上市公司 ESG 表现降低企业风险的研究中，许等（Koh et al.，2014）以 ESG 整体作为研究对象，提出了风险管理的观点。研究选用 KLD 数据库将社区关系、多样性、员工关系、环境和产品各维度进行了标准化，构建了企业社会绩效的整体衡量指标。研究认为，社会绩效可以作为一种风险规避的机制，且这种机制对诉讼风险较高的上市公司而言具有更大的价值。之后，相继有研究从财务风险、特质性风险、股价崩盘风险、违约风险、信息风险、运营风险等方面深入探讨了良好的 ESG 表现对降低企业风险的作用（Galletta et al.，2023；Gao et al.，2022；Li et al.，2022；Luo and Wu，2022；Tian and Tian，2022；Shakil，2021；Reber et al.，2021）。

此外，弗拉默（Flammer，2013）从环境（E）维度切入解释了 ESG 相关方面的良好表现降低企业风险的原因。研究发现，上市公司在环境方面的积极参与可以为公司创造新的竞争资源并且发挥着规避风险的作用。一方面，股东会对宣布生态友好倡议的上市公司作出积极反应；另一方面，当上市公司被曝光环境方面的负面事件后，上市公司在环境社会责任方面的投入有助于减少外界的负面评价以及降低由此带来的法律诉讼风险和破产风险。还有研究从社会责任（S）维度进行了探讨，譬如，有研究选用 KLD 数据库对上市公司的 ESG 相关表现进行度量，研究认为上市公司在社会责任方面的投入可以在股票和债券价格的负面事件中发挥类似"保险效应"的作用，并且这种作用在发生第一次负面事件时效用更大（Shiu and Yang，2017）。米萨尼（Mithani，2017）发现，上市公司在慈善事业方面的投入可以在发生不可抵抗的灾难后减轻上市公司的责任，并且跨国公司可以利用在慈善事业方面的投入来加强他们在东道国市场中的地位。因此，上市公司在慈善事业等社会责任方面的投入在灾难发生后对其具有重要的战略意义。还有研究发现，子公司履行社会责任可以作为缓冲母公司声誉风险所带来的负面溢出效应的手段（Zhou and Wang，2020）。类似的，有学者专门研究了企业社会责任投资是否可作为企业风险防范手段的问题（Jia et al.，2020）。具体地，当上市公司面临更高外部风险时其会更加追求社会责任方面的投入，借以保护其免受较大的经济损失。

从企业风险对股票流动性的影响方面看，企业风险的降低对提高股票流动性具有重要的作用，体现在以下三个方面。首先，企业风险的变化会影响甚至改变外部投资者对上市公司的评估及心理预期，进而影响投资者的投资决策（谭春枝和闫宇聪，2020）。其次，当上市公司面临的企业风险较大时，做市商会要求更高的回报并引入更大的买卖价差，进而降低股票流动性水平（Copeland and Galai，1983）。最后，当上市公司面临较大风险时，管理层为了掩饰其真实情况会选择性公开或推迟发布相关信息。信息不对称程度的增加会造成交易者逆向选择问题，进而对股票流动性产生影响。如此循环，最终影响投资者对优质股票的判断，进而造成股票流动性水平的下降。因此，企业风险会对股票流动性产生影响，当上市公司面临的风险较小时有助于提高股票流动性水平。

综上所述，上市公司积极践行 ESG、改善 ESG 表现可以帮助其获得"合法性"地位，良好的 ESG 表现是上市公司可持续发展理念的具体体现，有助于减少外界对上市公司的负面评价，以及避免上市公司因遭受负面评价而引起的法律风险、破产风险等损失。特别是在发生全球性经济动荡、疫情等外部危机事件时，由良好的 ESG 表现带来的道德资本可以提高上市公司应对风险的韧性，有助于缓解上市公司在资本市场中面临的股价崩盘、股价下跌及破产等风险，进而提高上市公司在资本市场中的表现。因此，上市公司优异的 ESG 表现有助于规避风险，同时，较低的风险及可持续的投资回报正符合外部投资者的投资偏好及要求，进而有助于提高上市公司在资本市场中的表现。基于以上分析，本书提出以下假设：

H_3：企业风险在上市公司 ESG 表现与股票流动性水平之间起到中介作用。

5.1.3　利益相关者支持机制

根据利益相关者理论，上市公司的经营活动及发展目标的实现会受到内外部利益相关者的影响（Freeman，1984），同时上市公司的生存与发展也依赖于利益相关者（Clarkson，1995）。一方面，上市公司需要对所有的不同利益相关者的诉求作出回应，形成契约关系，在特定的背景下建立起上市公司与利益相关者之间的互动（Friedman and Miles，2002）。另一方面，上市公司通过相关的社会责任活动会加强其与利益相关者之间的互动与合作，帮助上市公司获取利益相关者的支持以及相应的关键资源（Aguinis and Glavas，2012；柳学信等，2022）。

从上市公司 ESG 表现对赢得利益相关者支持的积极作用方面看，利益相关者的认可取决于上市公司的行为是否符合利益相关者的期望或满足利益相关者的利益，主要体现在以下四个方面。第一，ESG 是一种可持续的投资实践，外部投资者可以通过 ESG 指数衡量和比较上市公司在 ESG 各方面的投入并据此作出投资决策（Lokuwaduge and Heenetigala，2017）。外部投资者在投资决策过程中纳入 ESG 因素的原因在于 ESG 与财务绩效具有较强的联系，可以满足投资者对可持续回报的要求（McCahery et al.，2023），因而投资者不仅会关注上市公司在盈利能力和发展前景方面的经济表现，同时也会关注上市公司在 ESG 方面的表现（Ng and Rezaee，2020）。因此，良好的 ESG 表现是维持上市公司与外部投资者等利益相关者关系的重要因素（Ren et al.，2022）。第二，上市公司在 ESG 方面的表现在很大程度上代表了其在环境保护、社会福祉和促进社会发展方面的积极贡献（Ortas et al.，2019；Flammer and Kacperczyk，2019；Elliott et al.，2014），有助于提高上市公司的社会声誉，获得利益相关者的支持（Zheng et al.，2023；Wang et al.，2022）。ESG 表现越好的上市公司更容易构建良好的政企关系，通过积极的 ESG 行动也能取得政府相关部门的支持，获得财政补贴等有利于推动上市公司发展的优惠政策，扩宽了上市公司的资金来源（刘林，2016；姚圣和周敏，2017）。因此，迎合利益相关者的期望是上市公司参与 ESG 活动的动机之一（Kotzian，2023）。第三，ESG 是上市公司可持续发展的综合体现，在 ESG 方面表现良好的上市公司往往被外部投资者认为其具有更高的公司治理水平和更大的可持续发展潜力（Ellili，2022；Lagasio and Cucari，2019）。这类上市公司能更好地构建 ESG 框架体系，也能更好地将 ESG 理念融入运营框架中，由此可为内部利益相关者营造良好的工作氛围，有利于激发员工工作动力并提高员工留任率，进而增强上市公司经营的稳定性（Leins，2020）。稳定且可持续的经营状况有利于降低外部投资者的投资风险（Atif and Ali，2021），赢得投资者的信任，进而推动外部投资者加大对上市公司的投资，吸引资本流入到 ESG 表现优异的上市公司中。第四，在不确定性环境下，良好的 ESG 表现对获取利益相关者的支持也具有积极作用（Vural – Yavas，2020；D'Hondt et al.，2022）。譬如，有研究讨论了 ESG 表现在经济动荡期间所发挥的作用，研究指出良好的 ESG 表现会被资本市场上的投资者视为未来有较高投资回报和较低风险的利好信号，因而在经济动荡时期增加 ESG 投入对上市公司留住投资者具有重要作用（Broadstock et al.，

2021；Giakoumelou et al.，2022）。

从利益相关者支持对股票流动性的积极作用方面看，资本市场是上市公司获取金融资源的重要阵地，提高上市公司融资效率和融资能力、改善外部融资水平是上市公司通过良好的 ESG 表现获得利益相关者支持的最直接体现（Zhang and Lucey，2022），而且银行等利益相关者也更愿意为 ESG 表现良好的上市公司发放贷款（Houston and Shan，2022）。正如侯赛尼等（Hussaini et al.，2022）的研究所得出的结论，上市公司良好的 ESG 表现可以有效提高上市公司的融资效率、提升上市公司的融资能力。此外，ESG 还可以作为应对外部环境不确定性以实现可持续发展的策略（Zhang and Liu，2022）。具体而言，ESG 表现可以提高公司财务的灵活性，特别是在外部环境不确定性较高的情况下，ESG 表现对公司财务灵活性的积极作用更强。还有研究利用 Wind ESG 评级数据实证检验了 ESG 表现与融资约束之间的关系（Zhang et al.，2022）。研究认为，ESG 作为与可持续发展目标相匹配的行动框架，良好的 ESG 表现可以获得利益相关者的支持以更好地缓解上市公司的融资约束问题，因而上市公司可将 ESG 融入可持续发展战略中以作为应对外部环境不确定性冲击的重要工具。因此，良好的 ESG 表现对上市公司获取利益相关者支持进而提高融资能力具有重要意义。

综上所述，ESG 作为一种可持续发展的价值观和投资实践，上市公司实现可持续绩效的最大化是满足利益相关者利益与诉求的平衡要求（Jensen，2002）。上市公司在 ESG 各方面的优异表现是综合考虑了环境保护、社会责任和公司治理各方面与利益相关者密切相关的非财务因素而实施的经营发展方式。因此，上市公司良好的 ESG 表现能够为其带来良好的声誉资本和道德资本，更容易获得利益相关者的正向反馈、信任与支持，进而引导投资者加大对 ESG 表现优异的上市公司进行投资，有助于将金融资源流入到具有可持续发展前景的上市公司中，提高股票流动性水平。基于以上分析，本书提出以下假设：

H_4：利益相关者支持在上市公司 ESG 表现与股票流动性水平之间起到中介作用。

5.2

实证研究设计

5.2.1　样本选取与数据来源

本书选取 2009～2021 年全部 A 股上市公司为初始样本。数据来源主要有以下途径：（1）万得（Wind）金融数据库；（2）国泰安 CSMAR 数据库；（3）上市公司年报。样本筛选按照以下标准进行处理：（1）剔除 ST、*ST 和 PT 股票的上市公司；（2）剔除上市不满一年、已经退市或被暂停上市的上市公司；（3）剔除北交所上市公司；（4）剔除 ESG 评级数据缺失的样本；（5）剔除相关财务数据不可获得、数据缺失或不完整的样本；（6）剔除金融行业的上市公司样本。最终样本包含 18 531 个观测值。数据的具体选取和整理过程如下：从万得（Wind）金融数据库获取 2009～2021 年的华证 ESG 评级数据，将华证 ESG 评级数据作为基准数据与国泰安 CSMAR 数据库中获取的相关财务数据进行合并匹配，并按照以上筛选标准进行整理。最后，本书对所有微观层面的连续变量进行 1% 和 99% 的缩尾处理，以避免极端值对本书的实证结果造成偏差影响。

5.2.2 变量定义与测量

本章重点对本书的中介机制进行阐述。根据本章理论分析与研究假设的提出，以下主要是对信息透明度、企业风险和利益相关者支持变量进行定义。

5.2.2.1 信息透明度变量

外部投资者一般通过上市公司发布的公告以知晓上市公司的相关信息，因而上市公司的信息披露质量越高则其信息透明度越高（徐浩峯等，2022），信息透明度的提高有助于上市公司的外部投资者掌握更多的信息，进而作出合理的投资决策。本书参考已有研究，选用上市公司信息披露质量衡量上市公司的信息透明度（Disc）（连立帅等，2019；王琳璘等，2022）。参考既有研究的做法，根据上市公司信息披露考评结果由高到低的评级，即优秀、良好、合格、不合格四档，将考评结果依次赋值为 4、3、2、1（王琳璘等，2022）。

5.2.2.2 企业风险变量

本书参考已有研究，选用上市公司财务困境指标中的 Zscore 衡量企业风险（Risk）（王琳璘等，2022；李建军和韩珣，2019）。选用 Zscore 衡量企业风险的原因有两方面。一方面，Zscore 是测量企业破产风险的有效指标，资本市场中的投资者会根据破产风险作出相应的投资决策（Habermann and Fischer，2021；Frino et al.，2007）。另一方面，ESG 为上市公司带来的道德资本与企业破产风险紧密相关（Gupta and Krishnamurti，2018；Godfrey，2005）。Zscore = 1.2（营运资金/总资产）+1.4（留存收益/总资产）+3.3（EBIT/总资产）+0.6（权益的市场价值/总负债的账面价值）+0.999（营业收入/总资产）。上市公司面临的风险与

Zscore 值成反比，即 Zscore 值越大则企业风险越小。为了便于理解，本书将 Zscore 进行了相反数处理，即 Risk = − Zscore。

5.2.2.3　利益相关者支持变量

利益相关者是上市公司重要资源的提供者，良好的 ESG 表现有助于上市公司获取资本市场中的金融机构在财务方面的支持与鼓励，有助于缓解上市公司的融资约束水平（Zhang and Lucey，2022；Houston and Shan，2022）。因而，本书选用融资约束衡量利益相关者支持。在融资约束指标方面，本书参考潘越等（2019）和于连超等（2021）的已有研究，并借鉴卡普兰和津加莱斯（Kaplan and Zingales，1997）对 KZ 指数的构建思想，通过以下步骤测算 KZ 指数。第一，用净现金流量与年初总资产的比值、现金股利与年初总资产的比值、现金持有与年初总资产比值、资产负债率、托宾 Q 作为初始测算指标。第二，对初始测算指标进行分类，高于其中位数的取值为 1，否则为 0。第三，将以上五组虚拟变量相加，得到 KZ 值。第四，采用排序逻辑回归（ordered logistic regression），即将 KZ 值作为因变量进行回归后估计各变量的回归系数。最后，用回归系数结果计算各上市公司的每一年的融资约束水平，即 KZ 指数。KZ 指数的大小与融资约束水平呈正相关关系，即 KZ 指数越大则上市公司的融资约束水平越高，意味着利益相关者支持越低。

5.2.3　实证模型设计

本书为验证上市公司 ESG 表现对股票流动性影响的中介机制，遵循温忠麟等（2004）提出的中介效应检验模型，设定了式（5 − 1）、式（5 − 2）和式（5 − 3）加以检验。

$$LIQ_{i,t} = \varphi_0 + \varphi_1 ESG_{i,t} + \sum \varphi\, CV_s + \sum Year + \sum Ind + \varepsilon \quad (5-1)$$

$$Mediator_{i,t} = \theta_0 + \theta_1 ESG_{i,t} + \sum \varphi\, CV_s + \sum Year + \sum Ind + \varepsilon$$
$$(5-2)$$

$$LIQ_{i,t} = \varphi_0' + \varphi_1' Mediator_{i,t} + \varphi_2' ESG_{i,t} + \sum \varphi\, CV_s + \sum Year + \sum Ind + \varepsilon$$
$$(5-3)$$

其中，回归中的因变量为股票流动性（LIQ），自变量为上市公司 ESG 表现（ESG），Mediator 为中介变量，CV_s 为控制变量；ε 为模型随机误差项。本书研究同时控制了年份（Year）和行业（Industry）虚拟变量，分别对宏观政策因素和行业因素进行了控制。

5. 3 实证结果与分析

5.3.1 描述性统计

表 5 - 1 汇报了本章中介变量的描述性统计结果。如表 5 - 1 所示,信息透明度(Disc)最大值为 4,最小值为 1,均值为 3.063,标准差为 0.630,表明各上市公司之间的信息透明度存在较大差异。企业风险(Risk)最大值为 - 0.048,最小值为 - 35.600,均值为 - 4.900,标准差为 5.628,表明各上市公司之间的企业风险存在较大差异。利益相关者支持(KZ)最大值为 6.023,最小值为 - 5.763,均值为 0.973,标准差为 2.322,表明各上市公司之间的利益相关者支持存在较大差异。

表 **5 - 1**   **中介变量描述性统计**

变量	样本量	均值	标准差	最小值	最大值
Disc	18 531	3.063	0.630	1	4
Risk	18 531	- 4.900	5.628	- 35.600	- 0.048
KZ	18 531	0.973	2.322	- 5.763	6.023

5.3.2 相关性分析

表 5 - 2 汇报了主要变量之间的相关性结果。解释变量、被解释变量的相关性结果与第 4 章一致。中介变量信息透明度(Disc)、企业风险(Risk)和利益相关者支持(KZ)与被解释变量股票流动性(LIQ)、解释变量(ESG)之间的相关系数与研究假设的预期基本相符。各变量之间的相关性系数的绝对值基本小于 0.5,说明本书构建的实证模型不存在严重的多重共线性问题。

表 **5 - 2**   **相关性分析**

变量	LIQ	ESG	Disc	Risk	KZ
LIQ	1				
ESG	0.17 ***	1			

续表

变量	LIQ	ESG	Disc	Risk	KZ
Disc	0. 21 ***	0. 34 ***	1		
Risk	− 0. 09 ***	− 0. 01	− 0. 14 ***	1	
KZ	− 0. 08 ***	− 0. 18 ***	− 0. 25 ***	0. 35 ***	1

注：*** $p < 0.01$，** $p < 0.05$，* $p < 0.1$。

5.3.3　回归结果分析

本部分以上市公司 ESG 表现（ESG）为解释变量，股票流动性（LIQ）为被解释变量，信息透明度（Disc）、企业风险（Risk）和利益相关者支持（KZ）为中介变量进行回归分析，检验上市公司 ESG 表现对股票流动性影响的中介机制，回归结果分别见表 5 - 3、表 5 - 4 和表 5 - 5。本书采用中介模型三步回归的方法进行检验，同时要考虑上市公司 ESG 表现具有长期主义行为的周期长、见效慢等特点，因而上市公司在 ESG 方面的投入并不一定能在当期发挥作用或产生实质性影响。基于此，本书研究在回归中均对上市公司 ESG 表现（ESG）分别进行了 1～2 期的滞后处理。

表 5 - 3　　　　　　　　　　　　信息传导机制

变量	(1) Disc	(2) Disc	(3) Disc	(4) LIQ	(5) LIQ	(6) LIQ	(7) LIQ	(8) LIQ	(9) LIQ
ESG	0. 123 *** (30. 477)			0. 034 *** (8. 694)			0. 024 *** (6. 140)		
L1. ESG		0. 086 *** (19. 059)			0. 021 *** (4. 672)			0. 014 *** (3. 146)	
L2. ESG			0. 074 *** (14. 180)			0. 021 *** (3. 842)			0. 015 *** (2. 795)
Disc							0. 075 *** (9. 965)	0. 077 *** (8. 904)	0. 075 *** (7. 381)
Age	− 0. 101 *** (− 7. 029)	− 0. 104 *** (− 6. 021)	− 0. 104 *** (− 4. 938)	− 0. 046 *** (− 3. 379)	− 0. 036 ** (− 2. 197)	− 0. 067 *** (− 3. 331)	− 0. 039 *** (− 2. 818)	− 0. 028 * (− 1. 701)	− 0. 059 *** (− 2. 941)
Size	0. 088 *** (19. 835)	0. 102 *** (19. 707)	0. 108 *** (17. 614)	0. 647 *** (136. 999)	0. 671 *** (124. 001)	0. 688 *** (107. 245)	0. 641 *** (134. 420)	0. 664 *** (121. 032)	0. 680 *** (104. 451)
SD	0. 002 *** (6. 614)	0. 002 *** (4. 814)	0. 002 *** (3. 548)	− 0. 007 *** (− 20. 012)	− 0. 008 *** (− 21. 127)	− 0. 009 *** (− 18. 829)	− 0. 007 *** (− 20. 573)	− 0. 008 *** (− 21. 566)	− 0. 009 *** (− 19. 148)

续表

变量	(1) Disc	(2) Disc	(3) Disc	(4) LIQ	(5) LIQ	(6) LIQ	(7) LIQ	(8) LIQ	(9) LIQ
Cash	0.400 *** (10.282)	0.433 *** (9.178)	0.402 *** (7.161)	0.429 *** (10.911)	0.451 *** (9.744)	0.460 *** (8.343)	0.398 *** (10.124)	0.418 *** (9.002)	0.430 *** (7.777)
ROE	0.677 *** (20.235)	0.739 *** (18.478)	0.744 *** (15.387)	0.520 *** (16.120)	0.528 *** (14.205)	0.600 *** (13.148)	0.469 *** (14.439)	0.471 *** (12.591)	0.544 *** (11.886)
BM	0.143 *** (4.112)	0.182 *** (4.410)	0.222 *** (4.618)	− 0.150 *** (− 4.180)	− 0.156 *** (− 3.759)	− 0.100 ** (− 2.075)	− 0.160 *** (− 4.501)	− 0.170 *** (− 4.114)	− 0.117 ** (− 2.429)
Dual	− 0.008 (− 0.892)	− 0.008 (− 0.718)	− 0.005 (− 0.414)	0.013 (1.422)	0.003 (0.262)	0.012 (0.992)	0.013 (1.493)	0.003 (0.320)	0.013 (1.025)
Audit	− 0.718 *** (− 22.918)	− 0.792 *** (− 22.032)	− 0.828 *** (− 18.821)	− 0.017 (− 0.629)	− 0.043 (− 1.440)	− 0.042 (− 1.144)	0.037 (1.359)	0.018 (0.571)	0.020 (0.522)
Stdret	− 0.297 *** (− 11.382)	− 0.325 *** (− 10.727)	− 0.356 *** (− 10.484)	0.488 *** (15.721)	0.538 *** (15.774)	0.427 *** (10.451)	0.510 *** (16.481)	0.563 *** (16.542)	0.454 *** (11.089)
Return	0.033 *** (3.059)	0.031 ** (2.450)	0.029 ** (2.003)	− 0.273 *** (− 23.098)	− 0.278 *** (− 20.894)	− 0.318 *** (− 19.743)	− 0.275 *** (− 23.385)	− 0.280 *** (− 21.150)	− 0.320 *** (− 19.894)
Inshold	0.082 *** (3.778)	0.092 *** (3.531)	0.123 *** (3.923)	− 0.458 *** (− 21.565)	− 0.495 *** (− 19.738)	− 0.500 *** (− 16.277)	− 0.464 *** (− 21.879)	− 0.502 *** (− 20.020)	− 0.510 *** (− 16.568)
TobinQ	0.046 *** (9.362)	0.052 *** (9.203)	0.059 *** (8.699)	0.279 *** (44.635)	0.292 *** (41.044)	0.313 *** (37.326)	0.276 *** (44.249)	0.288 *** (40.629)	0.308 *** (36.887)
Constant	0.492 *** (4.369)	0.312 ** (2.351)	0.294 * (1.886)	− 10.833 *** (− 91.240)	− 11.260 *** (− 81.464)	− 11.870 *** (− 73.247)	− 10.871 *** (− 91.790)	− 11.284 *** (− 82.004)	− 11.892 *** (− 73.808)
N	18 531	13 746	10 390	18 531	13 746	10 390	18 531	13 746	10 390
Year	控制	控制	控制	控制	控制	控制	控制	控制	控制
Industry	控制	控制	控制	控制	控制	控制	控制	控制	控制
R − squared	0.277	0.264	0.259	0.688	0.702	0.698	0.690	0.704	0.700

注：括号内为 t 值。*** 、** 和 * 分别表示在 1%、5% 和 10% 水平下显著。对标准误进行了 robust 处理。

表 5 - 4   风险规避机制

变量	(1) Risk	(2) Risk	(3) Risk	(4) LIQ	(5) LIQ	(6) LIQ	(7) LIQ	(8) LIQ	(9) LIQ
ESG	− 0.115 *** (− 4.644)			0.034 *** (8.694)			0.033 *** (8.499)		

续表

变量	(1)	(2)	(3)	(4)	(5)	(6)	(7)	(8)	(9)
	Risk	Risk	Risk	LIQ	LIQ	LIQ	LIQ	LIQ	LIQ
L1. ESG		−0.136 *** (−4.700)			0.021 *** (4.672)			0.020 *** (4.510)	
L2. ESG			−0.139 *** (−4.118)			0.021 *** (3.842)			0.020 *** (3.697)
Risk							−0.007 *** (−5.230)	−0.006 *** (−3.647)	−0.006 *** (−3.399)
Age	−0.114 (−1.217)	−0.122 (−1.054)	−0.140 (−1.033)	−0.046 *** (−3.379)	−0.036 ** (−2.197)	−0.067 *** (−3.331)	−0.047 *** (−3.440)	−0.037 ** (−2.240)	−0.068 *** (−3.378)
Size	0.192 *** (6.465)	0.263 *** (7.408)	0.261 *** (6.359)	0.647 *** (136.999)	0.671 *** (124.001)	0.688 *** (107.245)	0.649 *** (136.750)	0.673 *** (123.614)	0.690 *** (106.979)
SD	−0.002 (−1.115)	−0.002 (−0.985)	−0.003 (−1.238)	−0.007 *** (−20.012)	−0.008 *** (−21.127)	−0.009 *** (−18.829)	−0.007 *** (−20.055)	−0.008 *** (−21.150)	−0.009 *** (−18.870)
Cash	−6.983 *** (−19.152)	−6.958 *** (−16.192)	−6.557 *** (−12.839)	0.429 *** (10.911)	0.451 *** (9.744)	0.460 *** (8.343)	0.379 *** (9.438)	0.413 *** (8.718)	0.420 *** (7.465)
ROE	−2.163 *** (−9.542)	−1.949 *** (−7.749)	−1.862 *** (−6.241)	0.520 *** (16.120)	0.528 *** (14.205)	0.600 *** (13.148)	0.505 *** (15.571)	0.518 *** (13.831)	0.589 *** (12.818)
BM	−9.205 *** (−41.927)	−9.812 *** (−38.778)	−9.773 *** (−34.448)	−0.150 *** (−4.180)	−0.156 *** (−3.759)	−0.100 ** (−2.075)	−0.215 *** (−5.624)	−0.210 *** (−4.748)	−0.160 *** (−3.127)
Dual	−0.001 (−0.016)	−0.022 (−0.290)	0.113 (1.289)	0.013 (1.422)	0.003 (0.262)	0.012 (0.992)	0.013 (1.424)	0.003 (0.251)	0.013 (1.050)
Audit	0.753 *** (3.938)	0.504 ** (2.504)	0.779 *** (3.219)	−0.017 (−0.629)	−0.043 (−1.440)	−0.042 (−1.144)	−0.011 (−0.431)	−0.041 (−1.352)	−0.038 (−1.027)
Stdret	0.260 (1.312)	0.402 * (1.838)	0.366 (1.494)	0.488 *** (15.721)	0.538 *** (15.774)	0.427 *** (10.451)	0.490 *** (15.802)	0.540 *** (15.847)	0.429 *** (10.521)
Return	0.220 *** (2.664)	0.223 ** (2.316)	0.165 (1.532)	−0.273 *** (−23.098)	−0.278 *** (−20.894)	−0.318 *** (−19.743)	−0.271 *** (−22.983)	−0.277 *** (−20.795)	−0.317 *** (−19.673)
Inshold	0.405 *** (2.783)	0.279 (1.587)	0.442 ** (2.194)	−0.458 *** (−21.565)	−0.495 *** (−19.738)	−0.500 *** (−16.277)	−0.455 *** (−21.433)	−0.493 *** (−19.679)	−0.498 *** (−16.204)
TobinQ	−3.585 *** (−56.504)	−3.680 *** (−52.284)	−3.737 *** (−44.704)	0.279 *** (44.635)	0.292 *** (41.044)	0.313 *** (37.326)	0.254 *** (31.637)	0.271 *** (29.786)	0.290 *** (27.183)

续表

变量	(1)	(2)	(3)	(4)	(5)	(6)	(7)	(8)	(9)
	Risk	Risk	Risk	LIQ	LIQ	LIQ	LIQ	LIQ	LIQ
Constant	4.016 ***	3.118 ***	2.290 **	−10.833 ***	−11.260 ***	−11.870 ***	−10.805 ***	−11.243 ***	−11.856 ***
	(5.128)	(3.335)	(2.190)	(−91.240)	(−81.464)	(−73.247)	(−90.904)	(−81.345)	(−73.189)
N	18 531	13 746	10 390	18 531	13 746	10 390	18 531	13 746	10 390
Year	控制	控制	控制	控制	控制	控制	控制	控制	控制
Industry	控制	控制	控制	控制	控制	控制	控制	控制	控制
R − squared	0.617	0.638	0.643	0.688	0.702	0.698	0.688	0.702	0.699

注：括号内为 t 值。 *** 、 ** 和 * 分别表示在 1% 、5% 和 10% 水平下显著。对标准误进行了 robust 处理

表 5 − 5 　　　　　　　　　　　　利益相关者支持机制

变量	(1)	(2)	(3)	(4)	(5)	(6)	(7)	(8)	(9)
	KZ	KZ	KZ	LIQ	LIQ	LIQ	LIQ	LIQ	LIQ
ESG	−0.148 ***			0.034 ***			0.026 ***		
	(−14.326)			(8.694)			(6.685)		
L1.ESG		−0.138 ***			0.021 ***			0.013 ***	
		(−11.324)			(4.672)			(2.911)	
L2.ESG			−0.148 ***			0.021 ***			0.012 **
			(−10.359)			(3.842)			(2.250)
KZ							−0.054 ***	−0.058 ***	−0.060 ***
							(−18.342)	(−17.258)	(−14.954)
Age	0.347 ***	0.381 ***	0.377 ***	−0.046 ***	−0.036 **	−0.067 ***	−0.028 **	−0.014	−0.045 **
	(8.961)	(8.123)	(6.887)	(−3.379)	(−2.197)	(−3.331)	(−2.032)	(−0.855)	(−2.245)
Size	0.077 ***	0.086 ***	0.081 ***	0.647 ***	0.671 ***	0.688 ***	0.651 ***	0.676 ***	0.693 ***
	(6.185)	(5.938)	(4.836)	(136.999)	(124.001)	(107.245)	(139.726)	(126.883)	(109.505)
SD	−0.007 ***	−0.006 ***	−0.005 ***	−0.007 ***	−0.008 ***	−0.009 ***	−0.007 ***	−0.009 ***	−0.009 ***
	(−7.248)	(−5.510)	(−4.242)	(−20.012)	(−21.127)	(−18.829)	(−21.221)	(−22.231)	(−19.648)
Cash	−9.531 ***	−9.378 ***	−9.341 ***	0.429 ***	0.451 ***	0.460 ***	−0.086 *	−0.091	−0.098
	(−79.264)	(−65.355)	(−57.125)	(10.911)	(9.744)	(8.343)	(−1.815)	(−1.637)	(−1.494)
ROE	−3.874 ***	−4.117 ***	−4.260 ***	0.520 ***	0.528 ***	0.600 ***	0.311 ***	0.290 ***	0.346 ***
	(−34.463)	(−30.079)	(−26.999)	(16.120)	(14.205)	(13.148)	(9.436)	(7.668)	(7.427)

续表

变量	(1)	(2)	(3)	(4)	(5)	(6)	(7)	(8)	(9)
	KZ	KZ	KZ	LIQ	LIQ	LIQ	LIQ	LIQ	LIQ
BM	−5.566***	−5.524***	−5.471***	−0.150***	−0.156***	−0.100**	−0.450***	−0.476***	−0.427***
	(−57.988)	(−49.456)	(−42.116)	(−4.180)	(−3.759)	(−2.075)	(−11.440)	(−10.458)	(−8.106)
Dual	−0.119***	−0.117***	−0.070**	0.013	0.003	0.012	0.006	−0.004	0.008
	(−4.696)	(−3.972)	(−2.073)	(1.422)	(0.262)	(0.992)	(0.715)	(−0.397)	(0.662)
Audit	−0.051	−0.100	−0.070	−0.017	−0.043	−0.042	−0.020	−0.049*	−0.047
	(−0.604)	(−1.028)	(−0.601)	(−0.629)	(−1.440)	(−1.144)	(−0.760)	(−1.690)	(−1.317)
Stdret	0.286***	0.401***	0.344***	0.488***	0.538***	0.427***	0.503***	0.561***	0.448***
	(3.699)	(4.573)	(3.496)	(15.721)	(15.774)	(10.451)	(16.407)	(16.761)	(11.131)
Return	−0.188***	−0.162***	−0.161***	−0.273***	−0.278***	−0.318***	−0.283***	−0.287***	−0.327***
	(−5.737)	(−4.301)	(−3.907)	(−23.098)	(−20.894)	(−19.743)	(−24.169)	(−21.818)	(−20.535)
Inshold	0.077	0.099	0.117	−0.458***	−0.495***	−0.500***	−0.454***	−0.489***	−0.493***
	(1.244)	(1.351)	(1.363)	(−21.565)	(−19.738)	(−16.277)	(−21.534)	(−19.663)	(−16.143)
TobinQ	−0.143***	−0.178***	−0.192***	0.279***	0.292***	0.313***	0.271***	0.282***	0.301***
	(−8.070)	(−8.533)	(−7.932)	(44.635)	(41.044)	(37.326)	(44.724)	(40.973)	(37.256)
Constant	3.811***	2.499***	4.566***	−10.833***	−11.260***	−11.870***	−10.628***	−11.116***	−11.597***
	(11.923)	(6.680)	(10.777)	(−91.240)	(−81.464)	(−73.247)	(−90.334)	(−81.527)	(−71.937)
N	18 531	13 746	10 390	18 531	13 746	10 390	18 531	13 746	10 390
Year	控制	控制	控制	控制	控制	控制	控制	控制	控制
Industry	控制	控制	控制	控制	控制	控制	控制	控制	控制
R-squared	0.605	0.594	0.601	0.688	0.702	0.698	0.694	0.709	0.706

注：括号内为 t 值。***、**和*分别表示在 1%、5%和 10%水平下显著。对标准误进行了 robust 处理。

如表 5-3 所示，信息透明度（Disc）在上市公司 ESG 表现（ESG）和股票流动性之间起到了中介作用。表 5-3 中的模型（1）、模型（2）、模型（3）证明了上市公司 ESG 表现（ESG）与信息透明度（Disc）之间存在显著的正相关关系，说明上市公司良好的 ESG 表现有助于提高信息透明度。进一步的，在表 5-3 中的模型（4）、模型（5）、模型（6）的基础上加入信息透明度（Disc）变量后，得到表 5-3 中的模型（7）、模型（8）、模型（9），上市公司 ESG 表现（ESG）对提高股票流动性的影响系数均有所下降，t 值也均变小，证明了信息透明度在上市公司 ESG 表现和股票流动性之间发挥了部分中介的作用，假设 H₂ 得到验证。从检验结果看，信息透明度在上市公司 ESG 表现与股票流动性之间发挥重要的传导作用。一方面，信息透明度的提高依赖于上市公司良好的 ESG 表现（Eccles et al.，2014；Alkaraan et al.，2022）。良好的 ESG 表现推动上市公司有更高的意愿和更大的能力向外界展示其投资价值，上市公司向外界披露的信息越多越有助于证券分析师等专业人员全面挖掘和深入解读其运营状况，有利于提高上市公司的信息透明度（Arvidsson and Dumay，2022；Muslu et al.，2019；Schiemann and Tietmeyer，2022；Flores et al.，2019）。另一方面，信息透明度的提高有利于外部投资者更加充分了解和掌握上市公司的真实情况进而作出合理的投资决策，将金融资源投入具有可持续发展前景的上市公司中（Chen and Xie，2022；高宏霞等，2022；柳木华等，2021；吴战篪等，2008；巫升柱，2007）。

如表 5－4 所示，企业风险（Risk）在上市公司 ESG 表现（ESG）和股票流动性之间起到了中介作用。表 5－4 中的模型（1）、模型（2）、模型（3）证明了上市公司 ESG 表现（ESG）与企业风险（Risk）之间存在显著的负相关关系。说明上市公司良好的 ESG 表现会降低企业风险。进一步的，在表 5－4 中的模型（4）、模型（5）、模型（6）的基础上加入企业风险（Risk）变量后，得到表 5－4 中的模型（7）、模型（8）、模型（9），上市公司 ESG 表现（ESG）对提高股票流动性的影响系数均有所下降，t 值也均变小，证明了企业风险在上市公司 ESG 表现和股票流动性之间发挥了部分中介的作用，假设 H_3 得到验证。从检验结果看，企业风险在上市公司 ESG 表现与股票流动性之间发挥重要的传导作用。风险规避对上市公司和投资者而言均具有重要意义。一方面，上市公司通过积极践行 ESG 使其行为趋于合法化以增加其道德资本，因而良好的 ESG 表现有助于降低企业风险（Fu，2022；帅正华，2022；谭劲松等，2022）。另一方面，企业风险影响外部投资者的投资决策，外部投资者出于规避投资风险、降低投资损失的考虑会选择将资金投入风险较小的上市公司，进而提高了股票流动性水平（谭春枝和闫宇聪，2020）。

如表 5－5 所示，利益相关者支持（KZ）在上市公司 ESG 表现（ESG）和股票流动性之间起到了中介作用。表 5－5 中的模型（1）、模型（2）、模型（3）显示，上市公司 ESG 表现（ESG）与融资约束水平之间存在显著的负相关关系，说明上市公司良好的 ESG 表现有助于获得利益相关者的支持。进一步的，在表 5－5 中的模型（4）、模型（5）、模型（6）的基础上加入利益相关者支持（KZ）变量后，得到表 5－5 中的模型（7）、模型（8）、模型（9），上市公司 ESG 表现（ESG）对股票流动性的影响系数均有所下降，t 值也均变小，证明了利益相关者支持在上市公司 ESG 表现和股票流动性之间发挥了部分中介的作用，假设 H_4 得到验证。从检验结果看，利益相关者支持在上市公司 ESG 表现与股票流动性之间发挥重要的传导作用。一方面，利益相关者的支持取决于上市公司的行为是否符合利益相关者的期望和利益，因而良好的 ESG 表现有助于上市公司获得利益相关者的支持及关键资源（Aguinis and Glavas，2012；柳学信等，2022）。另一方面，利益相关者的支持能够有效降低上市公司的融资约束问题，提高上市公司在资本市场中的融资效率和融资能力，进而提高股票流动性水平（Zhang and Lucey，2022；Hussaini et al.，2022；Houston and Shan，2022）。

综上所述，信息透明度、企业风险以及利益相关者支持在上市公司 ESG 表现与股票流动性之间均起到中介作用。

5.4

稳健性检验

5.4.1　替换解释变量的检验

本书将上市公司 ESG 表现（ESG）变量进行替换，选用 Wind ESG 评级作为替换上市公司 ESG 表现的变量（Zhang et al.，2022）。选用 Wind ESG 评级数据替换解释变量进行稳健性检验主要基于以下两方面原因。第一，在数据量方面，万得（Wind）自 2018 年开始对中国上市公司进行 ESG 评级，其已覆盖全部 A 股上市公司，覆盖范围较为全面且数据量相对较大。第二，在数据质量方面，万得（Wind）对标国际标准并结合中国市场特点构建了 Wind ESG 评级及评价体系，具有信息量大、准确透明、更新实时、披露实质的优势，其数据具有较高的可信度和较好的深度。因此，本书将 Wind ESG 评级作为上市公司 ESG 表现的替换变量进行稳健性检验。Wind ESG 根据评级结果将 "CCC – AAA" 由低到高赋值为 1~7，结果如表 5 – 6、表 5 – 7 和表 5 – 8 所示。

表 5 – 6　　　　　　　　　　替换解释变量：信息传导机制

变量	(1)	(2)	(3)	(4)	(5)	(6)	(7)	(8)	(9)
	Disc	Disc	Disc	LIQ	LIQ	LIQ	LIQ	LIQ	LIQ
WindESG	0.079 *** (11.041)			0.055 *** (7.340)			0.047 *** (6.248)		
L1. WindESG		0.070 *** (8.004)			0.042 *** (4.678)			0.034 *** (3.878)	

续表

变量	(1) Disc	(2) Disc	(3) Disc	(4) LIQ	(5) LIQ	(6) LIQ	(7) LIQ	(8) LIQ	(9) LIQ
L2. WindESG		0.071 *** (6.076)			0.044 *** (3.804)				0.036 *** (3.132)
Disc							0.104 *** (10.577)	0.103 *** (8.566)	0.112 *** (7.015)
Age	−0.005 *** (−4.461)	−0.004 *** (−3.357)	−0.005 ** (−2.561)	−0.005 *** (−4.480)	−0.003 ** (−2.292)	−0.004 ** (−2.179)	−0.004 *** (−4.031)	−0.003 * (−1.951)	−0.003 * (−1.896)
Size	0.113 *** (20.508)	0.126 *** (19.248)	0.143 *** (16.107)	0.672 *** (114.019)	0.694 *** (97.730)	0.728 *** (78.601)	0.660 *** (110.682)	0.681 *** (93.992)	0.712 *** (74.997)
SD	0.004 *** (8.144)	0.003 *** (6.181)	0.003 *** (4.615)	−0.006 *** (−14.002)	−0.008 *** (−14.008)	−0.008 *** (−11.018)	−0.007 *** (−14.943)	−0.008 *** (−14.720)	−0.008 *** (−11.572)
Cash	0.528 *** (9.385)	0.551 *** (7.977)	0.457 *** (4.966)	0.532 *** (9.210)	0.489 *** (7.059)	0.426 *** (4.679)	0.477 *** (8.294)	0.432 *** (6.279)	0.375 *** (4.157)
ROE	0.536 *** (15.083)	0.519 *** (11.760)	0.419 *** (6.655)	0.384 *** (11.460)	0.352 *** (8.799)	0.427 *** (7.108)	0.328 *** (9.811)	0.299 *** (7.494)	0.380 *** (6.442)
BM	0.142 *** (3.262)	0.142 *** (2.658)	0.114 (1.623)	−0.023 (−0.508)	−0.051 (−0.950)	0.043 (0.606)	−0.037 (−0.847)	−0.066 (−1.230)	0.030 (0.429)
Dual	−0.015 (−1.262)	−0.003 (−0.186)	0.010 (0.497)	0.022 * (1.832)	0.013 (0.881)	0.037 * (1.890)	0.024 ** (1.974)	0.013 (0.903)	0.036 * (1.838)
Audit	−0.803 *** (−21.838)	−0.855 *** (−20.409)	−0.908 *** (−13.801)	−0.052 (−1.626)	−0.062 * (−1.721)	−0.099 * (−1.699)	0.031 (0.939)	0.026 (0.715)	0.002 (0.041)
Stdret	−0.370 *** (−10.711)	−0.354 *** (−9.077)	−0.312 *** (−6.198)	0.642 *** (16.962)	0.524 *** (12.179)	0.570 *** (10.046)	0.680 *** (18.081)	0.561 *** (13.107)	0.605 *** (10.742)
Return	0.046 *** (3.071)	0.029 * (1.724)	−0.010 (−0.448)	−0.268 *** (−17.145)	−0.265 *** (−14.615)	−0.361 *** (−15.289)	−0.272 *** (−17.570)	−0.268 *** (−14.911)	−0.360 *** (−15.350)
Inshold	0.037 (1.275)	0.034 (0.951)	0.067 (1.310)	−0.480 *** (−16.599)	−0.524 *** (−14.676)	−0.560 *** (−11.274)	−0.484 *** (−16.816)	−0.527 *** (−14.829)	−0.567 *** (−11.457)
TobinQ	0.063 *** (9.963)	0.067 *** (9.013)	0.067 *** (6.943)	0.306 *** (34.770)	0.314 *** (32.617)	0.318 *** (26.808)	0.299 *** (34.312)	0.307 *** (32.117)	0.311 *** (26.392)
Constant	0.038 (0.282)	−0.219 (−1.329)	−0.615 *** (−2.745)	−12.007 *** (−81.900)	−12.117 *** (−68.162)	−12.701 *** (−54.115)	−12.011 *** (−82.598)	−12.095 *** (−68.548)	−12.632 *** (−54.475)

续表

变量	(1)	(2)	(3)	(4)	(5)	(6)	(7)	(8)	(9)
	Disc	Disc	Disc	LIQ	LIQ	LIQ	LIQ	LIQ	LIQ
N	10 599	7 122	4 037	10 599	7 122	4 037	10 599	7 122	4 037
Year	控制	控制	控制	控制	控制	控制	控制	控制	控制
Industry	控制	控制	控制	控制	控制	控制	控制	控制	控制
R – squared	0.276	0.287	0.276	0.691	0.701	0.727	0.695	0.704	0.731

注：括号内为 t 值。***、** 和 * 分别表示在 1%、5% 和 10% 水平下显著。对标准误进行了 robust 处理。

表 5 - 7　　　　　　　　　　替换解释变量：风险规避机制

变量	(1)	(2)	(3)	(4)	(5)	(6)	(7)	(8)	(9)
	Risk	Risk	Risk	LIQ	LIQ	LIQ	LIQ	LIQ	LIQ
WindESG	-0.076 ** (-2.051)			0.055 *** (7.340)			0.054 *** (7.209)		
L1.WindESG		-0.096 ** (-2.067)			0.042 *** (4.678)			0.040 *** (4.560)	
L2.WindESG			-0.110 * (-1.841)			0.044 *** (3.804)			0.042 *** (3.669)
Risk							-0.016 *** (-7.260)	-0.012 *** (-5.139)	-0.015 *** (-4.515)
Age	-0.012 ** (-1.972)	-0.017 ** (-2.279)	-0.017 * (-1.705)	-0.005 *** (-4.480)	-0.003 ** (-2.292)	-0.004 ** (-2.179)	-0.005 *** (-4.671)	-0.003 ** (-2.462)	-0.004 ** (-2.336)
Size	0.259 *** (8.035)	0.313 *** (7.606)	0.276 *** (5.227)	0.672 *** (114.019)	0.694 *** (97.730)	0.728 *** (78.601)	0.676 *** (113.711)	0.698 *** (97.404)	0.732 *** (77.713)
SD	-0.005 ** (-2.219)	-0.006 ** (-2.173)	-0.008 ** (-2.108)	-0.006 *** (-14.002)	-0.008 *** (-14.008)	-0.008 *** (-11.018)	-0.006 *** (-14.211)	-0.008 *** (-14.170)	-0.008 *** (-11.208)
Cash	-5.599 *** (-13.213)	-5.999 *** (-11.055)	-5.668 *** (-7.869)	0.532 *** (9.210)	0.489 *** (7.059)	0.426 *** (4.679)	0.443 *** (7.590)	0.415 *** (5.944)	0.341 *** (3.688)
ROE	-2.354 *** (-10.942)	-2.272 *** (-8.374)	-2.122 *** (-6.676)	0.384 *** (11.460)	0.352 *** (8.799)	0.427 *** (7.108)	0.347 *** (10.295)	0.325 *** (8.041)	0.395 *** (6.484)
BM	-7.547 *** (-32.085)	-8.351 *** (-27.980)	-8.273 *** (-22.546)	-0.023 (-0.508)	-0.051 (-0.950)	0.043 (0.606)	-0.142 *** (-2.955)	-0.154 *** (-2.639)	-0.082 (-1.075)

续表

变量	(1)	(2)	(3)	(4)	(5)	(6)	(7)	(8)	(9)
	Risk	Risk	Risk	LIQ	LIQ	LIQ	LIQ	LIQ	LIQ
Dual	0.043 (0.594)	−0.008 (−0.082)	0.096 (0.768)	0.022 * (1.832)	0.013 (0.881)	0.037 * (1.890)	0.023 * (1.900)	0.013 (0.877)	0.039 ** (1.975)
Audit	0.596 *** (2.976)	0.504 ** (2.528)	0.380 (1.138)	−0.052 (−1.626)	−0.062 * (−1.721)	−0.099 * (−1.699)	−0.043 (−1.359)	−0.055 (−1.562)	−0.093 * (−1.648)
Stdret	0.214 (0.989)	0.167 (0.655)	−0.089 (−0.267)	0.642 *** (16.962)	0.524 *** (12.179)	0.570 *** (10.046)	0.645 *** (17.065)	0.527 *** (12.228)	0.569 *** (10.037)
Return	0.148 (1.583)	0.133 (1.164)	0.124 (0.819)	−0.268 *** (−17.145)	−0.265 *** (−14.615)	−0.361 *** (−15.289)	−0.265 *** (−16.997)	−0.263 *** (−14.542)	−0.359 *** (−15.266)
Inshold	0.200 (1.225)	0.210 (0.968)	0.473 * (1.651)	−0.480 *** (−16.599)	−0.524 *** (−14.676)	−0.560 *** (−11.274)	−0.477 *** (−16.506)	−0.521 *** (−14.613)	−0.553 *** (−11.139)
TobinQ	−3.132 *** (−42.877)	−3.201 *** (−39.712)	−3.121 *** (−31.767)	0.306 *** (34.770)	0.314 *** (32.617)	0.318 *** (26.808)	0.256 *** (22.406)	0.275 *** (21.989)	0.271 *** (17.164)
Constant	−0.436 (−0.510)	−1.089 (−1.014)	0.296 (0.221)	−12.007 *** (−81.900)	−12.117 *** (−68.162)	−12.701 *** (−54.115)	−12.014 *** (−81.985)	−12.130 *** (−68.278)	−12.696 *** (−54.020)
N	10 599	7 122	4 037	10 599	7 122	4 037	10 599	7 122	4 037
Year	控制	控制	控制	控制	控制	控制	控制	控制	控制
Industry	控制	控制	控制	控制	控制	控制	控制	控制	控制
R−squared	0.625	0.648	0.654	0.691	0.701	0.727	0.694	0.702	0.729

注：括号内为 t 值。*** 、** 和 * 分别表示在 1%、5% 和 10% 水平下显著。对标准误进行了 robust 处理。

表 5−8 **替换解释变量：利益相关者支持机制**

变量	(1)	(2)	(3)	(4)	(5)	(6)	(7)	(8)	(9)
	KZ	KZ	KZ	LIQ	LIQ	LIQ	LIQ	LIQ	LIQ
WindESG	−0.088 *** (−4.479)			0.055 *** (7.340)			0.049 *** (6.634)		
L1. WindESG		−0.094 *** (−3.993)			0.042 *** (4.678)			0.035 *** (4.051)	
L2. WindESG			−0.130 *** (−4.172)			0.044 *** (3.804)			0.033 *** (2.994)
KZ							−0.071 *** (−18.967)	−0.066 *** (−15.268)	−0.080 *** (−14.021)

续表

变量	(1)	(2)	(3)	(4)	(5)	(6)	(7)	(8)	(9)
	KZ	KZ	KZ	LIQ	LIQ	LIQ	LIQ	LIQ	LIQ
Age	0.019 ***	0.017 ***	0.016 ***	− 0.005 ***	− 0.003 **	− 0.004 **	− 0.003 ***	− 0.002	− 0.003
	(6.457)	(4.621)	(3.130)	(− 4.480)	(− 2.292)	(− 2.179)	(− 3.292)	(− 1.466)	(− 1.524)
Size	0.042 ***	0.055 ***	0.056 **	0.672 ***	0.694 ***	0.728 ***	0.675 ***	0.698 ***	0.732 ***
	(2.626)	(2.808)	(2.250)	(114.019)	(97.730)	(78.601)	(117.208)	(100.206)	(80.609)
SD	− 0.012 ***	− 0.011 ***	− 0.009 ***	− 0.006 ***	− 0.008 ***	− 0.008 ***	− 0.007 ***	− 0.008 ***	− 0.009 ***
	(− 9.212)	(− 7.079)	(− 4.313)	(− 14.002)	(− 14.008)	(− 11.018)	(− 16.053)	(− 15.547)	(− 12.172)
Cash	− 9.692 ***	− 9.042 ***	− 8.761 ***	0.532 ***	0.489 ***	0.426 ***	− 0.157 **	− 0.106	− 0.272 ***
	(− 54.657)	(− 41.830)	(− 30.916)	(9.210)	(7.059)	(4.679)	(− 2.356)	(− 1.354)	(− 2.664)
ROE	− 2.904 ***	− 3.214 ***	− 3.491 ***	0.384 ***	0.352 ***	0.427 ***	0.177 ***	0.141 ***	0.148 **
	(− 25.227)	(− 20.952)	(− 15.426)	(11.460)	(8.799)	(7.108)	(5.327)	(3.495)	(2.488)
BM	− 5.369 ***	− 5.479 ***	− 5.311 ***	− 0.023	− 0.051	0.043	− 0.404 ***	− 0.412 ***	− 0.381 ***
	(− 45.089)	(− 36.751)	(− 26.584)	(− 0.508)	(− 0.950)	(0.606)	(− 8.283)	(− 7.036)	(− 5.031)
Dual	− 0.125 ***	− 0.125 ***	− 0.074	0.022 *	0.013	0.037 *	0.013	0.005	0.032
	(− 3.496)	(− 2.838)	(− 1.255)	(1.832)	(0.881)	(1.890)	(1.115)	(0.319)	(1.631)
Audit	− 0.018	− 0.015	0.125	− 0.052	− 0.062 *	− 0.099 *	− 0.054 *	− 0.063 *	− 0.089
	(− 0.194)	(− 0.140)	(0.764)	(− 1.626)	(− 1.721)	(− 1.699)	(− 1.731)	(− 1.786)	(− 1.638)
Stdret	0.301 ***	0.357 ***	0.092	0.642 ***	0.524 ***	0.570 ***	0.663 ***	0.548 ***	0.577 ***
	(2.981)	(3.106)	(0.628)	(16.962)	(12.179)	(10.046)	(17.971)	(13.065)	(10.569)
Return	− 0.274 ***	− 0.211 ***	− 0.093	− 0.268 ***	− 0.265 ***	− 0.361 ***	− 0.287 ***	− 0.279 ***	− 0.369 ***
	(− 5.963)	(− 3.950)	(− 1.420)	(− 17.145)	(− 14.615)	(− 15.289)	(− 18.721)	(− 15.624)	(− 16.108)
Inshold	0.345 ***	0.396 ***	0.383 **	− 0.480 ***	− 0.524 ***	− 0.560 ***	− 0.455 ***	− 0.498 ***	− 0.529 ***
	(3.872)	(3.520)	(2.534)	(− 16.599)	(− 14.676)	(− 11.274)	(− 15.944)	(− 14.091)	(− 10.728)
TobinQ	− 0.200 ***	− 0.258 ***	− 0.240 ***	0.306 ***	0.314 ***	0.318 ***	0.292 ***	0.297 ***	0.299 ***
	(− 8.086)	(− 9.102)	(− 6.873)	(34.770)	(32.617)	(26.808)	(35.062)	(32.265)	(26.706)
Constant	4.017 ***	3.340 ***	3.601 ***	− 12.007 ***	− 12.117 ***	− 12.701 ***	− 11.721 ***	− 11.897 ***	− 12.414 ***
	(9.804)	(6.617)	(5.621)	(− 81.900)	(− 68.162)	(− 54.115)	(− 81.588)	(− 68.323)	(− 54.082)
N	10 599	7 122	4 037	10 599	7 122	4 037	10 599	7 122	4 037
Year	控制	控制	控制	控制	控制	控制	控制	控制	控制
Industry	控制	控制	控制	控制	控制	控制	控制	控制	控制
R − squared	0.545	0.531	0.528	0.691	0.701	0.727	0.703	0.711	0.741

注：括号内为 t 值。*** 、** 和 * 分别表示在 1% 、5% 和 10% 水平下显著。对标准误进行了 robust 处理。

结果表明，信息透明度（Disc）、企业风险（Risk）和利益相关者支持（KZ）均在上市公司 ESG 表现（WindESG）和股票流动性（LIQ）之间起到中介作用，回归结果无实质性差异，具有较强的稳健性。

5.4.2 替换被解释变量的检验

本书参考罗伊等（Roy et al.，2022）、陈辉和顾乃康（2017）等相关研究对股票流动性的度量方法，选用 Zeros 非流动性指标替换 Amihud 指标进行稳健性检验。Zeros 为年内零收益率天数与年交易天数的比值。由于 Zeros 为非流动性指标，值越大则流动性越差。为方便理解，本书对指标进行相反数处理，构建指标 Zeros1 = –Zeros。结果如表 5 – 9、表 5 – 10 和表 5 – 11 所示。

表 5 – 9　　　　　　　　　　　替换被解释变量：信息传导机制

变量	(1) Disc	(2) Disc	(3) Disc	(4) Zeros1	(5) Zeros1	(6) Zeros1	(7) Zeros1	(8) Zeros1	(9) Zeros1
ESG	0. 123 *** (30. 477)			0. 002 *** (11. 960)			0. 001 *** (9. 252)		
L1. ESG		0. 086 *** (19. 059)			0. 001 *** (8. 469)			0. 001 *** (6. 942)	
L2. ESG			0. 074 *** (14. 180)			0. 001 *** (6. 148)			0. 001 *** (5. 045)
Disc							0. 003 *** (10. 972)	0. 003 *** (9. 361)	0. 003 *** (7. 938)
Age	– 0. 101 *** (– 7. 029)	– 0. 104 *** (– 6. 021)	– 0. 104 *** (– 4. 938)	– 0. 006 *** (– 11. 908)	– 0. 005 *** (– 9. 159)	– 0. 005 *** (– 7. 330)	– 0. 006 *** (– 11. 278)	– 0. 005 *** (– 8. 637)	– 0. 005 *** (– 6. 913)
Size	0. 088 *** (19. 835)	0. 102 *** (19. 707)	0. 108 *** (17. 614)	– 0. 003 *** (– 14. 581)	– 0. 002 *** (– 8. 489)	– 0. 001 *** (– 5. 417)	– 0. 003 *** (– 15. 879)	– 0. 002 *** (– 9. 805)	– 0. 002 *** (– 6. 596)
SD	0. 002 *** (6. 614)	0. 002 *** (4. 814)	0. 002 *** (3. 548)	0. 000 *** (3. 988)	0. 000 ** (2. 550)	– 0. 000 (– 0. 083)	0. 000 *** (3. 476)	0. 000 ** (2. 177)	– 0. 000 (– 0. 360)
Cash	0. 400 *** (10. 282)	0. 433 *** (9. 178)	0. 402 *** (7. 161)	0. 015 *** (11. 662)	0. 014 *** (9. 148)	0. 014 *** (7. 847)	0. 014 *** (10. 730)	0. 013 *** (8. 329)	0. 013 *** (7. 232)
ROE	0. 677 *** (20. 235)	0. 739 *** (18. 478)	0. 744 *** (15. 387)	0. 025 *** (20. 948)	0. 025 *** (17. 747)	0. 027 *** (16. 077)	0. 023 *** (19. 262)	0. 023 *** (16. 109)	0. 025 *** (14. 743)

续表

变量	(1)	(2)	(3)	(4)	(5)	(6)	(7)	(8)	(9)
	Disc	Disc	Disc	Zeros1	Zeros1	Zeros1	Zeros1	Zeros1	Zeros1
BM	0.143 *** (4.112)	0.182 *** (4.410)	0.222 *** (4.618)	− 0.026 *** (− 17.763)	− 0.031 *** (− 17.703)	− 0.032 *** (− 15.487)	− 0.027 *** (− 18.118)	− 0.032 *** (− 18.072)	− 0.032 *** (− 15.869)
Dual	− 0.008 (− 0.892)	− 0.008 (− 0.718)	− 0.005 (− 0.414)	0.003 *** (9.506)	0.003 *** (7.522)	0.003 *** (6.038)	0.003 *** (9.614)	0.003 *** (7.607)	0.003 *** (6.087)
Audit	− 0.718 *** (− 22.918)	− 0.792 *** (− 22.032)	− 0.828 *** (− 18.821)	− 0.002 (− 1.543)	− 0.002 * (− 1.665)	− 0.002 * (− 1.700)	0.001 (0.498)	0.000 (0.229)	− 0.000 (− 0.001)
Stdret	− 0.297 *** (− 11.382)	− 0.325 *** (− 10.727)	− 0.356 *** (− 10.484)	0.031 *** (31.496)	0.030 *** (26.604)	0.031 *** (24.096)	0.032 *** (32.292)	0.031 *** (27.338)	0.032 *** (24.784)
Return	0.033 *** (3.059)	0.031 ** (2.450)	0.029 ** (2.003)	− 0.004 *** (− 11.515)	− 0.005 *** (− 11.896)	− 0.007 *** (− 12.993)	− 0.004 *** (− 11.782)	− 0.005 *** (− 12.109)	− 0.007 *** (− 13.138)
Inshold	0.082 *** (3.778)	0.092 *** (3.531)	0.123 *** (3.923)	0.002 *** (2.753)	0.002 ** (2.017)	0.005 *** (4.389)	0.002 ** (2.421)	0.001 * (1.707)	0.004 *** (4.052)
TobinQ	0.046 *** (9.362)	0.052 *** (9.203)	0.059 *** (8.699)	0.001 *** (4.085)	0.001 *** (6.070)	0.001 *** (6.780)	0.001 *** (3.225)	0.001 *** (5.230)	0.001 *** (5.981)
Constant	0.492 *** (4.369)	0.312 ** (2.351)	0.294 * (1.886)	0.033 *** (7.689)	0.020 *** (3.958)	0.008 (1.306)	0.032 *** (7.368)	0.019 *** (3.786)	0.007 (1.170)
N	18 531	13 746	10 390	18 531	13 746	10 390	18 531	13 746	10 390
Year	控制	控制	控制	控制	控制	控制	控制	控制	控制
Industry	控制	控制	控制	控制	控制	控制	控制	控制	控制
R − squared	0.277	0.264	0.259	0.318	0.326	0.331	0.322	0.331	0.335

注: 括号内为 t 值。***、** 和 * 分别表示在 1%、5% 和 10% 水平下显著。对标准误进行了 robust 处理。

表 5 - 10　　　　　　　　　替换被解释变量: 风险规避机制

变量	(1)	(2)	(3)	(4)	(5)	(6)	(7)	(8)	(9)
	Risk	Risk	Risk	Zeros1	Zeros1	Zeros1	Zeros1	Zeros1	Zeros1
ESG	− 0.115 *** (− 4.644)			0.002 *** (11.960)			0.002 *** (11.929)		
L1. ESG		− 0.136 *** (− 4.700)			0.001 *** (8.469)			0.001 *** (8.411)	

变量	(1)	(2)	(3)	(4)	(5)	(6)	(7)	(8)	(9)
	Risk	Risk	Risk	Zeros1	Zeros1	Zeros1	Zeros1	Zeros1	Zeros1
L2. ESG			−0.139 *** (−4.118)			0.001 *** (6.148)			0.001 *** (6.099)
Risk							−0.000 (−1.264)	−0.000 ** (−1.984)	−0.000 (−1.620)
Age	−0.114 (−1.217)	−0.122 (−1.054)	−0.140 (−1.033)	−0.006 *** (−11.908)	−0.005 *** (−9.159)	−0.005 *** (−7.330)	−0.006 *** (−11.915)	−0.005 *** (−9.175)	−0.005 *** (−7.344)
Size	0.192 *** (6.465)	0.263 *** (7.408)	0.261 *** (6.359)	−0.003 *** (−14.581)	−0.002 *** (−8.489)	−0.001 *** (−5.417)	−0.003 *** (−14.494)	−0.002 *** (−8.353)	−0.001 *** (−5.310)
SD	−0.002 (−1.115)	−0.002 (−0.985)	−0.003 (−1.238)	0.000 *** (3.988)	0.000 ** (2.550)	−0.000 (−0.083)	0.000 *** (3.980)	0.000 ** (2.537)	−0.000 (−0.099)
Cash	−6.983 *** (−19.152)	−6.958 *** (−16.192)	−6.557 *** (−12.839)	0.015 *** (11.662)	0.014 *** (9.148)	0.014 *** (7.847)	0.015 *** (11.252)	0.014 *** (8.659)	0.014 *** (7.452)
ROE	−2.163 *** (−9.542)	−1.949 *** (−7.749)	−1.862 *** (−6.241)	0.025 *** (20.948)	0.025 *** (17.747)	0.027 *** (16.077)	0.025 *** (20.873)	0.025 *** (17.615)	0.027 *** (15.980)
BM	−9.205 *** (−41.927)	−9.812 *** (−38.778)	−9.773 *** (−34.448)	−0.026 *** (−17.763)	−0.031 *** (−17.703)	−0.032 *** (−15.487)	−0.026 *** (−17.175)	−0.032 *** (−17.191)	−0.032 *** (−15.055)
Dual	−0.001 (−0.016)	−0.022 (−0.290)	0.113 (1.289)	0.003 *** (9.506)	0.003 *** (7.522)	0.003 *** (6.038)	0.003 *** (9.506)	0.003 *** (7.518)	0.003 *** (6.061)
Audit	0.753 *** (3.938)	0.504 ** (2.504)	0.779 *** (3.219)	−0.002 (−1.543)	−0.002 * (−1.665)	−0.002 * (−1.700)	−0.002 (−1.509)	−0.002 (−1.632)	−0.002 * (−1.657)
Stdret	0.260 (1.312)	0.402 * (1.838)	0.366 (1.494)	0.031 *** (31.496)	0.030 *** (26.604)	0.031 *** (24.096)	0.031 *** (31.514)	0.030 *** (26.640)	0.031 *** (24.124)
Return	0.220 *** (2.664)	0.223 ** (2.316)	0.165 (1.532)	−0.004 *** (−11.515)	−0.005 *** (−11.896)	−0.007 *** (−12.993)	−0.004 *** (−11.482)	−0.005 *** (−11.844)	−0.006 *** (−12.959)
Inshold	0.405 *** (2.783)	0.279 (1.587)	0.442 ** (2.194)	0.002 *** (2.753)	0.002 ** (2.017)	0.005 *** (4.389)	0.002 *** (2.779)	0.002 ** (2.042)	0.005 *** (4.424)
TobinQ	−3.585 *** (−56.504)	−3.680 *** (−52.284)	−3.737 *** (−44.704)	0.001 *** (4.085)	0.001 *** (6.070)	0.001 *** (6.780)	0.000 ** (2.223)	0.001 *** (3.137)	0.001 *** (3.824)
Constant	4.016 *** (5.128)	3.118 *** (3.335)	2.290 ** (2.190)	0.033 *** (7.689)	0.020 *** (3.958)	0.008 (1.306)	0.034 *** (7.731)	0.020 *** (4.008)	0.008 (1.336)

续表

变量	(1)	(2)	(3)	(4)	(5)	(6)	(7)	(8)	(9)
	Risk	Risk	Risk	Zeros1	Zeros1	Zeros1	Zeros1	Zeros1	Zeros1
N	18 531	13 746	10 390	18 531	13 746	10 390	18 531	13 746	10 390
Year	控制	控制	控制	控制	控制	控制	控制	控制	控制
Industry	控制	控制	控制	控制	控制	控制	控制	控制	控制
R－squared	0.617	0.638	0.643	0.318	0.326	0.331	0.318	0.327	0.331

注：括号内为 t 值。***、** 和 * 分别表示在 1%、5% 和 10% 水平下显著。对标准误进行了 robust 处理。

表 5－11　　　　　　　替换被解释变量：利益相关者支持机制

变量	(1)	(2)	(3)	(4)	(5)	(6)	(7)	(8)	(9)
	KZ	KZ	KZ	Zeros1	Zeros1	Zeros1	Zeros1	Zeros1	Zeros1
ESG	−0.148 *** (−14.326)			0.002 *** (11.960)			0.001 *** (10.147)		
L1.ESG		−0.138 *** (−11.324)			0.001 *** (8.469)			0.001 *** (7.104)	
L2.ESG			−0.148 *** (−10.359)			0.001 *** (6.148)			0.001 *** (4.953)
KZ							−0.002 *** (−19.230)	−0.002 *** (−15.768)	−0.002 *** (−13.141)
Age	0.347 *** (8.961)	0.381 *** (8.123)	0.377 *** (6.887)	−0.006 *** (−11.908)	−0.005 *** (−9.159)	−0.005 *** (−7.330)	−0.005 *** (−10.725)	−0.005 *** (−8.132)	−0.005 *** (−6.521)
Size	0.077 *** (6.185)	0.086 *** (5.938)	0.081 *** (4.836)	−0.003 *** (−14.581)	−0.002 *** (−8.489)	−0.001 *** (−5.417)	−0.002 *** (−14.002)	−0.002 *** (−7.876)	−0.001 *** (−4.928)
SD	−0.007 *** (−7.248)	−0.006 *** (−5.510)	−0.005 *** (−4.242)	0.000 *** (3.988)	0.000 ** (2.550)	−0.000 (−0.083)	0.000 *** (3.050)	0.000 * (1.881)	−0.000 (−0.590)
Cash	−9.531 *** (−79.264)	−9.378 *** (−65.355)	−9.341 *** (−57.125)	0.015 *** (11.662)	0.014 *** (9.148)	0.014 *** (7.847)	−0.001 (−0.931)	−0.001 (−0.665)	−0.001 (−0.310)
ROE	−3.874 *** (−34.463)	−4.117 *** (−30.079)	−4.260 *** (−26.999)	0.025 *** (20.948)	0.025 *** (17.747)	0.027 *** (16.077)	0.019 *** (15.009)	0.018 *** (12.373)	0.020 *** (11.447)
BM	−5.566 *** (−57.988)	−5.524 *** (−49.456)	−5.471 *** (−42.116)	−0.026 *** (−17.763)	−0.031 *** (−17.703)	−0.032 *** (−15.487)	−0.036 *** (−22.961)	−0.041 *** (−21.692)	−0.041 *** (−18.808)
Dual	−0.119 *** (−4.696)	−0.117 *** (−3.972)	−0.070 ** (−2.073)	0.003 *** (9.506)	0.003 *** (7.522)	0.003 *** (6.038)	0.003 *** (8.900)	0.003 *** (7.027)	0.002 *** (5.804)

续表

变量	(1)	(2)	(3)	(4)	(5)	(6)	(7)	(8)	(9)
	KZ	KZ	KZ	Zeros1	Zeros1	Zeros1	Zeros1	Zeros1	Zeros1
Audit	−0.051 (−0.604)	−0.100 (−1.028)	−0.070 (−0.601)	−0.002 (−1.543)	−0.002 * (−1.665)	−0.002 * (−1.700)	−0.002 * (−1.669)	−0.002 * (−1.837)	−0.002 * (−1.810)
Stdret	0.286 *** (3.699)	0.401 *** (4.573)	0.344 *** (3.496)	0.031 *** (31.496)	0.030 *** (26.604)	0.031 *** (24.096)	0.031 *** (32.147)	0.030 *** (27.226)	0.031 *** (24.588)
Return	−0.188 *** (−5.737)	−0.162 *** (−4.301)	−0.161 *** (−3.907)	−0.004 *** (−11.515)	−0.005 *** (−11.896)	−0.007 *** (−12.993)	−0.005 *** (−12.485)	−0.005 *** (−12.602)	−0.007 *** (−13.568)
Inshold	0.077 (1.244)	0.099 (1.351)	0.117 (1.363)	0.002 *** (2.753)	0.002 ** (2.017)	0.005 *** (4.389)	0.002 *** (2.957)	0.002 ** (2.219)	0.005 *** (4.590)
TobinQ	−0.143 *** (−8.070)	−0.178 *** (−8.533)	−0.192 *** (−7.932)	0.001 *** (4.085)	0.001 *** (6.070)	0.001 *** (6.780)	0.000 ** (2.546)	0.001 *** (4.499)	0.001 *** (5.390)
Constant	3.811 *** (11.923)	2.499 *** (6.680)	4.566 *** (10.777)	0.033 *** (7.689)	0.020 *** (3.958)	0.008 (1.306)	0.040 *** (9.223)	0.024 *** (4.797)	0.015 ** (2.522)
N	18 531	13 746	10 390	18 531	13 746	10 390	18 531	13 746	10 390
Year	控制	控制	控制	控制	控制	控制	控制	控制	控制
Industry	控制	控制	控制	控制	控制	控制	控制	控制	控制
R − squared	0.605	0.594	0.601	0.318	0.326	0.331	0.329	0.336	0.340

注：括号内为 t 值。***、** 和 * 分别表示在1%、5%和10%水平下显著。对标准误进行了 robust 处理。

结果表明，信息透明度（Disc）、企业风险（Risk）和利益相关者支持（KZ）均在上市公司 ESG 表现（ESG）和股票流动性（Zeros1）之间起到中介作用，回归结果无实质性差异，具有较强的稳健性。

5.5

进一步检验

以上研究中实证检验了上市公司 ESG 表现会通过信息传导机制、风险规避机制和利益相关者支持机制三类中介机制提高股票流动性水平，因此本书认为信息透明度的程度、企业风险的大小以及是否有利益相关者的支持在上市公司 ESG 表现提高股票流动性水平的影响中发挥至关重要的中介作用。但是，研究仅聚焦于上市公司 ESG 的综合表现，为了进一步深入剖析影响三类中介机制发挥作用的过程中是否存在起主导作用的核心维度，本书分别对环境（E）、社会（S）和治理（G）三个维度的表现与股票流动性之间的关系进行检验并予以分析。此部分的检验与分析旨在为上市公司通过改善 ESG 表现进而提高信息透明度、降低企业风险以及获取利益相关者支持的发力点提供"对症下药"的具体方向，进而为提高股票流动性水平、激发资本市场活力的具体策略提供经验证据。

本部分以上市公司在环境（E）、社会（S）和治理（G）三个维度的表现作为解释变量，股票流动性（LIQ）为被解释变量，信息透明度（Disc）、企业风险（Risk）和利益相关者支持（KZ）为中介变量进行分析，本部分仍采用中介模型三步回归的方法进行检验。结果表明，上市公司 ESG 各维度的表现在信息传导机制、风险规避机制和利益相关者支持机制中均具有不同的贡献程度。结果如表 5 - 12、表 5 - 13 和表 5 - 14 所示。

表 5 - 12　　　　　　　　　上市公司 ESG 表现各维度的信息传导机制

变量	(1)	(2)	(3)	(4)	(5)	(6)	(7)	(8)	(9)
	Disc	LIQ	LIQ	Disc	LIQ	LIQ	Disc	LIQ	LIQ
E	0.023 *** (6.517)	0.011 *** (3.100)	0.009 ** (2.540)						
S				0.027 *** (10.938)	0.017 *** (7.170)	0.015 *** (6.245)			
G							0.124 *** (36.461)	0.025 *** (7.929)	0.016 *** (4.724)
Disc			0.085 *** (11.584)			0.083 *** (11.185)			0.076 *** (9.826)
Age	-0.125 *** (-8.479)	-0.053 *** (-3.831)	-0.042 *** (-3.052)	-0.110 *** (-7.473)	-0.043 *** (-3.132)	-0.034 ** (-2.469)	-0.124 *** (-8.712)	-0.053 *** (-3.837)	-0.043 *** (-3.144)
Size	0.113 *** (25.088)	0.653 *** (137.626)	0.643 *** (133.923)	0.111 *** (24.710)	0.650 *** (138.442)	0.641 *** (134.929)	0.098 *** (23.224)	0.652 *** (140.355)	0.644 *** (136.972)
SD	0.003 *** (7.959)	-0.007 *** (-19.590)	-0.007 *** (-20.351)	0.003 *** (7.989)	-0.007 *** (-19.581)	-0.007 *** (-20.313)	0.001 *** (4.629)	-0.007 *** (-20.241)	-0.007 *** (-20.656)
Cash	0.506 *** (12.595)	0.459 *** (11.689)	0.416 *** (10.568)	0.498 *** (12.458)	0.456 *** (11.630)	0.415 *** (10.554)	0.250 *** (6.463)	0.406 *** (10.197)	0.387 *** (9.717)
ROE	0.793 *** (22.714)	0.551 *** (17.071)	0.484 *** (14.859)	0.759 *** (21.661)	0.529 *** (16.349)	0.466 *** (14.308)	0.677 *** (20.680)	0.529 *** (16.425)	0.478 *** (14.716)

变量	(1)	(2)	(3)	(4)	(5)	(6)	(7)	(8)	(9)
	Disc	LIQ	LIQ	Disc	LIQ	LIQ	Disc	LIQ	LIQ
BM	0.222 ***	−0.127 ***	−0.146 ***	0.228 ***	−0.123 ***	−0.142 ***	0.013	−0.170 ***	−0.171 ***
	(6.199)	(−3.545)	(−4.098)	(6.376)	(−3.432)	(−3.980)	(0.377)	(−4.703)	(−4.753)
Dual	−0.012	0.012	0.013	−0.015	0.011	0.012	−0.010	0.012	0.013
	(−1.290)	(1.342)	(1.459)	(−1.608)	(1.176)	(1.316)	(−1.115)	(1.333)	(1.420)
Audit	−0.801 ***	−0.039	0.029	−0.793 ***	−0.034	0.031	−0.668 ***	−0.013	0.037
	(−24.528)	(−1.471)	(1.048)	(−24.262)	(−1.280)	(1.144)	(−21.578)	(−0.484)	(1.360)
Stdret	−0.347 ***	0.475 ***	0.505 ***	−0.343 ***	0.478 ***	0.507 ***	−0.281 ***	0.487 ***	0.508 ***
	(−12.719)	(15.298)	(16.298)	(−12.628)	(15.442)	(16.395)	(−10.960)	(15.652)	(16.391)
Return	0.038 ***	−0.272 ***	−0.275 ***	0.039 ***	−0.271 ***	−0.274 ***	0.031 ***	−0.273 ***	−0.275 ***
	(3.459)	(−22.915)	(−23.301)	(3.536)	(−22.944)	(−23.317)	(2.887)	(−23.064)	(−23.342)
Inshold	0.051 **	−0.466 ***	−0.470 ***	0.067 ***	−0.456 ***	−0.461 ***	0.055 ***	−0.466 ***	−0.470 ***
	(2.292)	(−21.972)	(−22.217)	(3.009)	(−21.425)	(−21.718)	(2.579)	(−21.998)	(−22.215)
TobinQ	0.055 ***	0.282 ***	0.277 ***	0.053 ***	0.281 ***	0.277 ***	0.031 ***	0.277 ***	0.274 ***
	(10.851)	(44.787)	(44.296)	(10.596)	(44.889)	(44.416)	(6.473)	(43.995)	(43.851)
Constant	0.384 ***	−10.851 ***	−10.884 ***	0.396 ***	−10.833 ***	−10.865 ***	0.041	−10.936 ***	−10.940 ***
	(3.314)	(−90.683)	(−91.378)	(3.423)	(−90.820)	(−91.511)	(0.372)	(−92.051)	(−92.322)
N	18 531	18 531	18 531	18 531	18 531	18 531	18 531	18 531	18 531
Year	控制	控制	控制	控制	控制	控制	控制	控制	控制
Industry	控制	控制	控制	控制	控制	控制	控制	控制	控制
R−squared	0.237	0.687	0.689	0.240	0.687	0.690	0.300	0.688	0.689

注：括号内为 t 值。*** 、** 和 * 分别表示在 1%、5% 和 10% 水平下显著。对标准误进行了 robust 处理。

表 5−13　　　　　　　上市公司 ESG 表现各维度的风险规避机制

变量	(1)	(2)	(3)	(4)	(5)	(6)	(7)	(8)	(9)
	Risk	LIQ	LIQ	Risk	LIQ	LIQ	Risk	LIQ	LIQ
E	0.082 ***	0.011 ***	0.011 ***						
	(4.391)	(3.100)	(3.280)						
S				0.011	0.017 ***	0.017 ***			
				(0.700)	(7.170)	(7.214)			

变量	(1)	(2)	(3)	(4)	(5)	(6)	(7)	(8)	(9)
	Risk	LIQ	LIQ	Risk	LIQ	LIQ	Risk	LIQ	LIQ
G							-0.209 ***	0.025 ***	0.024 ***
							(-9.425)	(7.929)	(7.491)
Risk			-0.008 ***			-0.007 ***			-0.007 ***
			(-5.526)			(-5.508)			(-4.971)
Age	-0.090	-0.053 ***	-0.053 ***	-0.086	-0.043 ***	-0.044 ***	-0.094	-0.053 ***	-0.053 ***
	(-0.957)	(-3.831)	(-3.883)	(-0.910)	(-3.132)	(-3.181)	(-1.007)	(-3.837)	(-3.886)
Size	0.143 ***	0.653 ***	0.654 ***	0.160 ***	0.650 ***	0.652 ***	0.197 ***	0.652 ***	0.653 ***
	(4.850)	(137.626)	(137.416)	(5.511)	(138.442)	(138.244)	(6.684)	(140.355)	(140.084)
SD	-0.003	-0.007 ***	-0.007 ***	-0.003	-0.007 ***	-0.007 ***	-0.001	-0.007 ***	-0.007 ***
	(-1.275)	(-19.590)	(-19.645)	(-1.328)	(-19.581)	(-19.638)	(-0.389)	(-20.241)	(-20.252)
Cash	-7.045 ***	0.459 ***	0.406 ***	-7.073 ***	0.456 ***	0.403 ***	-6.659 ***	0.406 ***	0.361 ***
	(-19.439)	(11.689)	(10.110)	(-19.516)	(11.630)	(10.055)	(-18.114)	(10.197)	(8.880)
ROE	-2.293 ***	0.551 ***	0.534 ***	-2.291 ***	0.529 ***	0.512 ***	-2.073 ***	0.529 ***	0.515 ***
	(-10.075)	(17.071)	(16.460)	(-10.058)	(16.349)	(15.743)	(-9.189)	(16.425)	(15.913)
BM	-9.261 ***	-0.127 ***	-0.197 ***	-9.271 ***	-0.123 ***	-0.192 ***	-8.929 ***	-0.170 ***	-0.230 ***
	(-42.487)	(-3.545)	(-5.139)	(-42.541)	(-3.432)	(-5.025)	(-40.227)	(-4.703)	(-5.984)
Dual	0.011	0.012	0.012	0.004	0.011	0.011	-0.002	0.012	0.012
	(0.175)	(1.342)	(1.354)	(0.063)	(1.176)	(1.182)	(-0.037)	(1.333)	(1.334)
Audit	0.837 ***	-0.039	-0.033	0.836 ***	-0.034	-0.028	0.605 ***	-0.013	-0.009
	(4.394)	(-1.471)	(-1.243)	(4.387)	(-1.280)	(-1.052)	(3.142)	(-0.484)	(-0.334)
Stdret	0.327 *	0.475 ***	0.478 ***	0.315	0.478 ***	0.481 ***	0.193	0.487 ***	0.488 ***
	(1.650)	(15.298)	(15.402)	(1.589)	(15.442)	(15.542)	(0.975)	(15.652)	(15.714)
Return	0.211 **	-0.272 ***	-0.270 ***	0.214 ***	-0.271 ***	-0.270 ***	0.229 ***	-0.273 ***	-0.271 ***
	(2.555)	(-22.915)	(-22.800)	(2.593)	(-22.944)	(-22.829)	(2.780)	(-23.064)	(-22.948)
Inshold	0.442 ***	-0.466 ***	-0.463 ***	0.442 ***	-0.456 ***	-0.452 ***	0.426 ***	-0.466 ***	-0.463 ***
	(3.045)	(-21.972)	(-21.815)	(3.033)	(-21.425)	(-21.271)	(2.947)	(-21.998)	(-21.861)
TobinQ	-3.590 ***	0.282 ***	0.255 ***	-3.593 ***	0.281 ***	0.254 ***	-3.555 ***	0.277 ***	0.253 ***
	(-56.586)	(44.787)	(31.597)	(-56.619)	(44.889)	(31.665)	(-55.856)	(43.995)	(31.428)
Constant	4.392 ***	-10.851 ***	-10.818 ***	4.204 ***	-10.833 ***	-10.801 ***	4.646 ***	-10.936 ***	-10.905 ***
	(5.587)	(-90.683)	(-90.313)	(5.376)	(-90.820)	(-90.471)	(5.966)	(-92.051)	(-91.669)

续表

变量	(1)	(2)	(3)	(4)	(5)	(6)	(7)	(8)	(9)
	Risk	LIQ	LIQ	Risk	LIQ	LIQ	Risk	LIQ	LIQ
N	18 531	18 531	18 531	18 531	18 531	18 531	18 531	18 531	18 531
Year	控制	控制	控制	控制	控制	控制	控制	控制	控制
Industry	控制	控制	控制	控制	控制	控制	控制	控制	控制
R – squared	0.617	0.687	0.687	0.617	0.687	0.688	0.619	0.688	0.688

注：括号内为 t 值。*** 、** 和 * 分别表示在 1% 、5% 和 10% 水平下显著。对标准误进行了 robust 处理。

表 5 – 14　　　　　　　上市公司 **ESG** 表现各维度的利益相关者支持机制

变量	(1)	(2)	(3)	(4)	(5)	(6)	(7)	(8)	(9)
	KZ	LIQ	LIQ	KZ	LIQ	LIQ	KZ	LIQ	LIQ
E	– 0.037 *** (– 3.936)	0.011 *** (3.100)	0.009 ** (2.533)						
S				– 0.062 *** (– 9.529)	0.017 *** (7.170)	0.014 *** (5.821)			
G							– 0.119 *** (– 14.342)	0.025 *** (7.929)	0.018 *** (5.916)
KZ			– 0.056 *** (– 18.986)			– 0.055 *** (– 18.685)			– 0.054 *** (– 18.396)
Age	0.375 *** (9.599)	– 0.053 *** (– 3.831)	– 0.032 ** (– 2.335)	0.340 *** (8.744)	– 0.043 *** (– 3.132)	– 0.024 * (– 1.793)	0.374 *** (9.615)	– 0.053 *** (– 3.837)	– 0.032 ** (– 2.378)
Size	0.049 *** (3.896)	0.653 *** (137.626)	0.656 *** (140.241)	0.058 *** (4.724)	0.650 *** (138.442)	0.654 *** (141.090)	0.059 *** (4.821)	0.652 *** (140.355)	0.655 *** (143.116)
SD	– 0.007 *** (– 7.912)	– 0.007 *** (– 19.590)	– 0.007 *** (– 20.947)	– 0.007 *** (– 7.936)	– 0.007 *** (– 19.581)	– 0.007 *** (– 20.919)	– 0.006 *** (– 6.698)	– 0.007 *** (– 20.241)	– 0.007 *** (– 21.371)
Cash	– 9.662 *** (– 80.340)	0.459 *** (11.689)	– 0.080 * (– 1.671)	– 9.651 *** (– 80.633)	0.456 *** (11.630)	– 0.074 (– 1.540)	– 9.412 *** (– 77.389)	0.406 *** (10.197)	– 0.105 ** (– 2.199)
ROE	– 4.011 *** (– 35.418)	0.551 *** (17.071)	0.327 *** (9.923)	– 3.930 *** (– 34.810)	0.529 *** (16.349)	0.313 *** (9.481)	– 3.904 *** (– 34.692)	0.529 *** (16.425)	0.317 *** (9.627)
BM	– 5.662 *** (– 58.667)	– 0.127 *** (– 3.545)	– 0.443 *** (– 11.213)	– 5.678 *** (– 58.965)	– 0.123 *** (– 3.432)	– 0.434 *** (– 11.013)	– 5.459 *** (– 56.440)	– 0.170 *** (– 4.703)	– 0.467 *** (– 11.786)

续表

变量	(1)	(2)	(3)	(4)	(5)	(6)	(7)	(8)	(9)
	KZ	LIQ	LIQ	KZ	LIQ	LIQ	KZ	LIQ	LIQ
Dual	− 0. 115 *** (− 4. 510)	0. 012 (1. 342)	0. 006 (0. 637)	− 0. 110 *** (− 4. 315)	0. 011 (1. 176)	0. 005 (0. 512)	− 0. 116 *** (− 4. 572)	0. 012 (1. 333)	0. 006 (0. 642)
Audit	0. 049 (0. 569)	− 0. 039 (− 1. 471)	− 0. 037 (− 1. 428)	0. 030 (0. 346)	− 0. 034 (− 1. 280)	− 0. 032 (− 1. 268)	− 0. 078 (− 0. 913)	− 0. 013 (− 0. 484)	− 0. 017 (− 0. 666)
Stdret	0. 345 *** (4. 438)	0. 475 *** (15. 298)	0. 494 *** (16. 108)	0. 332 *** (4. 288)	0. 478 *** (15. 442)	0. 497 *** (16. 213)	0. 285 *** (3. 679)	0. 487 *** (15. 652)	0. 503 *** (16. 347)
Return	− 0. 194 *** (− 5. 907)	− 0. 272 *** (− 22. 915)	− 0. 282 *** (− 24. 060)	− 0. 195 *** (− 5. 951)	− 0. 271 *** (− 22. 944)	− 0. 282 *** (− 24. 069)	− 0. 187 *** (− 5. 717)	− 0. 273 *** (− 23. 064)	− 0. 283 *** (− 24. 141)
Inshold	0. 113 * (1. 829)	− 0. 466 *** (− 21. 972)	− 0. 460 *** (− 21. 843)	0. 075 (1. 212)	− 0. 456 *** (− 21. 425)	− 0. 451 *** (− 21. 399)	0. 111 * (1. 806)	− 0. 466 *** (− 21. 998)	− 0. 460 *** (− 21. 864)
TobinQ	− 0. 155 *** (− 8. 612)	0. 282 *** (44. 787)	0. 273 *** (44. 822)	− 0. 152 *** (− 8. 522)	0. 281 *** (44. 889)	0. 273 *** (44. 914)	− 0. 131 *** (− 7. 387)	0. 277 *** (43. 995)	0. 270 *** (44. 249)
Constant	3. 917 *** (12. 153)	− 10. 851 *** (− 90. 683)	− 10. 633 *** (− 89. 787)	3. 845 *** (11. 992)	− 10. 833 *** (− 90. 820)	− 10. 622 *** (− 89. 960)	4. 284 *** (13. 430)	− 10. 936 *** (− 92. 051)	− 10. 704 *** (− 90. 721)
N	18 531	18 531	18 531	18 531	18 531	18 531	18 531	18 531	18 531
Year	控制	控制	控制	控制	控制	控制	控制	控制	控制
Industry	控制	控制	控制	控制	控制	控制	控制	控制	控制
R - squared	0. 601	0. 687	0. 694	0. 603	0. 687	0. 694	0. 605	0. 688	0. 694

注: 括号内为 t 值。 *** 、 ** 和 * 分别表示在 1% 、5% 和 10% 水平下显著。对标准误进行了 robust 处理。

如表 5 – 12 所示，上市公司在环境（E）、社会（S）和治理（G）各维度上的表现在信息传导机制中均起到积极作用。结果显示，表 5 – 12 中列（2）、列（5）和列（8）中环境（E）、社会（S）和治理（G）的回归系数均在 1% 的水平下显著为正。因而上市公司在 ESG 各维度上的良好表现均能够显著提高股票流动性水平。进一步的，表 5 – 12 中列（1）、列（4）和列（7）中环境（E）、社会（S）和治理（G）的回归系数均在 1% 的水平下显著为正，说明在环境（E）、社会（S）和治理（G）维度上的良好表现均有助于提高信息透明度。经济显著性方面，上市公司在环境（E）、社会（S）、治理（G）维度的评级每提升一档，由此带来信息透明度（Disc）的提升分别增加 0.023、0.027 和 0.124，因而上市公司在 ESG 各维度上的良好表现均能够显著提高信息透明度，且公司治理（G）维度上的表现对信息透明度的提升作用最强。最后，借鉴中介效应模型的验证思路，在表 5－12 中列（2）、列（5）和列（8）的基础上均加入信息透明度（Disc）变量，结果表明信息透明度均在环境（E）、社会（S）、治理（G）各维度上的表现与股票流动性水平之间起到中介作用。

如表 5－13 所示，结果表明上市公司在公司治理（G）方面的优异表现对降低企业风险具有显著的作用，因而风险规避机制中起核心作用的维度是公司治理（G）。而环境（E）和社会（S）维度在其中不具有积极作用。在环境（E）维度方面，上市公司在环境（E）方面的表现会提高企业风险。在社会责任（S）维度方面，上市公司在社会责任（S）方面的表现不会对企业风险产生作用，从回归系数为正的统计结果看，社会责任（S）有潜在提高企业风险的可能性。在既有研究中，通常认为上市公司承担环境方面的责任有助于降低企业风险（丁攀等，2022），在社会责任方面的投入也会对企业风险的降低具有积极作用（冯丽艳等，2016）。然而，本部分的检验结果却与此结论相悖。原因可能在于，上市公司在环境（E）和社会（S）方面的投入主要是为了响应利益相关者在生态保护和社会福利等方面的诉求而采取的行动，属于上市公司的"面子工程"。但这有可能会引起上市公司的投机行为，把环境（E）和社会（S）方面的投入当作掩盖其自利行为的"粉饰工具"，反而会加大企业风险，进而损害投资者的利益。这不仅不利于提高上市公司在资本市场中的表现，同时也会阻碍资本市场的可持续发展。

如表 5－14 所示，上市公司在环境（E）、社会（S）和治理（G）各维度上的表现在利益相关者支持机制中均起到积极作用。结果显示，表 5－14 中列（2）、列（5）和列（8）中环境（E）、社会（S）和治理（G）的回归系数均在 1% 的水平下显著为正，因而上市公司在 ESG 各维度上的良好表现均能够显著提高股票流动性水平。进一步的，表 5－14 中列（1）、列（4）和列（7）中环境（E）、社会（S）和治理（G）的回归系数均在 1% 的水平下显著为负，说明上市公司在环境（E）、社会（S）和治理（G）维度的良好表现均有助于获得利益相关者的支持。经济显著性方面，上市公司在环境（E）、社会（S）、治理（G）的评级每提升一档，则由此带来融资约束水平分别下降 0.037、0.062 和 0.119，因而上市公司在 ESG 各维度上的良好表现均能够显著提高利益相关者支持，且公司治理（G）维度上的表现对提高利益相关者支持的作用最强。最后，借鉴中介效应模型的验证思路，在表 5－14 中列（2）、列（5）和列（8）的基础上均加入利益相关者支持（KZ）变量，结果表明利益相关者支持均在环境（E）、社会（S）、治理（G）各维度上的表现与股票流动性水平之间起到中介作用。

综上结果表明，上市公司 ESG 各维度在三类中介机制中均发挥着不同的作用，且公司治理（G）维度在其中的作用效果更强。第一，在信息传导机制中，信息透明度在 ESG 各维度表现与股票流动性水平之间均起到中介作用。其中，公司治理（G）对提高信息透明度的作用更强。第二，在风险规避机制中，上市公司在环境（E）维度上的表现并不利于降低企业风险，两者呈正相关关系，即环境（E）维度上的表现越好则企业风险越高。上市公司在社会责任（S）维度上的表现不会对企业风险产生影响，且存在提高企业风险的潜在可能性。因此，环境（E）和社会（S）两个维度上的表现在风险规避机制中不具有积极作用。而在风险规避机制中起到核心作用的是公司治理（G）维度上的良好表现。第三，在利益相关者支持机制中，利益相关者支持在 ESG 各维度表现与股票流动性水平之间均起到中介作用。其中，公司治理（G）对提高利益相关者支持的作用更强。

5.6

本章小结

本章基于 2009 ~ 2021 年 A 股上市公司数据，主要深入探讨我国上市公司 ESG 表现对股票流动性影响的中介机制。本章基于信号传递理论、制度理论和利益相关者理论分别从信息传导机制、风险规避机制和利益相关者支持机制三个角度打开了上市公司 ESG 表现提高股票流动性水平的"黑箱"。实证结果表明：

（1）信息透明度在上市公司 ESG 表现与股票流动性水平之间起到中介作用。从信息传导机制角度看，ESG 是对上市公司在环境保护、社会责任以及公司治理各方面投入的综合评价，是上市公司经济实力和"负责任"形象的具体体现。因此，上市公司在 ESG 各方面投入越大、表现越好会提高其向外界披露 ESG 相关信息的意愿，信息披露质量的提高有助于提高信息透明度进而缓解上市公司与投资者之间信息不对称的问题。外部投资者对上市公司的信息掌握越多越有利于降低对上市公司评价的分歧度，增强投资者的投资信心，进而提高股票流动性水平。

（2）企业风险在上市公司 ESG 表现和股票流动性水平之间起到中介作用。从风险规避机制角度看，ESG 作为一项推动经济社会可持续发展的行动框架，上市公司积极践行 ESG 并提高 ESG 表现有助于其获得生存和发展所必需的"合法性"地位。"合法性"地位的获取有利于减少外界对上市公司的负面评价以及由此带来的企业风险及经济损失，提高上市公司的抗风险能力。同时，较低的企业风险也正符合投资者规避风险的要求，进而有助于提高上市公司在资本市场中的表现。

（3）利益相关者支持在上市公司 ESG 表现与股票流动性水平之间起到中介

作用。从利益相关者支持机制角度看，上市公司的行为与利益相关者的支持在 ESG 框架下形成一种互动关系，获得利益相关者的支持是上市公司改善 ESG 表现的动力之一。第一，良好的 ESG 表现符合利益相关者对可持续发展的要求，有助于提高上市公司的声誉资本和道德资本，进而获得利益相关者的支持。第二，在 ESG 框架体系下上市公司积极践行 ESG 能够满足不同发展阶段的利益相关者需求，有利于提高上市公司与更多利益相关者实现互动的可能性，进而扩宽上市公司的融资渠道和融资效率，提高上市公司在资本市场中的表现。

（4）从上市公司 ESG 各维度的表现上看，在风险规避机制方面，上市公司在环境（E）和社会（S）方面的表现不利于降低企业风险，而公司治理（G）维度是降低企业风险进而提高股票流动性水平的关键维度。正如既有研究所验证的，上市公司在董事会多元化、董事会独立性等公司治理方面的改善及治理水平的提高对提升 ESG 表现、降低风险进而提高企业价值等方面具有积极作用（Cambrea et al.，2023；Teti et al.，2022；Qureshi et al.，2020；Shahbaz et al.，2020；Galbreath，2013）。因此，避免上市公司的"漂绿"行为，降低上市公司发生投机行为的概率，需要完善公司治理机制以提高上市公司 ESG 的整体表现，从上市公司的"内核"治理实现可持续发展（Yu et al.，2020）。在信息传导机制和利益相关者支持机制方面，信息透明度和利益相关者支持均在上市公司 ESG 各维度表现与股票流动性水平之间起到中介作用，上市公司在环境（E）、社会（S）和治理（G）各方面的表现均与信息透明度和利益相关者支持呈正相关关系，且公司治理（G）在其中具有更强的提升作用。

第6章

上市公司 ESG 表现对股票流动性
影响的调节效应分析

上市公司的行为不仅趋于自身的经营方式和目标，还会受到外部环境对其生存和发展要求的影响，因而上市公司的 ESG 表现与股票流动性的内在机制研究应考虑上市公司所处的环境因素。因此，本章将外部制度压力和政府支持作为调节变量进行分析，以期完善上市公司 ESG 表现对股票流动性影响的内在机理。外部制度压力主要针对分析师关注度，政府支持主要针对政府补贴。本章提出上市公司 ESG 表现对股票流动性影响的调节机制，并进行理论分析和研究假设，选择 2009～2021 年全部 A 股上市公司为样本进行实证研究。

6.1
理论分析与研究假设

6.1.1 外部制度压力

上市公司是与外部环境相连通的组织而非独立的个体，因而上市公司的行为会受到外部力量的监督和制约。根据 ESG 生态系统观点，ESG 的实践过程需要在政府、上市公司、评价机构、投资者等主体共同合力下才能得以实现（王大地和黄洁，2021）。因此，上市公司 ESG 表现在资本市场中发挥正向作用需要外部制度压力加以规范和约束才能促使上市公司在此过程中不断地修正和规范自身行为，以推动上市公司与资本市场的良性互动，进而提高上市公司 ESG 表现对股票流动性的积极作用。

在资本市场中，证券分析师会对上市公司产生外部制度压力（王凯等，2023）。证券分析师作为一种法律之外的替代机制，其对股票流动性（Irvine，2003）、企业价值（Tsang et al.，2022）等方面均会产生影响，其可以利用专业优势更加充分地挖掘上市公司的基本面信息，真实地反映上市公司的情况进而提高资本市场的运行效率（朱红军等，2007）。证券分析师作为一种重要的外部治理机制，其对上市公司产生的外部制度压力主要源于以下四个方面。第一，由于职业性质及行业特性，证券分析师在获取上市公司信息方面具有更广泛和便利的途径，更容易掌握有关上市公司信息的第一手资料。第二，由于专业性的特点，证券分析师有能力对上市公司的信息进行深度挖掘，并对获取的相关信息进行专业的分析和解读，能够更加全面且真实地反映上市公司的经营发展状况，并作出盈余预测。同时，证券分析师作为信息传播的"桥梁"，其可以利用专业能力对上市公司的关键信息进行提炼和归纳，采用利益相关者便于理解的形式向外界传递上市公司的相关信息，因而有利于外部投资者等利益相关者更加准确地理解上市公司的相关财务信息并作出合理的投资决策。第三，证券分析师可以通过研究报告、咨询与评级等多种方式和渠道向外界传递上市公司的相关信息，而且由于证券分析师的专业性和独立性的特点，其发布的信息更容易受到利益相关者的信赖，因而具有较大的影响力。第四，由于证券分析师独立性的特点，其对上市公司的监管和跟踪调查不容易受到利益集团的操控，可以更为真实和深入地反映上市公司的信息，并及时更新盈余预测。因此，证券分析师利用其专业性、独立性等方面的优势能够对上市公司的行为产生较强的监管作用。同时，投资者等利益相关者对证券分析师的依赖和信任进一步加强了证券分析师对上市公司的外部制度压力的作用，促使上市公司以规范的行为响应利益相关者的诉求。正如官小燕和刘志彬（2022）的研究，证券分析师在资本市场中充当信息中介和监督者的角色。作为具备专业知识和技能的证券分析师不仅可以为上市公司的外部投资者提供数量更大、更专业以及更有价值的公司特质信息，同时证券分析师可以更加专业、全面、透明地对上市公司的相关信息进行分析和发布，外部投资者也更加信任证券分析师所提供的信息和提出的建议。换言之，上市公司被跟踪的证券分析师越多，证券分析师对上市公司的关注度就越高，意味着上市公司会受到来自证券分析师更大的外部制度压力，同时上市公司的真实信息向外界传递的程度也更高（潘越等，2011）。

综上所述，证券分析师作为资本市场中重要的外部制度压力，分析师关注度会对上市公司 ESG 表现与股票流动性的关系产生影响。当跟踪上市公司的分析师越多时，上市公司受到分析师的关注度就越高，由此产生两个方面的影响。一方面，证券分析师关注度越高可以有效促进上市公司财务信息与非财务信息得到有效传递，上市公司真实的经营情况能更全面、多维度地被挖掘、揭示和解读，在促使上市公司积极践行"利他"的 ESG 行为的同时也能有效地向外部投资者传递上市公司的有利信息。另一方面，证券分析师关注度越高，其对上市公司的外部监督效应也越强（张莹，2019）。分析师利用其专业性和独立性所形成的对上市公司的外部监督力量能够约束公司管理层的"短视"行为（刘柏和琚涛，2021），推动上市公司重视 ESG 并提高 ESG 表现。同时，外部投资者为了降低投资风险以及获取持续的长期回报，证券分析师对上市公司的关注也会吸引外部投资者的注意。因此，分析师关注度越高其对上市公司产生的外部制度压力就越强，有利于促使上市公司重视 ESG 实践并提高信息披露质量，让投资者更为全面地了解上市公司的信息，进而加强了 ESG 表现良好的上市公司与投资者之间的联系，使上市公司获得投资者的信任及金融资源。这对加强上市公司 ESG 表现提高股票流动性的积极作用具有重要意义。基于以上分析，本书提出以下假设：

H_5：外部制度压力正向调节上市公司 ESG 表现与股票流动性的关系。

6.1.2　政府支持

虽然 ESG 是上市公司可持续发展实践的核心框架体系，但并非所有的上市公司会将 ESG 真正纳入其经营发展中。主要有以下两方面原因。第一，ESG 是集环境（E）、社会（S）和治理（G）于一体的系统工程，其具有投入大、风险高、周期长等特点，需要上市公司较大的资源投入及"向善"理念的引领。通常，ESG 作为上市公司的一项非财务指标并不会直接作用于上市公司的经济效益，而且 ESG 实践过程中可能会耗费更多的经济资源、增加财务成本，由此造成了上市公司对 ESG 的望而却步。第二，上市公司是以追求股东利益最大化为目标的组织，上市公司在环境保护、员工福利、社会捐赠等方面的投入往往是一种"锦上添花"的补充行为，目的在于迎合利益相关者的要求以塑造一个"负责任"的企业形象，便于获取其所需的经济资源。因此，上市公司对社会责任的履行通常带有功利性动机（Wood et al.，1995；柳建坤和何晓斌，2020），其取决于上市公司对边际收益与边际成本的权衡结果（赵天骄等，2019），而上市公司的逐利性往往会导致"负外部性"等不良后果。为了弥补上市公司的功利性行为所带来的市场失灵等问题，需要政府相关部门采取一定的措施加以调控。通过政府的介入，对上市公司的行为加以引导并向市场释放有利信号，这对增强 ESG 对资本市场的积极作用具有重要的意义。

在中国现行制度背景下，多数稀缺资源的配置权都掌握在政府手中，要想获得政府的支持就必须符合政府的政策要求（李增福等，2016；Fan et al.，2013）。政府对上市公司的支持最常见的是政府补贴，虽然我国在此方面还有进一步完善的空间以改进补贴的方式和效率（尚洪涛和黄晓硕，2019），但通过对上市公司在资金方面提供支持，有助于降低上市公司在 ESG 实践过程中的风险，引导上市公司将社会效益导入经济效益中，缩小上市公司自身的私利收益与社会收益之间的差距。具体来看，政府补贴对上市公司的经营发展能够发挥以下积极效应。一方面，政府补贴不仅能够为上市公司提供额外的资金以纾解上市公司在资金束缚方面的困境，同时也有利于上市公司有较为充足的资源进行 ESG 方面的长期主义投资。相关研究表明，获得政府补助的上市公司有更强的安全感和自信心，有利于推动上市公司更加积极地完成政府的相关政策要求（蔡卫星和高明华，2013；步丹璐和王晓艳，2014）。另一方面，政府补贴在资本市场上具有"认证效应"。一般而言，资质良好以及属于重点扶持地区或行业的上市公司更容易获得政府补贴等支持，因而能够获取政府补贴的上市公司是经过政府筛选后符合受资条件的组织（白俊红，2011）。因此，以政府补贴等形式向上市公司提供支持可以向市场传递上市公司具有良好发展前景的利好信号，进而有助于上市公司从资本市场中获取更多的融资渠道及金融资源。

综上所述，政府通过政府补贴的形式对上市公司提供支持能够有效发挥"有形之手"的调控作用（李增福等，2016）。ESG 作为与可持续发展战略相配套的行动框架，是体现上市公司积极应对经济社会可持续发展要求及满足各利益相关者权益的重要指标。政府制定与 ESG 相关的支持政策是引导和鼓励上市公司更多地从环境（E）、社会（S）和治理（G）角度去考虑其经营战略和方式。获取政府补贴的上市公司不仅体现了其在 ESG 方面有较好的表现，而且也有利于上市公司掌握更多的资源以支持其改善 ESG 表现。更为重要的是，政府通过补贴等形式向上市公司提供支持可以在资本市场上发挥"认证效应"的作用并向市场传递上市公司资质良好的信号，有助于增强 ESG 表现良好的上市公司与投资者之间的关系，进而提高股票流动性水平。基于以上分析，本书提出以下假设：

H_6：政府支持正向调节上市公司 ESG 表现与股票流动性的关系。

6.2

实证研究设计

6.2.1 样本选取与数据来源

本书选取 2009～2021 年全部 A 股上市公司为初始样本。数据来源主要有以下途径：（1）万得（Wind）金融数据库；（2）国泰安 CSMAR 数据库；（3）上市公司年报。样本筛选按照以下标准进行处理：（1）剔除 ST、*ST 和 PT 股票的上市公司；（2）剔除上市不满一年、已经退市或被暂停上市的上市公司；（3）剔除北交所上市公司；（4）剔除 ESG 评级数据缺失的样本；（5）剔除相关财务数据不可获得、数据缺失或不完整的样本；（6）剔除金融行业的上市公司样本。最终样本包含 18 531 个观测值。数据的具体选取和整理过程如下：从万得（Wind）金融数据库获取 2009 ~ 2021 年的华证 ESG 评级数据，将华证 ESG 评级数据作为基准数据与国泰安 CSMAR 数据库中获取的相关财务数据进行合并匹配，并按照以上筛选标准进行整理。最后，本书对所有微观层面的连续变量进行 1% 和 99% 的缩尾处理，以避免极端值对本书实证结果造成的偏差影响。

6.2.2　变量定义与测量

本章重点对本书的调节变量进行阐述。根据本章的理论分析与研究假设的提出，以下主要是对外部制度压力和政府支持的变量进行定义。

6.2.2.1　外部制度压力变量

证券分析师是上市公司重要的外部利益相关者，其对上市公司而言是一种外部治理机制，能够对上市公司行为起到监督作用并形成外部制度压力。证券分析师对上市公司的关注度越高，上市公司受到的外部监管压力就越大，在此情况下会促使上市公司更加关注可持续发展。同时，证券分析师利用其专业优势，更加客观、准确地反映上市公司相关信息，缓解上市公司与外部投资者之间信息不对称的问题，因而能够对上市公司 ESG 表现与股票流动性之间的关系起到调节作用。本书参考王凯等（2023）和胡楠等（2021）的做法，选用上市公司分析师跟踪人（团队）数加 1 的自然对数衡量分析师关注度，以作为外部制度压力（Analyst）的代理变量。

6.2.2.2　政府支持变量

ESG 具有长期主义行为高投入、周期长、见效慢的特点，因而增强上市公司践行 ESG 的动力、改善上市公司的 ESG 表现需要政府制定相应的鼓励政策加以引导以实现社会效益的提高（唐清泉和罗党论，2007）。本书参考李政等（2019）的做法，选用上市公司非经常性损益中的政府补助金额取对数值衡量政府补贴，以作为政府支持（Sub）的代理变量。

6.2.3　实证模型设计

本书为检验上市公司 ESG 表现对股票流动性影响的调节效应，设定了式（6-1）加以检验。

$$Liquidity_{i,t} = \varphi + \varphi_1 ESG_{i,t} \times Moderator_{i,t} + \sum \varphi\, CV_s + \sum Year + \sum Ind + \varepsilon$$

$$(6-1)$$

其中，回归中的因变量为股票流动性（LIQ），自变量为上市公司 ESG 表现（ESG），Moderator 为调节变量，CV_s 为控制变量；ε 为模型随机误差项。本书同时控制了年份（Year）和行业（Industry）的虚拟变量，分别对宏观政策因素和行业因素进行了控制。

6.3
实证结果与分析

6.3.1　描述性统计

表6-1汇报了本章调节变量的描述性统计结果。如表6-1所示，外部制度压力（Analyst）最大值为3.850，最小值为0，均值为1.418，标准差为1.220，表明各上市公司之间的外部制度压力存在较大差异。政府支持（Sub）最大值为20.11，最小值为11.92，均值为16.29，标准差为1.521，表明各上市公司之间的政府支持存在较大差异。

表6-1　　　　　　　　　　调节变量描述性统计

变量	样本量	均值	标准差	最小值	最大值
Analyst	18 531	1.418	1.220	0	3.850
Sub	18 531	16.29	1.521	11.92	20.11

6.3.2　相关性分析

表6-2汇报了主要变量之间的相关性结果。解释变量、被解释变量之间的相关性结果与第4章一致。外部制度压力（Analyst）、政府支持（Sub）与股票流动性（LIQ）、上市公司 ESG 表现（ESG）之间的相关系数与研究假设的预期基本相符。各变量之间的相关性系数的绝对值均小于0.5，说明本书构建的实证模型不存在严重的多重共线性问题。

表 6 – 2　　　　　　　　　　　　　相关性分析

变量	LIQ	ESG	Analyst	Sub
LIQ	1			
ESG	0. 17 ***	1		
Analyst	0. 49 ***	0. 26 ***	1	
Sub	0. 48 ***	0. 18 ***	0. 32 ***	1

注：*** $p < 0.01$，** $p < 0.05$，* $p < 0.1$。

6.3.3　回归结果分析

本部分以上市公司 ESG 表现（ESG）为解释变量，股票流动性（LIQ）为被解释变量，外部制度压力（Analyst）、政府支持（Sub）为调节变量进行回归分析，检验上市公司 ESG 表现对股票流动性影响的调节效应。考虑到上市公司 ESG 表现在一定程度上反映上市公司的长期主义行为，因而上市公司在 ESG 方面的投入并不一定能够在当期发挥作用或产生实质性影响。基于此，本书在回归中对上市公司 ESG 表现（ESG）进行了 1~2 期的滞后处理，对股票流动性（LIQ）进行了 1~2 期的前置处理。结果如表 6 – 3、表 6 – 4 所示。

表 6 – 3　　外部制度压力对上市公司 ESG 表现与股票流动性关系的调节效应

变量	（1） LIQ	（2） F1. LIQ	（3） F2. LIQ	（4） LIQ	（5） LIQ
ESG	0. 013 *** (3. 542)	0. 012 *** (2. 813)	0. 007 (1. 145)		
L1. ESG				0. 003 (0. 779)	
L2. ESG					0. 003 (0. 596)
Analyst	0. 156 *** (35. 095)	0. 143 *** (28. 899)	0. 159 *** (24. 543)	0. 158 *** (30. 686)	0. 162 *** (26. 934)
ESG × Analyst	0. 014 *** (4. 724)	0. 009 *** (2. 861)	0. 009 ** (2. 033)		

续表

变量	(1)	(2)	(3)	(4)	(5)
	LIQ	F1. LIQ	F2. LIQ	LIQ	LIQ
L1. ESG × Analyst				0.008 ** (2.472)	
L2. ESG × Analyst					0.008 ** (2.035)
Age	0.042 *** (3.159)	− 0.002 (− 0.164)	− 0.057 *** (− 2.833)	0.054 *** (3.431)	0.029 (1.497)
Size	0.558 *** (104.441)	0.551 *** (90.654)	0.538 *** (66.753)	0.578 *** (92.903)	0.592 *** (80.652)
SD	− 0.006 *** (− 18.199)	− 0.008 *** (− 20.513)	− 0.008 *** (− 15.410)	− 0.007 *** (− 19.352)	− 0.007 *** (− 16.784)
Cash	0.321 *** (8.404)	0.276 *** (6.439)	0.317 *** (5.482)	0.362 *** (7.996)	0.389 *** (7.229)
ROE	0.273 *** (8.822)	0.274 *** (6.668)	0.217 *** (3.820)	0.269 *** (7.704)	0.327 *** (7.614)
BM	− 0.087 ** (− 2.566)	0.004 (0.103)	0.110 ** (2.036)	− 0.077 * (− 1.955)	− 0.028 (− 0.614)
Dual	− 0.013 (− 1.497)	− 0.001 (− 0.085)	0.047 *** (3.393)	− 0.023 ** (− 2.284)	− 0.012 (− 0.992)
Audit	− 0.019 (− 0.741)	− 0.057 * (− 1.745)	− 0.180 *** (− 3.588)	− 0.028 (− 0.972)	− 0.014 (− 0.395)
Stdret	0.481 *** (16.079)	0.652 *** (20.964)	0.266 *** (6.107)	0.543 *** (16.645)	0.422 *** (10.699)
Return	− 0.274 *** (− 24.350)	0.426 *** (30.832)	0.323 *** (18.655)	− 0.272 *** (− 21.498)	− 0.304 *** (− 19.893)
Inshold	− 0.472 *** (− 22.713)	− 0.347 *** (− 14.792)	− 0.242 *** (− 7.557)	− 0.513 *** (− 20.898)	− 0.534 *** (− 17.774)
TobinQ	0.238 *** (39.293)	0.228 *** (32.689)	0.227 *** (26.228)	0.248 *** (36.191)	0.267 *** (32.870)

续表

变量	（1）	（2）	（3）	（4）	（5）
	LIQ	F1. LIQ	F2. LIQ	LIQ	LIQ
Constant	－9. 241 *** （－73. 466）	－9. 110 *** （－63. 272）	－8. 913 *** （－46. 685）	－9. 595 *** （－65. 078）	－10. 201 *** （－59. 487）
N	18 531	13 746	10 390	13 746	10 390
Year	控制	控制	控制	控制	控制
Industry	控制	控制	控制	控制	控制
R － squared	0. 709	0. 727	0. 631	0. 723	0. 720

注：括号内为 t 值。***、** 和 * 分别表示在 1%、5% 和 10% 水平下显著。对标准误进行了 robust 处理。

表 6 － 4　　政府支持对上市公司 ESG 表现与股票流动性关系的调节效应

变量	（1）	（2）	（3）	（4）	（5）
	LIQ	F1. LIQ	F2. LIQ	LIQ	LIQ
ESG	0. 030 *** （7. 803）	0. 029 *** （6. 650）	0. 028 *** （4. 602）		
L1. ESG				0. 016 *** （3. 669）	
L2. ESG					0. 016 *** （2. 987）
Sub	0. 039 *** （10. 053）	0. 039 *** （8. 922）	0. 047 *** （8. 071）	0. 035 *** （7. 776）	0. 039 *** （7. 407）
ESG × Sub	0. 013 *** （5. 165）	0. 009 *** （3. 348）	0. 009 ** （2. 480）		
L1. ESG × Sub				0. 013 *** （4. 669）	
L2. ESG × Sub					0. 009 *** （2. 597）
Age	－0. 041 *** （－2. 984）	－0. 079 *** （－5. 134）	－0. 145 *** （－7. 070）	－0. 031 * （－1. 925）	－0. 062 *** （－3. 064）

续表

变量	（1）	（2）	（3）	（4）	（5）
	LIQ	F1. LIQ	F2. LIQ	LIQ	LIQ
Size	0.613 *** （103.949）	0.598 *** （88.746）	0.583 *** （65.166）	0.640 *** （93.639）	0.654 *** （81.562）
SD	− 0.007 *** （− 19.701）	− 0.008 *** （− 21.789）	− 0.008 *** （− 16.550）	− 0.008 *** （− 20.801）	− 0.008 *** （− 18.540）
Cash	0.438 *** （11.169）	0.376 *** （8.595）	0.419 *** （7.091）	0.465 *** （10.046）	0.477 *** （8.646）
ROE	0.520 *** （16.165）	0.571 *** （13.057）	0.588 *** （9.948）	0.527 *** （14.268）	0.595 *** （13.091）
BM	− 0.134 *** （− 3.764）	− 0.024 （− 0.607）	0.098 * （1.762）	− 0.139 *** （− 3.362）	− 0.078 （− 1.627）
Dual	0.011 （1.273）	0.022 ** （2.195）	0.071 *** （5.018）	0.001 （0.107）	0.010 （0.835）
Audit	− 0.019 （− 0.711）	− 0.060 * （− 1.735）	− 0.177 *** （− 3.476）	− 0.046 （− 1.515）	− 0.042 （− 1.131）
Stdret	0.495 *** （16.009）	0.667 *** （20.794）	0.289 *** （6.447）	0.545 *** （15.994）	0.428 *** （10.481）
Return	− 0.272 *** （− 23.164）	0.439 *** （31.157）	0.334 *** （18.812）	− 0.277 *** （− 20.960）	− 0.314 *** （− 19.628）
Inshold	− 0.469 *** （− 22.226）	− 0.336 *** （− 14.071）	− 0.222 *** （− 6.808）	− 0.508 *** （− 20.321）	− 0.514 *** （− 16.794）
TobinQ	0.275 *** （44.265）	0.259 *** （35.646）	0.258 *** （28.559）	0.289 *** （40.968）	0.311 *** （37.503）
Constant	− 10.700 *** （− 89.501）	− 10.411 *** （− 76.182）	− 10.302 *** （− 55.940）	− 11.126 *** （− 80.127）	− 11.757 *** （− 72.194）
N	18 531	13 746	10 390	13 746	10 390
Year	控制	控制	控制	控制	控制
Industry	控制	控制	控制	控制	控制
R − squared	0.690	0.711	0.612	0.704	0.700

注：括号内为 t 值。***、** 和 * 分别表示在 1%、5% 和 10% 水平下显著。对标准误进行了 robust 处理。

　　如表 6 - 3 所示，外部制度压力对上市公司 ESG 表现和股票流动性之间的关系起到正向调节作用。外部制度压力越大，上市公司 ESG 表现提升股票流动性的作用就越强。表 6 - 3 中列（1）为当期上市公司 ESG 表现（ESG）与外部制度压力（Analyst）的交乘结果，交乘项回归系数为 0.014，t 值为 4.724，且通过了 1% 的统计显著检验。表 6 - 3 中列（2）和列（3）分别对股票流动性（LIQ）进行 1 ~ 2 期的前置处理，当期上市公司 ESG 表现（ESG）与外部制度压力（Analyst）的交乘项回归系数分别为 0.009 和 0.009，t 值分别为 2.861 和 2.033，且分别通过了 1% 和 5% 的统计显著检验。表 6 - 3 中列（4）和列（5）分别对上市公司 ESG 表现（ESG）进行了 1 ~ 2 期的滞后处理，L1. ESG 和 L2. ESG 与外部制度压力（Analyst）的交乘项回归系数分别为 0.008 和 0.008，t 值分别为 2.472 和 2.035，且均通过了 5% 的统计显著检验。结果表明，外部制度压力正向调节了上市公司 ESG 表现与股票流动性的关系，假设 H_5 得到验证。从检验结果看，外部制度压力对加强上市公司 ESG 表现与股票流动性之间的正向关系起到积极作用。这说明了在 ESG 生态系统中，制度环境的规范及引导是推动上市公司与资本市场实现良性互动的重要力量（王凯等，2023；潘越等，2011），因而要从整体视角对上市公司及资本市场的可持续发展进行规划和设计，而非孤立地将 ESG 置于某一主体或情境下进行讨论（王大地和黄洁，2021）。

　　如表 6 - 4 所示，政府支持对上市公司 ESG 表现和股票流动性之间的关系起到正向调节作用。政府支持力度越大，上市公司 ESG 表现提升股票流动性的作用就越强。列（1）为当期上市公司 ESG 表现（ESG）与政府支持（Sub）的交乘结果，交乘项回归系数为 0.013，t 值为 5.165，且通过了 1% 的统计显著检验。表 6 - 4 中列（2）和列（3）分别对股票流动性（LIQ）进行了 1 ~ 2 期的前置处理，当期上市公司 ESG 表现（ESG）与政府支持（Sub）的交乘项回归系数分别为 0.009 和 0.009，t 值分别为 3.348 和 2.480，且分别通过了 1% 和 5% 的统计显著检验。表 6 - 4 中列（4）和列（5）分别对上市公司 ESG 表现（ESG）进行了 1 ~ 2 期的滞后处理，L1. ESG 和 L2. ESG 与政府支持（Sub）的交乘项回归系数分别为 0.013、0.009，t 值分别为 4.669 和 2.597，且均通过了 1% 的统计显著检验。结果表明，政府支持正向调节了上市公司 ESG 表现与股票流动性的关系，假设 H_6 得到验证。从检验结果看，政府支持对加强上市公司 ESG 表现与股票流动性之间的正向关系起到积极作用。这说明了在 ESG 生态系统中，上市公司的 ESG 行为需要政府相关部门通过财政补贴等经济手段进行引导和调控，这不仅有利于为上市公司提供践行 ESG 所需的资源，同时对引导和倒逼上市公司提高 ESG 表现以发挥"正外部性"效应起到积极作用（李增福等，2016；Fan et al.，2013；蔡卫星和高明华，2013；步丹璐和王晓艳，2014）。

6. 4

稳健性检验

6.4.1　替换解释变量的检验

本书将上市公司 ESG 表现（ESG）变量进行替换，选用 Wind ESG 评级作为替换上市公司 ESG 表现的变量（Zhang et al.，2022）。选用 Wind ESG 评级数据替换解释变量进行稳健性检验主要基于以下两方面原因。第一，在数据量方面，万得（Wind）自 2018 年开始对中国上市公司进行 ESG 评级，其已覆盖全部 A 股上市公司，覆盖范围较为全面且数据量相对较大。第二，在数据质量方面，万得（Wind）对标国际标准并结合中国市场特点构建了 Wind ESG 评级及评价体系，具有信息量大、准确透明、更新实时、披露实质的优势，其数据具有较高的可信度和较好的深度。因此，本书将 Wind ESG 评级作为上市公司 ESG 表现的替换变量进行稳健性检验。Wind ESG 根据评级结果将 "CCC – AAA" 由低到高赋值为 1~7，结果如表 6 – 5 和表 6 – 6 所示。

表 6 – 5　　　　替换解释变量：外部制度压力对上市公司 ESG 表现
与股票流动性关系的调节效应

变量	(1)	(2)	(3)	(4)	(5)
	LIQ	F1. LIQ	F2. LIQ	LIQ	LIQ
WindESG	0. 042 *** (5. 910)	0. 037 *** (4. 396)	0. 035 *** (2. 622)		
L1. WindESG				0. 037 *** (4. 364)	
L2. WindESG					0. 042 *** (3. 811)
Analyst	0. 197 *** (32. 772)	0. 173 *** (24. 092)	0. 212 *** (19. 797)	0. 191 *** (25. 279)	0. 193 *** (18. 857)
WindESG × Analyst	0. 027 *** (5. 414)	0. 014 ** (2. 282)	0. 012 (1. 351)		

续表

变量	（1）	（2）	（3）	（4）	（5）
	LIQ	F1. LIQ	F2. LIQ	LIQ	LIQ
L1. WindESG × Analyst				0.018 *** (3.099)	
L2. WindESG × Analyst					0.010 (1.303)
Age	0.000 (0.111)	−0.003 ** (−2.398)	−0.007 *** (−3.525)	0.001 (0.950)	0.000 (0.117)
Size	0.544 *** (79.694)	0.530 *** (62.532)	0.540 *** (40.027)	0.568 *** (66.812)	0.601 *** (53.879)
SD	−0.006 *** (−13.276)	−0.007 *** (−13.605)	−0.008 *** (−9.167)	−0.007 *** (−13.240)	−0.007 *** (−10.211)
Cash	0.396 *** (7.198)	0.323 *** (4.821)	0.259 ** (2.396)	0.371 *** (5.575)	0.320 *** (3.642)
ROE	0.171 *** (5.596)	0.109 *** (2.709)	0.091 (1.354)	0.156 *** (4.344)	0.232 *** (4.396)
BM	0.062 (1.523)	0.085 * (1.694)	0.244 *** (3.093)	0.053 (1.061)	0.138 ** (2.123)
Dual	−0.010 (−0.833)	−0.000 (−0.012)	0.057 ** (2.438)	−0.015 (−1.093)	0.011 (0.560)
Audit	−0.028 (−0.931)	−0.072 * (−1.844)	−0.243 *** (−3.164)	−0.017 (−0.517)	−0.033 (−0.622)
Stdret	0.654 *** (18.535)	0.729 *** (17.861)	0.577 *** (7.994)	0.562 *** (13.892)	0.551 *** (10.371)
Return	−0.271 *** (−18.684)	0.482 *** (25.521)	0.318 *** (10.618)	−0.264 *** (−15.591)	−0.333 *** (−15.181)
Inshold	−0.466 *** (−16.658)	−0.334 *** (−9.978)	−0.272 *** (−4.950)	−0.504 *** (−14.563)	−0.548 *** (−11.356)
TobinQ	0.240 *** (29.251)	0.224 *** (19.240)	0.269 *** (12.496)	0.249 *** (27.415)	0.254 *** (22.045)

续表

变量	(1)	(2)	(3)	(4)	(5)
	LIQ	F1. LIQ	F2. LIQ	LIQ	LIQ
Constant	−9.385 *** (−57.891)	−8.575 *** (−42.408)	−8.614 *** (−26.056)	−9.522 *** (−47.389)	−10.041 *** (−37.662)
N	10 599	7 122	4 037	7 122	4 037
Year	控制	控制	控制	控制	控制
Industry	控制	控制	控制	控制	控制
R − squared	0.725	0.730	0.645	0.730	0.753

注：括号内为 t 值。***、** 和 * 分别表示在 1%、5% 和 10% 水平下显著。对标准误进行了 robust 处理。

表 6 −6　　　　替换解释变量：政府支持对上市公司 ESG 表现
与股票流动性关系的调节效应

变量	(1)	(2)	(3)	(4)	(5)
	LIQ	F1. LIQ	F2. LIQ	LIQ	LIQ
WindESG	0.052 *** (6.519)	0.044 *** (4.781)	0.043 *** (3.057)		
L1. WindESG				0.037 *** (3.955)	
L2. WindESG					0.043 *** (3.536)
Sub	0.037 *** (6.192)	0.039 *** (5.860)	0.044 *** (3.990)	0.039 *** (5.363)	0.047 *** (5.044)
WindESG × Sub	0.014 *** (3.048)	0.003 (0.467)	−0.001 (−0.120)		
L1. WindESG × Sub	-			0.012 ** (2.171)	
L2. WindESG × Sub					0.007 (0.989)
Age	−0.004 *** (−3.900)	−0.006 *** (−4.740)	−0.012 *** (−5.481)	−0.003 ** (−1.995)	−0.004 ** (−2.129)

续表

变量	(1)	(2)	(3)	(4)	(5)
	LIQ	F1. LIQ	F2. LIQ	LIQ	LIQ
Size	0.625 ***	0.605 ***	0.644 ***	0.644 ***	0.676 ***
	(73.922)	(57.788)	(38.911)	(63.730)	(51.429)
SD	−0.007 ***	−0.008 ***	−0.008 ***	−0.008 ***	−0.009 ***
	(−14.089)	(−14.216)	(−9.703)	(−14.248)	(−11.285)
Cash	0.811 ***	0.658 ***	0.605 ***	0.771 ***	0.726 ***
	(12.847)	(8.736)	(4.252)	(10.251)	(7.408)
ROE	0.006	0.063 **	0.032 **	0.031 **	0.028
	(1.423)	(2.137)	(2.567)	(2.233)	(1.452)
BM	−0.300 ***	−0.225 ***	0.001	−0.396 ***	−0.351 ***
	(−4.967)	(−2.902)	(0.009)	(−5.317)	(−3.561)
Dual	0.028 **	0.036 **	0.106 ***	0.019	0.053 **
	(2.172)	(2.337)	(4.311)	(1.252)	(2.458)
Audit	−0.174 ***	−0.151 ***	−0.322 ***	−0.161 ***	−0.190 ***
	(−5.189)	(−3.309)	(−3.511)	(−3.900)	(−2.981)
Stdret	0.535 ***	0.635 ***	0.566 ***	0.417 ***	0.404 ***
	(11.559)	(12.366)	(7.136)	(8.133)	(5.734)
Return	−0.183 ***	0.431 ***	0.392 ***	−0.190 ***	−0.257 ***
	(−11.928)	(11.280)	(10.979)	(−10.644)	(−9.993)
Inshold	−0.455 ***	−0.329 ***	−0.245 ***	−0.499 ***	−0.534 ***
	(−14.775)	(−8.866)	(−3.985)	(−13.177)	(−10.023)
TobinQ	0.211 ***	0.214 ***	0.272 ***	0.214 ***	0.215 ***
	(14.949)	(10.148)	(4.604)	(13.608)	(11.252)
Constant	−11.290 ***	−10.443 ***	−11.238 ***	−11.285 ***	−11.942 ***
	(−63.120)	(−43.846)	(−23.901)	(−53.159)	(−43.355)
N	10 599	7 122	4 037	7 122	4 037
Year	控制	控制	控制	控制	控制
Industry	控制	控制	控制	控制	控制
R − squared	0.672	0.690	0.605	0.681	0.705

注：括号内为 t 值。***、** 和 * 分别表示在 1%、5% 和 10% 水平下显著。对标准误进行了 robust 处理。

结果表明，外部制度压力（Analyst）和政府支持（Sub）在上市公司 ESG 表现（WindESG）和股票流动性（LIQ）之间均发挥了调节效应，回归结果基本无实质性差异，具有较强的稳健性。

6.4.2 替换被解释变量的检验

本书参考罗伊等（Roy et al., 2022）、陈辉和顾乃康（2017）等相关研究对股票流动性的度量方法，选用 Zeros 非流动性指标替换 Amihud 指标进行稳健性检验。Zeros 为年内零收益率天数与年交易天数的比值。由于 Zeros 为非流动性指标，值越大则流动性越差。为方便理解，本书对指标进行相反数处理，构建指标 Zeros1 = – Zeros。结果如表 6 – 7 和表 6 – 8 所示。

表 6 – 7 　　　　替换被解释变量：外部制度压力对上市公司 ESG 表现
与股票流动性关系的调节效应

变量	(1)	(2)	(3)	(4)	(5)
	Zeros1	F1. Zeros1	F2. Zeros1	Zeros1	Zeros1
ESG	0.001 *** (6.504)	0.001 *** (4.931)	0.000 ** (2.313)		
L1. ESG				0.001 *** (4.694)	
L2. ESG					0.001 *** (2.841)
Analyst	0.006 *** (39.179)	0.005 *** (27.241)	0.004 *** (18.954)	0.006 *** (33.037)	0.006 *** (29.090)
ESG × Analyst	0.000 *** (4.363)	0.001 *** (4.690)	0.001 *** (4.379)		
L1. ESG × Analyst				0.000 *** (3.399)	
L2. ESG × Analyst					0.000 *** (2.744)
Age	– 0.002 *** (– 4.839)	– 0.003 *** (– 4.438)	– 0.002 *** (– 3.156)	– 0.002 *** (– 3.361)	– 0.002 ** (– 2.275)

续表

变量	(1)	(2)	(3)	(4)	(5)
	Zeros1	F1. Zeros1	F2. Zeros1	Zeros1	Zeros1
Size	−0.006 ***	−0.006 ***	−0.006 ***	−0.005 ***	−0.005 ***
	(−29.707)	(−24.259)	(−18.440)	(−22.154)	(−17.624)
SD	0.000 ***	0.000 ***	0.000 **	0.000 ***	0.000 ***
	(7.033)	(4.762)	(2.226)	(5.404)	(2.737)
Cash	0.011 ***	0.010 ***	0.008 ***	0.011 ***	0.012 ***
	(8.697)	(6.873)	(4.311)	(7.156)	(6.562)
ROE	0.016 ***	0.013 ***	0.013 ***	0.015 ***	0.017 ***
	(13.396)	(8.061)	(6.513)	(11.164)	(10.477)
BM	−0.024 ***	−0.022 ***	−0.017 ***	−0.028 ***	−0.029 ***
	(−16.671)	(−13.022)	(−8.236)	(−16.467)	(−14.573)
Dual	0.002 ***	0.002 ***	0.002 ***	0.002 ***	0.002 ***
	(6.425)	(5.902)	(5.215)	(4.957)	(3.990)
Audit	−0.002	−0.000	−0.003 *	−0.001	−0.001
	(−1.618)	(−0.025)	(−1.903)	(−1.255)	(−0.969)
Stdret	0.030 ***	0.024 ***	0.013 ***	0.030 ***	0.030 ***
	(33.002)	(21.830)	(9.567)	(28.229)	(25.381)
Return	−0.004 ***	0.009 ***	0.006 ***	−0.005 ***	−0.006 ***
	(−12.372)	(23.883)	(12.599)	(−11.954)	(−12.672)
Inshold	0.001 **	0.003 ***	0.005 ***	0.001	0.003 ***
	(2.056)	(3.894)	(5.314)	(1.269)	(3.251)
TobinQ	−0.001 ***	−0.001 ***	−0.000	−0.001 ***	−0.000 **
	(−6.277)	(−5.831)	(−0.563)	(−3.608)	(−2.040)
Constant	0.096 ***	0.092 ***	0.085 ***	0.085 ***	0.072 ***
	(20.626)	(16.904)	(12.361)	(15.389)	(11.152)
N	18 531	13 746	10 390	13 746	10 390
Year	控制	控制	控制	控制	控制
Industry	控制	控制	控制	控制	控制
R−squared	0.373	0.353	0.286	0.378	0.383

注：括号内为 t 值。***、** 和 * 分别表示在 1%、5% 和 10% 水平下显著。对标准误进行了 robust 处理。

表 6 - 8　　　　　　替换被解释变量：政府支持对上市公司 ESG 表现
与股票流动性关系的调节效应

变量	(1)	(2)	(3)	(4)	(5)
	Zeros1	F1. Zeros1	F2. Zeros1	Zeros1	Zeros1
ESG	0.002 *** (11.232)	0.001 *** (8.406)	0.001 *** (5.257)		
L1. ESG				0.001 *** (7.642)	
L2. ESG					0.001 *** (5.232)
Sub	0.002 *** (10.871)	0.001 *** (8.665)	0.001 *** (7.263)	0.002 *** (9.416)	0.002 *** (7.911)
ESG × Sub	0.000 ** (2.266)	0.000 *** (3.123)	0.001 *** (3.806)		
L1. ESG × Sub				0.000 ** (2.562)	
L2. ESG × Sub					0.000 *** (2.932)
Age	-0.006 *** (-11.347)	-0.005 *** (-9.082)	-0.004 *** (-6.654)	-0.005 *** (-8.717)	-0.005 *** (-7.068)
Size	-0.004 *** (-17.976)	-0.004 *** (-16.547)	-0.004 *** (-13.834)	-0.003 *** (-12.213)	-0.003 *** (-8.844)
SD	0.000 *** (4.412)	0.000 *** (2.930)	0.000 (1.044)	0.000 *** (3.040)	0.000 (0.384)
Cash	0.015 *** (11.938)	0.014 *** (9.024)	0.011 *** (5.886)	0.015 *** (9.503)	0.015 *** (8.231)
ROE	0.025 *** (20.990)	0.023 *** (13.930)	0.023 *** (11.107)	0.025 *** (17.756)	0.027 *** (16.070)
BM	-0.025 *** (-17.378)	-0.023 *** (-13.395)	-0.017 *** (-8.326)	-0.031 *** (-17.322)	-0.031 *** (-15.125)
Dual	0.003 *** (9.371)	0.003 *** (7.944)	0.003 *** (6.565)	0.003 *** (7.352)	0.003 *** (5.867)

续表

变量	(1)	(2)	(3)	(4)	(5)
	Zeros1	F1. Zeros1	F2. Zeros1	Zeros1	Zeros1
Audit	-0.002 (-1.495)	0.000 (0.021)	-0.003* (-1.752)	-0.002* (-1.645)	-0.002* (-1.695)
Stdret	0.031*** (31.690)	0.024*** (21.445)	0.014*** (9.853)	0.030*** (26.781)	0.031*** (24.175)
Return	-0.004*** (-11.427)	0.010*** (24.506)	0.006*** (12.851)	-0.005*** (-11.843)	-0.006*** (-12.807)
Inshold	0.002** (2.300)	0.004*** (4.272)	0.006*** (5.681)	0.001 (1.490)	0.004*** (3.847)
TobinQ	0.001*** (3.554)	0.000 (0.028)	0.001*** (3.061)	0.001*** (5.675)	0.001*** (6.478)
Constant	0.037*** (8.495)	0.046*** (8.987)	0.047*** (7.278)	0.024*** (4.767)	0.012** (2.040)
N	18 531	13 746	10 390	13 746	10 390
Year	控制	控制	控制	控制	控制
Industry	控制	控制	控制	控制	控制
R-squared	0.323	0.321	0.265	0.332	0.336

注：括号内为 t 值。***、** 和 * 分别表示在 1%、5% 和 10% 水平下显著。对标准误进行了 robust 处理。

结果表明，外部制度压力（Analyst）和政府支持（Sub）在上市公司 ESG 表现（ESG）和股票流动性（Zeros1）之间均发挥了调节效应，回归结果基本无实质性差异，具有较强的稳健性。

6.5

本章小结

本章基于 2009～2021 年 A 股上市公司数据，具体研究了影响上市公司 ESG 表现与股票流动性关系的外部影响因素。基于 ESG 生态系统观点，本书选取外部制度压力和政府支持作为调节变量进行实证检验和分析，完善了上市公司 ESG 表现对股票流动性影响的内在机理。实证结果表明：

（1）外部制度压力正向调节上市公司 ESG 表现与股票流动性之间的关系。从外部制度压力的调节作用角度看，ESG 作为一种非强制性的"利他"行为，需要通过监督等外部治理机制加以规制。因此，本书选取了分析师关注度作为外部制度压力的代理变量进行实证检验。研究表明外部制度压力对上市公司 ESG 表现与股票流动性之间的关系会产生正向调节作用，当外部制度压力越大时，上市公司 ESG 表现对股票流动性的正向影响就越强，说明了上市公司 ESG 表现对股票流动性的提升作用可以通过外部制度力量予以加强。

（2）政府支持正向调节上市公司 ESG 表现与股票流动性之间的关系。从政府支持的调节作用角度看，ESG 作为上市公司的非财务目标，并不直接对经济效益产生影响。同时，ESG 实践具有投入大、见效慢、周期长等特点，因而需要政府通过制定相关鼓励政策以引导上市公司改善 ESG 表现。为此，本书选取政府补贴作为政府支持的代理变量进行实证检验。研究表明政府支持对上市公司 ESG 表现与股票流动性之间的关系会产生正向调节作用，当政府支持力度越大时，上市公司的 ESG 表现对股票流动性的正向影响就越强，说明了上市公司 ESG 表现对股票流动性的提升作用可以通过政府支持等手段予以加强。

第7章

拓展性分析

本章主要进一步探究以下问题：第一，上市公司 ESG 表现提高股票流动性对企业价值的影响；第二，对比不同行业的上市公司 ESG 表现对股票流动性的影响；第三，对比外部制度压力对不同行业的上市公司 ESG 表现与股票流动性关系的影响。第四，对比国有企业和非国有企业的 ESG 表现对股票流动性的影响；第五，对比政府支持对不同所有制企业 ESG 表现与股票流动性关系的影响。本章选择 2009～2021 年全部 A 股上市公司为初始样本进行实证检验。

7.1

上市公司 ESG 表现提高股票流动性对企业价值的影响

本书已探讨了上市公司 ESG 表现对提高股票流动性的正向作用，但既有研究对股票流动性水平的提高是否对上市公司的长期发展具有积极作用持不同观点。从股票流动性的积极作用方面看，股票流动性是资本市场成熟度的体现（田昆儒和王晓亮，2013）。股票流动性水平的提高会对融资效率、现金持有价值、商业信用融资规模、全要素生产率、国有企业的绩效等方面发挥积极作用（闫红蕾和赵胜民，2018；杨兴全等，2021；李良等，2022；史永东和王超，2021；温军和冯根福，2021）。从股票流动性的负面影响看，股票流动性的提高会助长管理层的功利性行为，不利于上市公司的可持续发展（Fang et al.，2014；冯根福等，2017）。因此，为了明确 ESG 表现提高股票流动性对上市公司长期发展的积极意义，本书进一步验证由 ESG 表现引起的股票流动性的提高是否有助于提升企业价值，以实现上市公司的可持续发展。结果如表 7 - 1 所示。

表 7 − 1 　　　　上市公司 ESG 表现提高股票流动性对企业价值的影响

变量	(1)	(2)	(3)	(4)	(5)	(6)
	LIQ	TobinQ	TobinQ	LIQ	TobinQ	TobinQ
ESG	0.046 *** (10.859)	0.044 *** (7.538)	0.017 *** (3.212)			
LIQ			0.582 *** (46.206)			0.626 *** (44.414)
L1. ESG				0.036 *** (7.334)	0.052 *** (7.621)	0.030 *** (4.823)
Age	− 0.040 *** (− 2.706)	0.023 (1.025)	0.046 ** (2.233)	− 0.042 ** (− 2.376)	− 0.022 (− 0.818)	0.004 (0.161)
Size	0.540 *** (114.855)	− 0.384 *** (− 52.156)	− 0.698 *** (− 70.016)	0.557 *** (103.002)	− 0.394 *** (− 45.835)	− 0.742 *** (− 64.564)
SD	− 0.008 *** (− 22.064)	− 0.005 *** (− 8.581)	0.000 (0.341)	− 0.009 *** (− 22.347)	− 0.004 *** (− 6.685)	0.002 *** (2.981)
Cash	0.895 *** (22.125)	1.671 *** (22.502)	1.151 *** (16.458)	0.970 *** (20.130)	1.776 *** (19.613)	1.169 *** (13.727)
ROE	0.824 *** (22.587)	1.090 *** (18.290)	0.610 *** (11.355)	0.915 *** (21.801)	1.325 *** (20.941)	0.752 *** (13.702)
BM	− 1.315 *** (− 39.868)	− 4.176 *** (− 67.961)	− 3.411 *** (− 65.789)	− 1.403 *** (− 36.146)	− 4.274 *** (− 58.465)	− 3.396 *** (− 56.118)
Dual	0.023 ** (2.372)	0.038 ** (2.523)	0.024 * (1.765)	0.019 * (1.646)	0.055 *** (3.124)	0.044 *** (2.727)
Audit	0.058 ** (2.025)	0.268 *** (5.114)	0.234 *** (4.825)	0.003 (0.084)	0.158 *** (2.979)	0.156 *** (3.255)
Stdret	0.594 *** (18.038)	0.381 *** (7.806)	0.035 (0.734)	0.652 *** (17.774)	0.393 *** (7.049)	− 0.015 (− 0.279)
Return	− 0.203 *** (− 15.905)	0.252 *** (11.008)	0.369 *** (17.289)	− 0.201 *** (− 13.891)	0.264 *** (9.856)	0.389 *** (15.751)
Inshold	− 0.273 *** (− 12.090)	0.661 *** (18.523)	0.820 *** (24.422)	− 0.283 *** (− 10.420)	0.725 *** (16.380)	0.903 *** (22.092)

变量	(1)	(2)	(3)	(4)	(5)	(6)
	LIQ	TobinQ	TobinQ	LIQ	TobinQ	TobinQ
Constant	-7.883*** (-68.960)	10.571*** (60.251)	15.157*** (77.415)	-7.975*** (-60.705)	11.256*** (54.575)	16.245*** (71.755)
N	18 531	18 531	18 531	13 746	13 746	13 746
Year	控制	控制	控制	控制	控制	控制
Industry	控制	控制	控制	控制	控制	控制
R - squared	0.627	0.560	0.632	0.635	0.572	0.650

注：括号内为 t 值。***、** 和 * 分别表示在 1%、5% 和 10% 水平下显著。对标准误进行了 robust 处理。

结果显示，如表 7 - 1 列（1）所示，上市公司 ESG 表现与股票流动性之间存在显著的正相关关系，回归系数为 0.046，t 值为 10.859，且通过了 1% 的统计显著检验。在模型（2）的基础上加入股票流动性（LIQ）变量后，得到模型（3），结果显示上市公司 ESG 表现（ESG）对提高企业价值的影响系数显著下降，同时 t 值也明显降低。表 7 - 1 列（4）至列（6）中将上市公司 ESG 表现（ESG）做了滞后一期处理，列（4）结果显示，上市公司滞后一期的 ESG 表现（L1. ESG）与股票流动性之间存在显著的正相关关系，回归系数为 0.036，t 值为 7.334，且通过了 1% 的统计显著检验。在模型（5）的基础上加入股票流动性（LIQ）变量后，得到模型（6），结果显示上市公司滞后一期的 ESG 表现（L1. ESG）对提高企业价值的影响系数显著下降，同时 t 值也明显降低。由此说明，上市公司 ESG 表现提高股票流动性有助于提升企业价值，对推动上市公司的可持续发展具有积极作用。

7.2
基于行业类型的异质性分析

7.2.1　不同行业上市公司 ESG 表现对股票流动性的影响

随着"碳达峰碳中和"等可持续发展理念的提出，利益相关者越来越重视上市公司在 ESG 方面的表现，尤其对重污染倾向行业更为如此（王凯等，2023；李百兴等，2018）。在此背景下，环境保护、社会责任等话题成为利益相关者评判上市公司是否具有长期发展潜力以及具备投资价值的标准之一。基于此，本部分将行业分为重污染倾向行业和非重污染倾向行业，并对两类行业的上市公司进行分组回归及组间均值差异检验，以进一步探讨不同行业的上市公司 ESG 表现对股票流动性的影响是否具有差异。本书按照证监会发布的《上市公司行业分类指引》（2012 年修订），将 B06、B07、B08、B09、B10、C15、C17、C18、C19、C22、C25、C26、C27、C28、C29、C30、C31、C32、D44 列为重污染倾向行业（Zhou et al.，2021），且赋值为 1，否则为 0。结果如表 7 - 2 所示。

表 7 - 2　　　　　不同行业上市公司 ESG 表现对股票流动性影响对比

变量	(1)	(2) 重污染行业	(3) 非重污染行业
	LIQ	LIQ	LIQ
ESG	0.033 *** (8.482)	0.050 *** (7.583)	0.018 *** (3.716)
PollutionIndustry	0.008 (0.795)		
ESG × PollutionIndustry	0.037 *** (4.861)		
Age	− 0.046 *** (− 3.366)	− 0.043 (− 1.595)	− 0.184 *** (− 10.600)
Size	0.647 *** (136.671)	0.634 *** (80.420)	0.624 *** (112.644)
SD	− 0.007 *** (− 20.026)	− 0.008 *** (− 13.051)	− 0.008 *** (− 18.327)
Cash	0.436 *** (11.066)	0.565 *** (7.832)	0.459 *** (9.786)
ROE	0.523 *** (16.211)	0.913 *** (15.697)	0.328 *** (8.833)
BM	− 0.158 *** (− 4.398)	− 0.067 (− 1.090)	0.028 (0.643)
Dual	0.013 (1.438)	− 0.009 (− 0.554)	0.041 *** (3.608)

续表

变量	(1)	(2)	(3)
		重污染行业	非重污染行业
	LIQ	LIQ	LIQ
Audit	−0.020 (−0.760)	0.113** (2.345)	−0.099*** (−3.116)
Stdret	0.486*** (15.675)	0.578*** (12.236)	0.474*** (14.302)
Return	−0.273*** (−23.085)	−0.279*** (−14.798)	−0.269*** (−19.215)
Inshold	−0.459*** (−21.608)	−0.469*** (−11.784)	−0.507*** (−18.521)
TobinQ	0.278*** (44.408)	0.280*** (34.132)	0.317*** (54.364)
Constant	−10.828*** (−90.929)	−11.042*** (−58.290)	−10.368*** (−76.234)
N	18 531	5 917	12 614
Year	控制	控制	控制
Industry	控制	不控制	不控制
R−squared	0.688	0.688	0.653
Prob > chi2		0.000	

注：括号内为 t 值。***、**和*分别表示在 1%、5% 和 10% 水平下显著。对标准误进行了 robust 处理。

结果显示，如表 7-2 列（1）所示重污染倾向行业的上市公司 ESG 表现对提高股票流动性的作用更强。表 7-2 中列（2）和列（3）对重污染倾向行业和非重污染倾向行业的上市公司进行了组间均值差异检验，结果显示，重污染倾向行业与非重污染倾向行业的上市公司 ESG 表现与股票流动性之间均存在显著的正相关关系，回归系数分别为 0.050 和 0.018，t 值分别为 7.583 和 3.716，且均通过了 1% 的统计显著检验，但组间存在显著差异。由此说明，重污染倾向行业的上市公司更愿意通过改善 ESG 方面的表现以应对来自利益相关者的压力。因此，重污染倾向行业的上市公司 ESG 表现对提高股票流动性水平的正向影响要大于非重污染倾向行业的上市公司。

7.2.2　外部制度压力对不同行业上市公司 ESG 表现与股票流动性关系的影响

由上文检验可知，重污染倾向行业的上市公司 ESG 表现对提高股票流动性的正向影响要大于非重污染倾向行业的上市公司。ESG 作为资本市场上的积极信号，重污染倾向行业的上市公司通过良好的 ESG 表现向外部投资者释放其在环境保护和社会责任方面积极投入的相关信息，一方面可以展现其具有可持续发展的理念，另一方面从绿色转型等方面的投入可以向外部投资者传递其具有较为雄厚的经济实力等信息（Ma et al.，2022；Sandberg et al.，2022；Reber et al.，2021）。证券分析师在资本市场上扮演"监管者"的角色并充当"信号"传递的中介，因此，在证券分析师的外部制度压力下能够促使上市公司加大对 ESG 的投入以获得利益相关者的支持，同时分析师利用其专业性和独立性能够更为全面、真实地对上市公司的信息进行解读，提高上市公司信息披露的质量，加强上市公司与外部投资者之间的联系。因此，外部制度压力对重污染倾向行业的上市公司尤为重要，外部制度压力不仅能够推动重污染倾向行业的上市公司积极践行 ESG，同时也能够提高重污染倾向行业上市公司在 ESG 相关信息披露方面的真实性，避免"漂绿"行为的发生，有利于提高对投资者的保护水平（胡楠等，2021）。基于此，本部分针对全部 A 股上市公司，将重污染倾向行业上市公司（Pollution = 1）和非重污染倾向行业上市公司（Pollution = 0）进行分组回归及组间均值差异检验，结果如表 7 - 3 所示。

表 7 - 3　　外部制度压力对不同行业上市公司 ESG 表现与股票流动性关系的影响对比

变量	(1) Pollution = 1 LIQ	(2) Pollution = 0 LIQ	(3) Pollution = 1 LIQ	(4) Pollution = 0 LIQ
ESG	0. 032 *** (5. 066)	0. 005 (1. 193)	0. 025 *** (3. 847)	− 0. 003 (− 0. 646)
Analyst	0. 136 *** (17. 658)	0. 164 *** (31. 897)	0. 155 *** (19. 844)	0. 187 *** (36. 718)
ESG × Analyst	0. 019 *** (3. 791)	0. 010 *** (2. 898)	0. 023 *** (4. 445)	0. 011 *** (3. 093)

续表

变量	(1)	(2)	(3)	(4)
	Pollution = 1	Pollution = 0	Pollution = 1	Pollution = 0
	LIQ	LIQ	LIQ	LIQ
Age	0.083 ***	0.023	0.053 **	−0.048 ***
	(3.153)	(1.369)	(1.974)	(−2.818)
Size	0.562 ***	0.556 ***	0.546 ***	0.525 ***
	(64.432)	(93.051)	(62.751)	(88.983)
SD	−0.007 ***	−0.005 ***	−0.007 ***	−0.006 ***
	(−13.043)	(−13.585)	(−12.579)	(−15.565)
Cash	0.374 ***	0.296 ***	0.436 ***	0.324 ***
	(5.462)	(6.632)	(6.231)	(7.268)
ROE	0.616 ***	0.123 ***	0.619 ***	0.062 *
	(10.775)	(3.487)	(10.587)	(1.709)
BM	−0.096 *	−0.114 ***	−0.019	0.072 *
	(−1.647)	(−2.772)	(−0.329)	(1.769)
Dual	−0.044 ***	0.001	−0.039 **	0.010
	(−2.704)	(0.119)	(−2.391)	(0.894)
Audit	0.071	−0.066 **	0.096 **	−0.085 ***
	(1.543)	(−2.230)	(2.043)	(−2.788)
Stdret	0.551 ***	0.427 ***	0.566 ***	0.469 ***
	(12.350)	(13.915)	(12.395)	(14.900)
Return	−0.280 ***	−0.275 ***	−0.283 ***	−0.270 ***
	(−15.737)	(−21.307)	(−15.528)	(−20.323)
Inshold	−0.427 ***	−0.498 ***	−0.456 ***	−0.532 ***
	(−11.344)	(−19.498)	(−11.875)	(−20.479)
TobinQ	0.230 ***	0.240 ***	0.237 ***	0.263 ***
	(28.670)	(42.255)	(28.933)	(45.821)
Constant	−9.587 ***	−9.099 ***	−9.446 ***	−8.686 ***
	(−46.465)	(−64.308)	(−47.579)	(−63.443)
N	5 917	12 614	5 917	12 614

变量	(1)	(2)	(3)	(4)
	Pollution = 1	Pollution = 0	Pollution = 1	Pollution = 0
	LIQ	LIQ	LIQ	LIQ
Year	控制	控制	控制	控制
Industry	控制	控制	不控制	不控制
R – squared	0.722	0.708	0.709	0.688
Prob > chi2			0.064	

注：括号内为 t 值。***、** 和 * 分别表示在 1%、5% 和 10% 水平下显著。对标准误进行了 robust 处理。

结果显示，表 7 – 3 中列（1）和列（2）是在控制了时间（Year）、行业（Industry）及所有控制变量情况下进行的分样本检验，列（1）中重污染倾向行业上市公司 ESG 表现（ESG）与证券分析师关注度（Analyst）的交乘项系数为 0.019，t 值为 3.791，且通过了 1% 的统计显著检验；列（2）中非重污染倾向行业上市公司 ESG 表现（ESG）与证券分析师关注度（Analyst）的交乘项系数为 0.010，t 值为 2.898，且通过了 1% 的统计显著检验。表 7 – 3 中列（1）和列（2）的结果表明，外部制度压力对重污染倾向行业和非重污染倾向行业的上市公司 ESG 表现与股票流动性之间的关系均具有正向影响，但对重污染倾向行业的上市公司的影响效果略强。表 7 – 3 中列（3）和列（4）在没有控制行业（Industry）的情况下进行了分样本检验，同时进行了组间均值差异检验。结果表明，外部制度压力均会正向调节重污染倾向行业和非重污染倾向行业的上市公司 ESG 表现与股票流动性之间的关系，且组间存在显著差异。由此表明，外部制度压力对重污染倾向行业上市公司 ESG 表现与股票流动性之间的正向关系具有更强的加强作用。

7.3

基于产权性质的异质性分析

7.3.1　国有企业与非国有企业 ESG 表现对股票流动性的影响

上市公司 ESG 表现对股票流动性的影响存在着企业性质间的差异。ESG 作为衡量上市公司非财务绩效的指标并不会直接为上市公司带来经济效益，因而需要制度压力对上市公司施加影响。国有企业肩负着经济效益和社会效益双重任务，也更容易获得财政方面的政策倾斜，因而其在履行社会责任和义务方面具有更强的意愿（肖红军和阳镇，2018）。再者，由于大股东一般更注重上市公司的可持续发展（Edmans and Manso，2011），因此股权集中的特点能够让国有企业具有长期的投资视野，推动其积极开展 ESG 的相关活动。然而，相对于国有企业，非国有企业经营发展的首要目标是实现经济利益最大化，因而在 ESG 的行动意愿和付出程度方面相对较为薄弱。基于此，本书进一步探讨国有企业与非国有企业在 ESG 表现提高股票流动性方面的差异性。本书将上市公司分为国有企业（Soe = 1）和非国有企业（Soe = 0）进行分组回归及组间均值差异检验，结果如表 7 - 4 所示。

表 7 - 4　　　　国有企业和非国有企业 ESG 表现对股票流动性影响对比

变量	(1) LIQ	(2) 国有企业 LIQ	(3) 非国有企业 LIQ
ESG	0.034 *** (8.714)	0.063 *** (9.182)	0.024 *** (5.346)
Soe	0.011 (1.094)		
ESG × Soe	0.021 ** (2.565)		
Age	- 0.049 *** (- 3.530)	- 0.052 * (- 1.827)	- 0.056 *** (- 3.425)
Size	0.646 *** (135.988)	0.624 *** (82.025)	0.676 *** (121.977)
SD	- 0.007 *** (- 20.114)	- 0.004 *** (- 5.852)	- 0.007 *** (- 18.159)
Cash	0.426 *** (10.847)	0.464 *** (6.541)	0.459 *** (10.207)
ROE	0.525 *** (16.191)	0.825 *** (14.619)	0.386 *** (11.095)
BM	- 0.150 *** (- 4.202)	0.261 *** (4.573)	- 0.423 *** (- 9.836)

续表

变量	(1)	(2)	(3)
	LIQ	国有企业	非国有企业
		LIQ	LIQ
Dual	0.015 (1.640)	− 0.016 (− 0.768)	0.021 ** (2.089)
Audit	− 0.019 (− 0.699)	0.154 *** (2.712)	− 0.104 *** (− 3.755)
Stdret	0.488 *** (15.736)	0.590 *** (12.836)	0.414 *** (13.410)
Return	− 0.272 *** (− 23.029)	− 0.300 *** (− 14.289)	− 0.265 *** (− 21.663)
Inshold	− 0.463 *** (− 21.363)	− 0.802 *** (− 14.925)	− 0.430 *** (− 18.014)
TobinQ	0.279 *** (44.487)	0.354 *** (40.102)	0.246 *** (45.643)
Constant	− 10.799 *** (− 90.380)	− 10.672 *** (− 56.035)	− 11.253 *** (− 78.747)
N	18 531	6 588	11 943
Year	控制	控制	控制
Industry	控制	控制	控制
R − squared	0.688	0.679	0.711
Prob > chi2		0.000	

注:括号内为 t 值。*** 、** 和 * 分别表示在 1%、5% 和 10% 水平下显著。对标准误进行了 robust 处理。

结果显示,如表 7 - 4 列 (1) 所示,国有企业 ESG 表现对提高股票流动性水平具有更强的作用。表 7 - 4 中列 (2) 和列 (3) 对国有企业和非国有企业进行了组间均值差异检验,结果显示,国有企业与非国有企业 ESG 表现与股票流动性之间均存在显著的正相关关系,回归系数分别为 0.063 和 0.024,t 值分别为 9.182 和 5.346,且均通过了 1% 的统计显著检验,但组间存在显著差异。由此说明,在我国制度背景下,国有企业的特殊属性决定了其会受到制度压力的影响,进而有利于推动国有企业更好地践行 ESG。因此,国有企业 ESG 表现对提高股票流动性的作用效果更强（Chen et al., 2018）。

7.3.2 政府支持对不同所有制企业 ESG 表现与股票流动性关系的影响

如上文检验结果可知，国有企业与非国有企业 ESG 表现对股票流动性的正向影响具有差异性。由于国有企业具有政治功能和社会功能，其在承担经济发展重任的同时也要承担公益事业、乡村振兴等社会责任，因而国有企业有更高的内驱力投入到 ESG 实践中，也更容易获得投资者等利益相关者的金融资源。而非国有企业是以追求利润最大化为首要目的的实体经济，其对生态环境的保护、提升社会福利等方面的投入意愿相对较低，需要政府等外部力量加以干预。政府支持作为一项重要的外部力量，其目的是引导和鼓励上市公司加大对 ESG 方面的投入，将可持续发展观融入经营发展过程中以减少上市公司行为的"负外部性"。而在产权性质、政治关联方面的不同会造成不同所有制企业在 ESG 相关方面投入水平的差异（祝继高等，2017；贾明和张喆，2010）。由于中央国有企业肩负着更多有关经济发展与安全的使命，会受到更大的制度压力（吴丹红等，2015），因而会有更高的内驱力投入到 ESG 相关方面。因此，政府支持对不同所有制企业 ESG 表现与股票流动性关系的影响应该存在差异。相较于中央国有企业，政府支持对地方国有企业和非国有企业 ESG 表现提高股票流动性的作用更强（夏芸等，2023）。基于此，本部分针对全部 A 股上市公司，将中央国有企业（SOE =1）、地方国有企业（SOE =2）和非国有企业（SOE =3）进行分组回归及组间均值差异检验，结果如表 7 - 5 所示。

表 7 - 5 政府支持对不同所有制企业 ESG 表现与股票流动性关系的影响对比

变量	(1)	(2)	(3)
	SOE =1	SOE =2	SOE =3
	LIQ	LIQ	LIQ
ESG	0.048 ***	0.047 ***	0.022 ***
	(3.582)	(5.786)	(5.026)
Sub	0.029 **	0.037 ***	0.038 ***
	(2.540)	(5.458)	(8.124)
ESG × Sub	0.008	0.014 ***	0.013 ***
	(1.128)	(3.176)	(4.760)

续表

变量	(1) SOE = 1 LIQ	(2) SOE = 2 LIQ	(3) SOE = 3 LIQ
Age	-0.115 ** (-2.166)	-0.003 (-0.098)	-0.053 *** (-3.226)
Size	0.632 *** (37.877)	0.575 *** (54.989)	0.642 *** (93.757)
SD	-0.001 (-1.286)	-0.004 *** (-5.789)	-0.007 *** (-17.854)
Cash	0.493 *** (4.016)	0.419 *** (4.850)	0.462 *** (10.304)
ROE	1.089 *** (9.382)	0.775 *** (12.226)	0.378 *** (10.899)
BM	0.296 *** (2.835)	0.277 *** (4.127)	-0.397 *** (-9.230)
Dual	0.031 (0.669)	-0.002 (-0.090)	0.020 ** (1.986)
Audit	0.362 *** (2.628)	0.104 * (1.707)	-0.106 *** (-3.821)
Stdret	0.384 *** (4.522)	0.679 *** (12.661)	0.423 *** (13.727)
Return	-0.294 *** (-7.963)	-0.293 *** (-11.673)	-0.263 *** (-21.591)
Inshold	-1.505 *** (-14.082)	-0.667 *** (-10.698)	-0.439 *** (-18.425)
TobinQ	0.366 *** (24.627)	0.337 *** (30.677)	0.242 *** (44.861)
Constant	-10.817 *** (-31.906)	-10.299 *** (-44.278)	-11.116 *** (-77.561)
N	2 101	4 487	11 943

续表

变量	(1)	(2)	(3)
	SOE = 1	SOE = 2	SOE = 3
	LIQ	LIQ	LIQ
Year	控制	控制	控制
Industry	控制	不控制	不控制
R - squared	0.709	0.667	0.713
Prob > chi2		0.920	

注：括号内为 t 值。 ***、 ** 和 * 分别表示在 1% 、5% 和 10% 水平下显著。对标准误进行了 robust
处理。

结果显示，表 7 - 5 中列（1）为政府支持对中央国有企业 ESG 表现与股票流动性关系的影响结果，中央国有企业 ESG 表现与政府支持的交乘项（ESG × Sub）系数为 0.008，未通过 10% 的统计显著检验。因此，政府支持对中央国有企业 ESG 表现与股票流动性之间关系的影响不显著。表 7 - 5 中列（2）和列（3）分别为政府支持对地方国有企业 ESG 表现和非国有企业 ESG 表现与股票流动性关系的影响结果，地方国有企业 ESG 表现与政府支持的交乘项（ESG × Sub）系数为 0.014，t 值为 3.176，且通过了 1% 的统计显著检验；非国有企业 ESG 表现与政府支持的交乘项（ESG × Sub）系数为 0.013，t 值为 4.760，且通过了 1% 的统计显著检验。因此，政府支持会正向调节地方国有企业和非国有企业 ESG 表现与股票流动性之间的关系，且组间不存在显著差异。由此表明，政府支持均会加强地方国有企业和非国有企业 ESG 表现与股票流动性之间的正向关系，但对中央国有企业 ESG 表现与股票流动性之间关系的影响不显著。检验结果可能有以下两方面原因。一方面，相较于地方国有企业和非国有企业，中央国有企业会受到更为严格的制度性约束，需要在减排降耗、缓解就业压力、增加社会福利、反腐败、风险管控等方面承担更多的责任，因而存在较大的需求规模问题，削弱了中央国有企业对政府支持的反应敏感度（肖兴志等，2013）。另一方面，外部投资者等利益相关者对中央国有企业、地方国有企业和非国有企业所应承担的 ESG 责任存在期望差异，因而政府支持对中央国有企业承担 ESG 责任的刺激作用较小。而地方国有企业较中央国有企业而言，其距离权力中心较远，因而其在相关政策、制度方面的执行不仅面临较大困难而且执行力度也相对较弱。因此，地方国有企业和非国有企业更可能将政府支持作为提升其声誉的信号传递工具以获取更多的政治关联、投资者的支持等资源。综合来看，政府支持对地方国有企业和非国有企业 ESG 表现与股票流动性之间正向关系的刺激作用更强。

7.4

本章小结

本章基于 2009~2021 年 A 股上市公司数据，验证了上市公司 ESG 表现提高股票流动性对企业价值的影响，明确了 ESG 表现提高上市公司在资本市场中表现的积极意义。基于行业类型和产权性质深入探讨上市公司 ESG 表现对股票流动性影响的异质性。实证结果表明：（1）上市公司 ESG 表现提高股票流动性有助于提升企业价值。（2）重污染倾向行业和非重污染倾向行业上市公司 ESG 表现对提高股票流动性水平存在差异，重污染倾向行业上市公司 ESG 表现提高股票流动性水平的效果更强。（3）外部制度压力均会正向调节重污染倾向行业和非重污染倾向行业上市公司 ESG 表现与股票流动性之间的关系，但两者之间存在显著差异，外部制度压力对重污染倾向行业上市公司 ESG 表现与股票流动性关系的正向影响更强。（4）国有企业和非国有企业 ESG 表现对提高股票流动性水平存在差异，国有企业 ESG 表现提高股票流动性的效果更强。（5）政府支持均会正向调节地方国有企业和非国有企业 ESG 表现与股票流动性的关系，但对中央国有企业 ESG 表现与股票流动性之间关系的影响不显著。基于以上实证结果，上市公司 ESG 表现提高股票流动性是上市公司实现可持续发展的重要路径，需要发挥 ESG 在资本市场中的作用。上市公司 ESG 表现提高股票流动性水平的效果存在行业类型和产权性质方面的差异，在一定程度上说明了我国上市公司对 ESG 相关方面的实践是基于对制度压力和利益相关者期望的回应（肖红军和阳镇，2018；贾兴平和刘益，2014）。外部制度压力和政府支持两类外部力量需要根据行业类型与产权性质有针对性地进行监管和引导，以实现资源的有效配置。

第 *8* 章

研究结论、政策建议与研究展望

本章对第 4 章至第 7 章的实证检验结果进行归纳、分析和总结以形成本书的研究结论，并为改善上市公司 ESG 表现进而提高股票流动性水平提出相关的政策建议。最后指出本书的研究局限，并明确未来进一步的研究方向。

8.1

研究结论

ESG 是实现可持续发展的重要抓手和具体的行动框架。上市公司作为重要的市场主体，其在经济社会发展过程中具有"牵一发而动全身"的影响力，因而上市公司的行为对资本市场的发展具有重要影响。上市公司的经营决策是以实现利润最大化为目标，在此目标驱动下其行为往往表现为"逐利性"和"自利性"，由此产生的"外部不经济"行为会阻碍上市公司和经济社会的可持续发展。然而，在 ESG 日益成为全球各国、各地区热捧的治理理念的浪潮下，不应该仅停留在传统的企业社会责任（CSR）的认知范围内考虑上市公司的行为与资本市场之间的关系等问题，而是应该从 ESG 这一新的视角来认识上市公司的 ESG 表现在促进资本市场的稳定与发展中所发挥的作用，着重思考如何将上市公司的行为与资本市场紧密结合以推动可持续发展。本书在既有研究的基础上，分析了 ESG 与股票流动性之间的关系，并构建了上市公司 ESG 表现对股票流动性影响的理论框架，在此基础上进行了实证检验。实证研究设计分为四个部分，得出的研究结论如下。

1. 上市公司 ESG 表现对股票流动性的影响

第一部分探究上市公司 ESG 表现对股票流动性的影响。该部分在明确 ESG 和股票流动性的定义及测度的基础上，对上市公司 ESG 表现与股票流动性之间的关系进行实证检验。得出如下结论。

（1）上市公司 ESG 表现与股票流动性之间存在显著的正相关关系，验证了假设 H_1，即上市公司 ESG 表现对股票流动性有正向影响。上市公司的 ESG 表现有助于提高股票流动性水平，ESG 表现越好则股票流动性越高。经过一系列稳健性检验后，研究结果依然稳健。

（2）进一步检验中发现，上市公司在环境（E）、社会（S）和治理（G）三方面的优异表现均有助于提高股票流动性水平，即上市公司 ESG 表现对股票流动性的正向影响是由 ESG 各维度共同作用的结果，进一步验证了上市公司 ESG 表现对股票流动性影响研究的实质性意义。

结果表明，ESG 作为一种非财务指标对上市公司的经营发展及其在资本市场中的"稳中求进"具有重要意义。一方面，上市公司将 ESG 融入经营发展的过程中是一种回应制度压力要求而作出的企业行为，上市公司遵循 ESG 框架有针对性地履行 ESG 责任，有利于减少上市公司的"外部不经济"行为，进而有助于推动资本市场的稳定发展。另一方面，上市公司在 ESG 方面的投入在促使其提高披露意愿的同时也向外界传递了上市公司"利他"的向善行为，是向市场传递利好信号的重要表现形式。这不仅能够让外部投资者掌握更多的相关信息以作出合理的投资决策，同时也有利于提高外部投资者对上市公司的信任，有助于上市公司获得相应的支持和资源。因此，上市公司在 ESG 方面的表现越好，有利于其获取相应资源以支持其实现可持续发展，同时也有利于将资本市场上的金融资源引入资质良好、具有发展潜力和前景的上市公司中，进而推动上市公司与资本市场的良性互动。

2. 上市公司 ESG 表现对股票流动性影响的中介机制分析

第二部分从信息传导机制、风险规避机制和利益相关者支持机制为视角，检验上市公司 ESG 表现对股票流动性影响的中介机制。得出如下结论。

（1）信息透明度在上市公司 ESG 表现与股票流动性水平之间起到中介作用。上市公司 ESG 表现与信息透明度之间存在显著的正相关关系，在加入信息透明度变量后，上市公司当期 ESG 表现及滞后 1~2 期的 ESG 表现对股票流动性的影响系数均下降，且 t 值也变小，验证了信息透明度在上市公司 ESG 表现与股票流动性水平之间发挥了部分中介作用，验证了假设 H_2。此结果证明了上市公司良好的 ESG 表现有助于提高信息透明度进而提高股票流动性水平。良好的 ESG 表现不仅能够展现上市公司的实力和"负责任"的企业形象，同时也是上市公司在 ESG 管理体系建设方面的重要体现，因而上市公司在 ESG 方面表现越好则越有意愿向外界充分展示其在 ESG 方面的贡献，进而推动信息披露质量的提升，提高了信息透明度。信息透明度的提高有助于缓解上市公司与外部投资者之间信息不对称的问题，使得外部投资者更加全面、准确地掌握上市公司的相关信息，进而增进对上市公司的了解和信心，有助于增加上市公司在股票市场上的交易量，进而提高股票流动性水平。

（2）企业风险在上市公司 ESG 表现与股票流动性水平之间起到中介作用。

上市公司 ESG 表现与企业风险之间存在显著的负相关关系，在加入企业风险变量后，上市公司当期 ESG 表现及滞后 1 ~ 2 期的 ESG 表现对股票流动性的影响系数均下降，且 t 值也变小，验证了企业风险在上市公司 ESG 表现与股票流动性水平之间发挥了部分中介作用，验证了假设 H_3。此结果证明了上市公司良好的 ESG 表现有助于降低企业风险进而提高股票流动性水平。一方面，ESG 是与可持续发展同频的行动框架，ESG 作为一种规范上市公司行为的制度压力，上市公司对 ESG 理念的积极响应和践行能为其获取"合法性"地位。在 ESG 框架的指引下上市公司从环境（E）、社会（S）和治理（G）三个维度全方位设定非财务目标，在经营决策中更倾向于作出有利于经济社会可持续发展的行动安排，避免产生"外部不经济"行为。因而，良好的 ESG 表现能够有效减少外界对上市公司的负面评价以及由此带来的诉讼风险和经济损失。特别是在金融危机等外部不利环境的冲击下，良好的 ESG 表现可以提高上市公司应对风险的能力和韧性，进而提高上市公司在资本市场中的表现。

（3）利益相关者支持在上市公司 ESG 表现与股票流动性水平之间起到中介作用。上市公司 ESG 表现与利益相关者支持之间存在显著的正相关关系，在加入利益相关者支持变量后，上市公司当期 ESG 表现及滞后 1 ~ 2 期的 ESG 表现对股票流动性的影响系数均下降，且 t 值也变小，验证了利益相关者支持在上市公司 ESG 表现与股票流动性水平之间发挥了部分中介作用，验证了假设 H_4。此结果证明了上市公司良好的 ESG 表现有利于其获得利益相关者的支持进而提高股票流动性水平。上市公司良好的 ESG 表现是其应对外部环境需求的有效方式，能够向外界展现一个"负责任"的企业形象以获取外部投资者的投资信任。与此同时，由于 ESG 涵盖了环境（E）、社会（S）和治理（G）各方面的责任和要求，因而 ESG 的实践有利于上市公司能够满足不同环境和发展阶段的利益相关者需求，进而扩大了获取资源的渠道和范围。因此，上市公司良好的 ESG 表现所形成的无形力量会增加上市公司在股票市场上的投资者数量和交易量，进而提高股票流动性水平。

3. 上市公司 ESG 表现对股票流动性影响的调节效应分析

第三部分将外部影响因素作为调节变量分析上市公司 ESG 表现对股票流动性的影响，以期完善两者之间的内在机理。根据 ESG 生态系统观点，ESG 实践需要在政府、上市公司、评价机构、投资者等主体的共同作用下才能得以实现。因此，上市公司 ESG 表现在资本市场上发挥正向作用需要外部制度压力加以约束以及政府支持的引导才能促使上市公司在此过程中不断地修正和规范自身行为，进而推动上市公司与资本市场的良性互动。得出如下结论。

（1）外部制度压力在上市公司 ESG 表现与股票流动性关系中发挥正向调节

的作用。具体而言，上市公司的 ESG 实践难以直接对经济效益产生影响，但随着 ESG 理念在资本市场上的兴起以及 ESG 披露框架等机制的逐渐健全和完善，外部投资者在投资决策中会将 ESG 因素考虑在内以综合评估上市公司的整体情况。在资本市场上，证券分析师作为上市公司与投资者之间信息传递的桥梁，证券分析师可以利用其专业性和独立性对上市公司施加压力，促使上市公司改善 ESG 表现、提高信息透明度，为外部投资者提供更为准确和专业的信息，以增强上市公司与外部投资者之间的联系。因此，证券分析师对上市公司的关注度越高，上市公司 ESG 表现对提高股票流动性的作用就越强。

（2）政府支持在上市公司 ESG 表现与股票流动性关系中发挥正向调节的作用。一方面，政府通过政府补贴等形式对上市公司提供资源支持能够有效发挥"有形之手"的调控作用。另一方面，政府支持在资本市场上能够发挥"认证效应"的作用，在引导上市公司践行 ESG 的同时也向市场传递利好信号，有助于将资金引入到在 ESG 方面表现良好且具有发展前景的上市公司中。因此，政府支持力度越大，上市公司 ESG 表现对提高股票流动性的作用就越强。

4. 拓展性分析

第四部分在第 4 章至第 6 章的基础上进行了拓展性分析，主要对三个问题进行探讨，得出如下结论。

（1）上市公司 ESG 表现提高股票流动性有助于提升企业价值，对推动上市公司的可持续发展具有积极作用。结果表明，良好的 ESG 表现是上市公司实现可持续发展的重要路径。

（2）相较于非重污染倾向行业上市公司，重污染倾向行业上市公司 ESG 表现对提高股票流动性的正向影响更强，且外部制度压力对重污染倾向行业上市公司 ESG 表现与股票流动性之间的正向关系具有更强的加强作用。因此，外部制度压力等监管措施应该根据不同的行业有针对性地予以实施。

（3）相较于非国有企业，国有企业 ESG 表现对提高股票流动性的正向影响更强，说明制度压力对 ESG 的实践具有重要作用。相较于中央国有企业，政府支持对地方国有企业和非国有企业 ESG 表现与股票流动性之间正向关系的刺激作用更强，在一定程度上说明了应该加强对地方国有企业和非国有企业在改善 ESG 方面的引导，并有针对性地提供相应的政府支持。

8.2

政策建议

针对本书的实证结果，提出以下几点政策建议：

1. 构建 ESG 披露体系，全面提升 ESG 披露水平

ESG 制度化建设与治理机制的强化是上市公司高质量发展的"基础桩"，ESG 不仅要做出成效，更重要的是需要体现 ESG 对上市公司的附加价值和意义，使得上市公司通过 ESG 实现与外部环境的良性互动和资源交换，最终实现可持续发展。因此，提升上市公司 ESG 信息的披露质量和水平对上市公司的发展至关重要。提升上市公司 ESG 信息披露质量、提高信息透明度是让外部投资者更加及时、全面了解其内在价值的重要路径，也是保护投资者权益的重要保障。对于上市公司而言，良好的 ESG 制度化建设和完善的 ESG 治理机制不仅能提高向外界展示公司价值的意愿，同时将多维度和高质量的非财务信息向外界传递有助于提高信息透明度。为此，政府相关部门应着手构建 ESG 披露体系，逐步完善 ESG 的相关披露准则，规范上市公司 ESG 信息披露。

第一，明确 ESG 披露的对标标准。目前我国上市公司 ESG 信息披露没有统一的对标标准，较为常用的是全球可持续报告标准（*GRI Standards*）和香港联合交易所《环境、社会及管治报告指引》，因而国内上市公司 ESG 信息披露报告多以描述式的形式进行呈现，缺乏客观的 ESG 数据供外部利益相关者进行评估。同时，在 ESG 披露报告的风格上也各家"自成一派"，缺乏规范的披露体系和展现形式。因此，政府相关部门应牵头制定 ESG 披露指标体系，根据我国的制度背景和经济、行业发展情况，制定具有中国特色、兼顾经济发展阶段和行业特点的上市公司 ESG 披露标准。具体应包括 ESG 信息披露的格式准则、明确 ESG 各维度的下设指标、各指标的衡量依据及测度标准。

第二，全面推进 ESG 信息披露的企业范围。2022 年国务院国资委发布的《提高央企控股上市公司质量工作方案》已经对央企提出强制性的 ESG 信息披露要求。在央企"排头兵"的引领下，我国应逐步全面推进、鼓励所有 A 股上市公司定期进行 ESG 信息披露。在制度压力的推动下，不仅有利于进一步规范上市公司行为、引导上市公司 ESG 实践，与此同时，也能为上市公司适应资本市场的需求以实现自身的可持续发展奠定基础。

第三，设立 ESG 信息披露核准机构等监管部门。当前我国上市公司 ESG 信息披露报告一般由四大会计师事务所对报告进行鉴证，还未有统一的第三方核准机构来审核以保证 ESG 信息披露的质量。因此为了保证 ESG 报告的统一性以及 ESG 报告的整体质量，并为市场和投资者提供更加准确、真实的 ESG 信息以便于进行投资决策，政府等相关部门应着手设立 ESG 信息披露核准机构等监管部门，对 ESG 报告进行评估和监督，防止出现上市公司与第三方审计机构的"合谋"行为，避免向市场提供虚假信息情况的发生，这对保护投资者、维护资本市场的稳定与发展具有重要意义。因此，全面提升上市公司 ESG 披露水平需要政

府等相关部门从 ESG 披露的底层设计、范围要求和监管底线三方面切入，构建具有中国特色的 ESG 披露和监管体系。

2. 内化 ESG 实践，规划可持续发展路径

第一，ESG 是贯彻新发展理念，落实"双碳"部署以及实现可持续发展的重要抓手，因而上市公司应从战略角度体现对 ESG 理念的政治站位和思想认识。围绕绿色发展、民生福祉、党建引领等国家战略布局制定上市公司的可持续发展路径，搭建 ESG 管理构架。具体可根据组织架构、政策制度、内部控制、信息披露、监督管理等方面进行 ESG 管理体系建设。

第二，ESG 要落到实处，不仅要体现在公司的战略当中，更要落实到具体的经营活动中。上市公司需要制定 ESG 目标并规划具体的行动路径。上市公司应根据行业特点和企业属性制定 ESG 目标，并将实现 ESG 目标的具体工作进行合理的分解和布局。具体而言，有以下几个方面。（1）上市公司根据 ESG 评价体系指引将环境（E）、社会（S）和治理（G）三个维度评价标准细分为三类目标，如环境管理目标、节能和可再生能源应用政策等具体的经营指标，在此基础上建立工作计划并严格执行。（2）上市公司结合自身业务特点及运营模式，将三类 ESG 目标中的关键指标分解到具体业务线中，并形成关键绩效指标，实行定期考核、不定期抽查的制度管理，切实将 ESG 理念与经营框架相融合。（3）完善 ESG 内部制度体系，重视公司治理（G）维度的建设。建立 ESG 管理专项部门，统筹 ESG 目标的制定、制定 ESG 风险预警机制、协调 ESG 计划的实施、监督 ESG 项目的落实。在上市公司内部 ESG 战略委员会或审计风险委员会的统筹指导下，由上至下形成各部门间的 ESG 执行权力制衡和监督机制，防止 ESG 风险对上市公司造成的不可逆转的损失，保障 ESG 相关活动的正常运行。此外，上市公司需要制定内部员工 ESG 专题相关培训，提升 ESG 相关业务水平，构建深度参与、横向协调、纵向联动的 ESG 管理体系，全方位提升 ESG 表现。

第三，加强监督制衡机制，持续完善 ESG 的激励体系。（1）加强外部制度压力对上市公司行为的监管作用。首先，在构建 ESG 披露体系基础上，要充分发挥证券分析师等外部治理主体所具备的专业性、独立性等优势对上市公司形成的监管及制衡力量。通过对标 ESG 相关标准，深入挖掘和分析上市公司在环境（E）、社会（S）和治理（G）各维度的非财务信息，识别上市公司 ESG 风险、防止"漂绿"行为的发生，进而降低外部投资者投资风险，提升 ESG 投资价值。其次，针对行业类型，证券分析师应重点审查重污染倾向行业上市公司的 ESG 相关情况，发挥外部监管压力对重污染倾向行业上市公司 ESG 表现与股票流动性正向关系的促进作用。证券分析师利用其专业性向市场和外部投资者充分展示重污染倾向行业上市公司在 ESG 方面的真实信息，不仅有利于密切上市公司与

外部投资者的关系，而且将选择权交给市场的同时有助于倒逼重污染倾向行业上市公司积极践行 ESG，推动 ESG 表现的提升。（2）充分发挥政府支持对上市公司行为的引导作用。一是，政府相关部门应利用政府补贴等经济手段干预上市公司的生产经营活动，设立 ESG 专项补贴，提升 ESG 的战略地位，加大对上市公司 ESG 行为的支持力度，为上市公司提供充足的资金保障以进行 ESG 相关活动，进而引导和激励上市公司加大对 ESG 的投入并提高 ESG 表现。二是，根据产权性质、行业特点细化 ESG 专项补贴相关政策和标准。譬如，在 ESG 专项补贴项目的设置方面，政府等相关部门可根据经济发展需求、产权性质及行业特点，在环境（E）、社会（S）和治理（G）三个维度下设立补贴细分项，引导上市公司在所需领域进行投入，实现"精准"引导的财政支持体系。三是，完善 ESG 专项补贴的监管与效果评估机制。落实 ESG 专项补贴的资金去向和使用情况，避免上市公司的"寻租行为"。同时，强化实时跟踪、定期反馈和动态管理的机制建设，评估 ESG 专项补贴的产出效用，及时调整补贴力度和方向，以提高 ESG 专项补贴的资金使用效率。四是，完善上市公司 ESG 表现评价与评估体系，树立行业标杆企业，打造 ESG 转型的示范项目，对 ESG 表现评估优异的上市公司进行财政补贴，增强上市公司践行 ESG 的信心。

8.3

研究展望

本书致力于系统探讨上市公司 ESG 表现对股票流动性的影响及作用机制，从信号传递理论、制度理论和利益相关者理论切入构建了信息传导机制、风险规避机制和利益相关者支持机制，深入探究了上市公司 ESG 表现对股票流动性影响的中介机制。同时，本书遵循 ESG 生态系统观点，选取外部制度压力和政府支持作为调节变量予以分析，分别明确了外部制度压力和政府支持对上市公司 ESG 表现提高股票流动性的作用机理。未来，还可以从以下几个方面进行拓展研究：

第一，构建中国特色的 ESG 指标体系。随着 ESG 渐入主流，已经有越来越多的第三方评级机构建立 ESG 评价与评级体系，对我国上市公司的 ESG 表现进行评价。但是，上市公司的 ESG 评价与评级体系仍缺乏统一的标准和范式，未能很好地向市场传递上市公司的相关信息以及更好地服务资本市场。为了进一步深入研究我国上市公司 ESG 表现与资本市场之间的内在关系与机制，未来应结合我国基本国情、体制特点和战略发展方向构建统一且本土化的 ESG 评价与评级体系并适时进行滚动更新，形成统一且普遍适用的 ESG 评级标准。通过科学确立 ESG 各维度的指标构成、权重及量化指标以明确上市公司 ESG 行为规范，有助于及时、有效、公开、明确地向市场传递上市公司的 ESG 表现等相关信息，为投资者的投资决策提供有力保障，最终实现上市公司与资本市场的良性互动和可持续发展。

第二，本书基于 ESG 系统的 ESG 披露、ESG 评价和 ESG 投资并结合信号传递理论、制度理论和利益相关者理论构建了上市公司 ESG 表现对股票流动性影响的理论框架，在一定程度上打开了上市公司 ESG 表现对股票流动性影响的"黑箱"。然而，上市公司 ESG 表现对提高股票流动性影响的作用机制是复杂的，除了本书选取的较为重要的外部制度压力和政府支持两类外部影响因素外，可能还存在市场开放程度、市场化程度等外部环境因素的影响。此外，ESG 三个维度可能与行业类型等方面存在相互交织的复杂关系。在未来的研究中，可以在此研究基础上进一步细化研究维度，继续挖掘上市公司内外部的环境影响因素，丰富和完善上市公司 ESG 表现对股票流动性影响的深层机制探讨。

第三，本书发现制度压力是推动我国上市公司改善 ESG 表现的重要外部力量，而针对不同类型的制度压力如何提高上市公司的 ESG 表现是未来需要进一步探讨的问题，这对有效推动 ESG 的全面落实及实现绿色、高质量、可持续的发展具有重要意义。

第四，本书现阶段主要针对公司层面和外部环境因素两方面构建了上市公司 ESG 表现对股票流动性影响的理论框架，在未来的研究中将考虑纳入个体层面的影响因素深入挖掘其中的作用机理。譬如，在 ESG 生态系统中个体投资者也是重要的影响因素，因而可以从个体投资者的价值观认知等微观层面进一步探讨其中的作用机理。

主要参考文献

［1］白俊红．中国的政府 R&D 资助有效吗？来自大中型工业企业的经验证据［J］．经济学（季刊），2011（4）．

［2］步丹璐，王晓艳．政府补助、软约束与薪酬差距［J］．南开管理评论，2014（2）．

［3］蔡传里，许家林．上市公司信息透明度对股票流动性的影响——来自深市上市公司 2004~2006 年的经验证据［J］．经济与管理研究，2010（8）．

［4］蔡卫星，高明华．政府支持、制度环境与企业家信心［J］．北京工商大学学报（社会科学版），2013（5）．

［5］操群，许骞．金融"环境、社会和治理"（ESG）体系构建研究［J］．金融监管研究，2019（4）．

［6］陈春春．市场不确定性与股票流动性——基于共性和微观结构的视角［J］．中国经济问题，2018（6）．

［7］陈辉，顾乃康，万小勇．股票流动性、股权分置改革与公司价值［J］．管理科学，2011，24（3）．

［8］陈辉，顾乃康．新三板做市商制度、股票流动性与证券价值［J］．金融研究，2017（4）．

［9］陈辉，吴梦菲．新三板资本市场质量评估与改革政策研究［J］．金融监管研究，2020（2）．

［10］邓柏峻，李仲飞，梁权熙．境外股东持股与股票流动性［J］．金融研究，2016（11）．

［11］翟淑萍，毛文霞，白梦诗．国有上市公司杠杆操纵治理研究——基于党组织治理视角［J］．证券市场导报，2021（11）．

［12］丁攀，李凌，曾建中．主动承担社会与环境责任是否降低了银行风险［J］．金融经济学研究，2022，37（5）．

［13］董小红，刘向强．经济政策不确定性会影响股票流动性吗？——基于中国上市公司的经验证据［J］．商业经济与管理，2020（8）．

［14］方舟，倪玉娟，庄金良．货币政策冲击对股票市场流动性的影响——

基于 Markov 区制转换 VAR 模型的实证研究 [J]. 金融研究, 2011 (7).

[15] 冯根福, 刘虹, 冯照桢, 等. 股票流动性会促进我国企业技术创新吗? [J]. 金融研究, 2017 (3).

[16] 冯丽艳, 肖翔, 程小可. 社会责任对企业风险的影响效应——基于我国经济环境的分析 [J]. 南开管理评论, 2016, 19 (6).

[17] 高宏霞, 孙沛香, 樊学瑞. 科创板上市企业创新信息披露与股票流动性 [J]. 金融与经济, 2022 (11).

[18] 高杰英, 褚冬晓, 廉永辉, 等. ESG 表现能改善企业投资效率吗? [J]. 证券市场导报, 2021 (11).

[19] 官小燕, 刘志彬. 环境信息披露与企业"脱虚向实"——来自制造业重污染上市公司的经验证据 [J]. 软科学, 2022.

[20] 韩琳, 程小可, 李昊洋. 高铁开通对股票流动性的影响 [J]. 金融论坛, 2019, 24 (12).

[21] 何诚颖, 孙永苑, 刘英, 等. 新三板市场交易机制与流动性研究 [J]. 金融监管研究, 2018 (5).

[22] 胡楠, 薛付婧, 王昊楠. 管理者短视主义影响企业长期投资吗?——基于文本分析和机器学习 [J]. 管理世界, 2021, 37 (5).

[23] 胡淑娟, 黄晓莺. 机构投资者关注对股票流动性的影响 [J]. 经济经纬, 2014 (31).

[24] 胡妍, 陈辉, 莫志锴. 新三板挂牌企业退出做市: 影响因素与经济后果 [J]. 财经研究, 2019, 45 (7).

[25] 黄世忠. 支撑 ESG 的三大理论支柱 [J]. 财会月刊, 2021 (19).

[26] 贾明, 张喆. 高管的政治关联影响公司慈善行为吗? [J]. 管理世界, 2010 (4).

[27] 贾兴平, 刘益. 外部环境、内部资源与企业社会责任 [J]. 南开管理评论, 2014, 17 (6).

[28] 金春雨, 张浩博. 货币政策对股票市场流动性影响时变性的计量检验——基于 TVP - VAR 模型的实证分析 [J]. 管理评论, 2016, 28 (3).

[29] 雷倩华, 柳建华, 龚武明. 机构投资者持股与流动性成本——来自中国上市公司的经验证据 [J]. 金融研究, 2012 (7).

[30] 李百兴, 王博, 卿小权. 企业社会责任履行、媒体监督与财务绩效研究——基于 A 股重污染行业的经验数据 [J]. 会计研究, 2018 (7).

[31] 李常青, 刘羽中, 李茂良. 资本结构、产权性质与股票流动性 [J]. 经济管理, 2016 (5).

[32] 李建军，韩珣. 非金融企业影子银行化与经营风险 [J]. 经济研究，2019，54（8）.

[33] 李杰，陈超美. CiteSpace：科技文本挖掘及可视化 [M]. 北京：首都经济贸易大学出版社，2016.

[34] 李金甜，胡聪慧，郑建明. 券商声誉与股票流动性：来自新三板市场的证据 [J]. 管理科学，2020，33（4）.

[35] 李井林，阳镇，易俊玲. ESG表现有助于降低企业债务融资成本吗？——来自上市公司的微观证据 [J]. 企业经济，2023（2）.

[36] 李良，李士玉，朱宏泉. 股票流动性会影响公司商业信用融资吗？——基于A股上市公司的实证研究 [J]. 审计与经济研究，2022，37（6）.

[37] 李沁洋，陈婷. 资本市场开放、分析师关注与股票流动性——基于沪深港通机制的准自然实验 [J]. 金融与经济，2022（12）.

[38] 李姝，肖秋萍. 企业社会责任、投资者行为与股票流动性 [J]. 财经问题研究，2012（3）.

[39] 李顺平，朱顺和. 股票流动性和价格波动的同业溢出效应——基于投资者关注视角的SDM模型实证研究 [J]. 金融发展研究，2023（1）.

[40] 李阳，黄国良. 高管股权激励、大股东控制与股票流动性 [J]. 财会月刊，2016（23）.

[41] 李增福，汤旭东，连玉君. 中国民营企业社会责任背离之谜 [J]. 管理世界，2016（9）.

[42] 李政，杨思莹，路京京. 政府补贴对制造企业全要素生产率的异质性影响 [J]. 经济管理，2019，41（3）.

[43] 连立帅，朱松，陈关亭. 资本市场开放、非财务信息定价与企业投资——基于沪深港通交易制度的经验证据 [J]. 管理世界，2019，35（8）.

[44] 廉永辉，何晓月，张琳. 企业ESG表现与债务融资成本 [J]. 财经论丛，2023（1）.

[45] 林苍祥，乔帅，许慧卿. 快速撤单的决定因素及其对流动性的影响——来自台湾股票市场的证据 [J]. 厦门大学学报，2017（5）.

[46] 林曦. 弗里曼利益相关者理论评述 [J]. 商业研究，2010（8）.

[47] 林志帆，杜金岷，龙晓旋. 股票流动性与中国企业创新策略：流水不腐还是洪水猛兽？[J]. 金融研究，2021（3）.

[48] 刘柏，琚涛. "事前震慑"与"事后纠偏"：分析师关注对财务错报和重述的跨期监管研究 [J]. 南开管理评论，2021，24（1）.

[49] 刘林. 基于信号理论视角下的企业家政治联系与企业市场绩效的关系

研究 [J]. 管理评论, 2016, 28 (3).

[50] 刘倩. 融资融券交易提升了股市流动性吗?——来自 A 股市场的经验证据 [J]. 金融与经济, 2016 (8).

[51] 刘劲睿, 李正杰, 刘佳丽. 机构投资者调研行为与上市公司股票流动性 [J]. 税务与经济, 2022 (5).

[52] 刘晓星, 张旭, 顾笑贤, 等. 投资者行为如何影响股票市场流动性——基于投资者情绪、信息认知和卖空约束的分析 [J]. 管理科学学报, 2016 (19).

[53] 柳建坤, 何晓斌. 企业社会责任、体制资本与企业家的政治身份获得: 来自中国民营企业的经验证据 [J]. 社会发展研究, 2020 (2).

[54] 柳木华, 任嘉乐, 郭振. 关键审计事项披露的信息价值——基于股票流动性视角 [J]. 审计与经济研究, 2021, 36 (3).

[55] 柳学信, 李胡扬, 孔晓旭. 党组织治理对企业 ESG 表现的影响研究 [J]. 财经论丛, 2022 (1).

[56] 梅亚丽, 张倩. ESG 表现对企业债务融资成本的影响 [J]. 金融与经济, 2023 (2).

[57] 孟为, 陆海天. 风险投资与新三板挂牌企业股票流动性——基于高科技企业专利信号作用的考察 [J]. 经济管理, 2018 (3).

[58] 米增渝, 林雅婷. 公司治理、股票流动性与公司价值——以我国新三板市场创新层为例 [J]. 投资研究, 2018, 37 (2).

[59] 潘立生, 徐俊杰. 融资融券对市场流动性和波动性影响研究——基于牛市前后上海证券市场数据 [J]. 财会通讯, 2017 (3).

[60] 潘越, 戴亦一, 林超群. 信息不透明、分析师关注与个股暴跌风险 [J]. 金融研究, 2011 (9).

[61] 潘越, 宁博, 纪翔阁, 等. 民营资本的宗族烙印: 来自融资约束视角的证据 [J]. 经济研究, 2019, 54 (7).

[62] 齐岳, 李晓琳. 家族企业高管性质与股票流动性关系研究——基于代理成本双重效应的分析 [J]. 上海经济研究, 2019 (1).

[63] 阮睿, 孙宇辰, 唐悦, 等. 资本市场开放能否提高企业信息披露质量?——基于"沪港通"和年报文本挖掘的分析 [J]. 金融研究, 2021 (2).

[64] 尚洪涛, 黄晓硕. 中国医药制造业企业政府创新补贴绩效研究 [J]. 科研管理, 2019 (8).

[65] 佘伟军, 张纯静. 新三板市场风险投资对公司价值的影响——基于股票流动性的中介效应 [J]. 延安大学学报 (社会科学版), 2022, 44 (3).

［66］史永东，王超．股票流动性影响企业生产效率吗？［J］．经济管理，2021，43（11）．

［67］帅正华．中国上市公司 ESG 表现与资本市场稳定［J］．南方金融，2022，（10）．

［68］孙慧，祝树森，张贤峰．ESG 表现、公司透明度与企业声誉［J］．软科学，2023．

［69］孙静．股权分置改革对证券市场影响的流动性、波动性分析［J］．金融经济，2007（2）．

［70］孙忠娟，罗伊，马文良，等．ESG 披露标准体系研究［M］．北京：经济管理出版社，2021．

［71］谭春枝，闫宇聪．企业债务违约风险影响股票流动性吗？［J］．暨南学报（哲学社会科学版），2020，42（9）．

［72］谭劲松，黄仁玉，张京心．ESG 表现与企业风险——基于资源获取视角的解释［J］．管理科学，2022，35（5）．

［73］唐清泉，罗党论．政府补贴动机及其效果的实证研究——来自中国上市公司的经验证据［J］．金融研究，2007（6）．

［74］田昆儒，王晓亮．定向增发，股权结构与股票流动性变化［J］．审计与经济研究，2013，28（5）．

［75］童元松，王光伟．境外机构投资者持股、公司业绩与股市质量［J］．会计与经济研究，2015，29（6）．

［76］王波，杨茂佳．ESG 表现对企业价值的影响机制研究——来自我国 A 股上市公司的经验证据［J］．软科学，2022，36（6）．

［77］王大地，黄洁．ESG 理论与实践［M］．北京：经济管理出版社，2021．

［78］王建新，丁亚楠．经济政策不确定性对市场定价效率影响研究——股票论坛应用下的互联网社交媒体调节作用［J］．经济管理，2022，44（4）．

［79］王凯，吴三林，高皓，等．空气污染对重污染行业上市公司绿色技术创新的影响研究［J］．管理学报，2023，20（3）．

［80］王凯，邹洋．国内外 ESG 评价与评级比较研究［M］．北京：经济管理出版社，2021．

［81］王琳琳，许志杰．社会责任承担对流通企业市场认可度的影响研究——来自股票流动性的证据［J］．商业经济研究，2022（15）．

［82］王琳璐，廉永辉，董捷．ESG 表现对企业价值的影响机制研究［J］．证券市场导报，2022（5）．

［83］王攀娜，徐博韬．社会责任信息、分析师关注度与公司股票流动性

［J］. 财经科学，2017（6）.

［84］王晓亮，俞静. 定向增发、盈余管理与股票流动性［J］. 财经问题研究，2016（1）.

［85］王翌秋，王新悦. 企业资金"脱实向虚"对其股价崩盘风险的影响［J］. 审计与经济研究，2022，37（1）.

［86］王运陈，贺康，万丽梅，等. 年报可读性与股票流动性研究——基于文本挖掘的视角［J］. 证券市场导报，2020（7）.

［87］王治，彭百川. 企业 ESG 表现对创新绩效的影响［J］. 统计与决策，2023，38（24）.

［88］魏明海，雷倩华. 公司治理与股票流动性［J］. 中山大学学报（社会科学版），2011，51（6）.

［89］温军，冯根福. 股票流动性、股权治理与国有企业绩效［J］. 经济学（季刊），2021，21（4）.

［90］温忠麟，张雷，侯杰泰，等. 中介效应检验程序及其应用［J］. 心理学报，2004，36（5）.

［91］巫升柱. 自愿披露水平与股票流动性的实证研究——基于中国上市公司年度报告的经验［J］. 财经问题研究，2007（8）.

［92］吴丹红，杨汉明，周莉. 企业社会责任信息披露的制度动因研究［J］. 统计与决策，2015（22）.

［93］吴非，胡慧芷，林慧妍，等. 企业数字化转型与资本市场表现——来自股票流动性的经验证据［J］. 管理世界，2021，37（7）.

［94］吴育辉，田亚男，陈韫妍，等. 绿色债券发行的溢出效应、作用机理及绩效研究［J］. 管理世界，2022，38（6）.

［95］吴战篪，乔楠，余杰. 信息披露质量与股票市场流动性——来自中国股市的经验证据［J］. 经济经纬，2008（1）.

［96］夏芸，张茂，林子昂. 政府补助能否促进企业的 ESG 表现？——融资约束的中介效应与媒体关注的调节作用［J］. 管理现代化，2023（1）.

［97］肖红军，阳镇. 中国企业社会责任 40 年：历史演进、逻辑演化与未来展望［J］. 经济学家，2018（11）.

［98］肖兴志，王伊攀，李姝. 政府激励、产权性质与企业创新——基于战略性新兴产业 260 家上市公司数据［J］. 财经问题研究，2013（12）.

［99］谢红军，吕雪. 负责任的国际投资：ESG 与中国 OFDI［J］. 经济研究，2022，57（3）.

［100］谢黎旭，张信东，王东，等. 融资融券交易提高了市场流动性吗

[J]. 财会月刊, 2021 (7).

[101] 谢黎旭, 张信东, 张燕, 等. 融资融券扩容和流动性 [J]. 管理科学, 2018, 31 (6).

[102] 邢治斌, 仲伟周. 宏观经济政策对股票市场流动性风险影响的实证分析 [J]. 统计与决策, 2013 (7).

[103] 熊家财, 苏冬蔚. 股票流动性与代理成本——基于随机前沿模型的实证研究 [J]. 南开管理评论, 2016, 19 (1).

[104] 徐晟, 程逊. 股权结构对股票流动性影响的实证研究 [J]. 学术论坛, 2012, 35 (8).

[105] 徐浩峯, 高峰, 项志杰, 等. 信息透明度与机构投资者的周期性交易 [J]. 管理科学学报, 2022, 25 (11).

[106] 徐辉, 周孝华, 周兵. 环境信息披露对研发投入产出效率的影响研究 [J]. 当代财经, 2020 (8).

[107] 鄢伟波, 王小华, 温军. 分层制度提升新三板流动性了吗?——来自多维断点回归的经验证据 [J]. 金融研究, 2019 (5).

[108] 闫红蕾, 赵胜民. 上市公司股票流动性对企业创新的促进作用 [J]. 经济理论与经济管理, 2018 (2).

[109] 杨立生, 杨杰. 货币政策、投资者情绪与股票市场流动性研究——基于 TVP - SV - VAR 模型的实证分析 [J]. 价格理论与实践, 2021 (9).

[110] 杨秋平, 刘红忠. 外资持股、知情交易与股票流动性 [J]. 世界经济研究, 2022 (5).

[111] 杨兴全, 程慧慧, 李沙沙. 股票流动性如何影响公司现金持有? [J]. 上海金融, 2021 (2).

[112] 杨兴哲, 周翔翼. 治理效应抑或融资效应? 股票流动性对上市公司避税行为的影响 [J]. 会计研究, 2020 (9).

[113] 姚梅芳, 于莹. 美联储货币政策溢出效应的异质性——来自中国股票市场流动性的经验证据 [J]. 吉林大学社会科学学报, 2021, 61 (6).

[114] 姚圣, 周敏. 政策变动背景下企业环境信息披露的权衡: 政府补助与违规风险规避 [J]. 财贸研究, 2017 (7).

[115] 叶志强, 冯怡, 张顺明. 股权分置改革后我国证券市场有效性研究——基于非预期非流动性新信息视角 [J]. 投资研究, 2013, 32 (5).

[116] 尹海员. 投资者情绪对股票流动性影响效应与机理研究 [J]. 厦门大学学报, 2017 (4).

[117] 于连超, 董晋亭, 王雷, 等. 环境管理体系认证有助于缓解企业融资

约束吗？［J］. 审计与经济研究, 2021, 36 (6).

［118］张庆君, 白文娟. 资本市场开放、股票流动性与债务违约风险——来自"沪港通"的经验证据［J］. 金融经济学研究, 2020, 35 (5).

［119］张肖飞. 公司治理维度与股票流动性: 市场化进程视角［J］. 财会月刊, 2017 (30).

［120］张莹. 分析师跟进能否发挥外部治理作用——基于两权分离与过度投资关系的实证分析［J］. 经济经纬, 2019, 36 (2).

［121］张长江, 张玥, 陈雨晴. ESG 表现、投资者信心与上市公司绩效［J］. 环境经济研究, 2021, 6 (4).

［122］张峥, 李怡宗, 张玉龙, 等. 中国股市流动性间接指标的检验——基于买卖价差的实证分析［J］. 经济学（季刊）, 2014, 13 (1).

［123］赵崇博, 刘冲, 邹腾辉. 分层制度改革对新三板股票流动性的影响渠道分析［J］. 中国经济问题, 2020 (3).

［124］赵天骄, 肖翔, 张冰石. 利益相关者网络特征与民营企业社会责任绩效［J］. 管理学报, 2019 (3).

［125］钟永红, 李书璇. 两融标的股票扩容与股票流动性的变化［J］. 经济经纬, 2018 (35).

［126］朱红军, 何贤杰, 陶林. 中国的证券分析师能够提高资本市场的效率吗——基于股价同步性和股价信息含量的经验证据［J］. 金融研究, 2007 (2).

［127］朱小平, 暴冰, 杨妍. 股权分置改革与流动性定价问题研究［J］. 会计研究, 2006 (2).

［128］祝继高, 辛宇, 仇文妍. 企业捐赠中的锚定效应研究——基于"汶川地震"和"雅安地震"中企业捐赠的实证研究［J］. 管理世界, 2017 (7).

［129］邹萍. 货币政策、股票流动性与资本结构动态调整［J］. 审计与经济研究, 2015, 30 (1).

［130］Agarwal V, Mullally K A, Tang Y, Yang B. Mandatory Portfolio Disclosure, Stock Liquidity, and Mutual Fund Performance［J］. Journal of Finance, 2015, 70 (6).

［131］Aguinis H, Glavas A. What We Know and Don't Know About Corporate Social Responsibility: A Review and Research Agenda［J］. Journal of Management, 2012, 38 (4).

［132］Ahmed A, Ali S. Boardroom Gender Diversity and Stock Liquidity: Evidence from Australia［J］. Journal of Contemporary Accounting & Economics, 2017, 13 (2).

［133］Ali S, Liu B, Su J J. Corporate Governance and Stock Liquidity Dimensions: Panel Evidence from Pure Order-driven Australian Market ［J］. International Review of Economics & Finance, 2017, 50.

［134］Alkaraan F, Albitar K, Hussainey K, et al. Corporate Transformation Toward Industry 4. 0 and Financial Performance: The Influence of Environmental, Social, and Governance (ESG) ［J］. Technological Forecasting and Social Change, 2022, 175.

［135］Amihud Y, Mendelson H. Asset Pricing and The Bid – Ask Spread ［J］. Journal of Financial Economics, 1986, 17.

［136］Amihud Y. Illiquidity and Stock Returns: Cross – Section and Time-series Effects ［J］. Journal of Financial Markets, 2002, 5 (1).

［137］Apergis N, Poufinas T, Antonopoulos A. ESG Scores and Cost of Debt ［J］. Energy Economics, 2022, 112.

［138］Aqabna S M, Aga M, Jabari H N. Firm Performance, Corporate Social Responsibility and The Impact of Earnings Management During COVID – 19: Evidence From MENA Region ［J］. Sustainability, 2023, 15 (2).

［139］Arvidsson S, Dumay J. Corporate ESG Reporting Quantity, Quality and Performance: Where to Now for Environmental Policy and Practice ［J］. Business Strategy and the Environment, 2021, 31 (3).

［140］Atif M, Ali S. Environmental, Social and Governance Disclosure and Default Risk ［J］. Business Strategy and the Environment, 2021, 30 (8).

［141］Attig N, EI Ghoul S, Guedhami O, Suh J. Corporate Social Responsibility and Credit Ratings ［J］. Journal of Business Ethics, 2013, 117 (4).

［142］Awaysheh A, Heron R A, Perry T, et al. On The Relation Between Corporate Social Responsibility and Financial Performance ［J］. Strategic Management Journal, 2020, 41.

［143］Bai M, Qin Y. Commonality in Liquidity in Emerging Markets: Another Supply – Side Explanation ［J］. International Review of Economics & Finance, 2015, 39 (5).

［144］Baker E D, Boulton T J, Braga – Alves M V, Morey M R. ESG Government Risk and International IPO Underpricing ［J］. Journal of Corporate Finance, 2021, 67.

［145］Balakrishnan R, Sprinkle G B, Williamson M G. Contracting Benefits of Corporate Giving: An Experimental Investigation ［J］. Accounting Review, 2011, 86 (6).

[146] Barman E. Doing Well by Doing Good: A Comparative Analysis of ESG Standards for Responsible Investment [J]. Sustainability, Stakeholder, Governance, and Corporate Social Responsibility, 2018, 38.

[147] Barnett M L, Salomon R M. Beyond Dichotomy: The Curvilinear Relationship Between Social Responsibility and Financial Performance [J]. Strategic Management Journal, 2006, 27.

[148] Barnett M L, Salomon R M. Does It Pay to Be Really Good? Addressing the Shape of the Relationship Between Social and Financial Performance [J]. Strategic Management Journal, 2012, 33.

[149] Behl A, Kumari P S R, Makhija H, Sharma D. Exploring the Relationship of ESG Score and Firm Value Using Across – Lagged Panel Analyses: Case of The Indian Energy Sector [J]. Annals of Operations Research, 2021, 313 (1).

[150] Bhattacharya S. Imperfect Information, Dividend Policy, and "The Bird in The Hand" Fallacy [J]. Bell Journal of Economics, 1979, 10 (1).

[151] Black F. Towards A Fully Automated Exchange: Part1 [J]. Financial Analyst Journal, 1971, 27.

[152] Broadstock D C, Chan K, Cheng L T W, Wang X. The Role of ESG Performance During Times of Financial Crisis: Evidence from COVID – 19 in China [J]. Finance Research Letters, 2021, 38.

[153] Bushman R M, Piotroski J D, Smith A J. What Determines Corporate Transparency? [J]. Journal of Accounting Research, 2004, 42 (2).

[154] Cambrea D R, Paolone F, Cucari N. Advisory or Monitoring Role in ESG Scenario: Which Women Directors Are More Influential in the Italian Context? [J]. Business Strategy and the Environment, 2023, online published. DOI: 10.1002/bse. 3366.

[155] Capelle-Blancard G, Capelle-Blancard G, Diaye M A, et al. Sovereign Bond Yield Spreads and Sustainability: An Empirical Analysis of OECD Countries [J]. Journal of Banking & Finance, 2019, 98.

[156] Carroll A B, Buchholtz A K. Business and Society: Ethics and Stakeholder Management [J]. Ohio: College Division South, 1993.

[157] Cek K, Eyupoglu S. Does Environmental, Social and Governance Performance Influence Economic Performance [J]. Journal of Business Economics and Management, 2020, 21 (4).

[158] Chang Y J, Lee B H. The Impact of ESG Activities on Firm Value: Multi –

Level Analysis of Industrial Characteristics [J]. Sustainability, 2022, 14 (21).

[159] Chen G F, Wei B Y, Dai L Y. Can ESG – Responsible Investing Attract Sovereign Wealth Funds' Investments? Evidence From Chinese Listed Firms [J]. Frontiers in Environmental Science, 2022, 10.

[160] Chen M T, Yang D P, Zhang W Q, et al. How Does ESG Disclosure Improve Stock Liquidity for Enterprises – Empirical Evidence from China [J]. Environmental Impact Assessment Review, 2023, 98.

[161] Chen Y C, Hung M, Wang Y. The Effect of Mandatory CSR Disclosure on Firm Profitability and Social Externalities: Evidence from China [J]. Journal of Accounting & Economics, 2018, 65 (1).

[162] Chen Z F, Xiao Y, Jiang K Q. Corporate Green Innovation and Stock Liquidity in China [J]. Accounting and Finance, 2022, online published. DOI: 10.1111/acfi. 13027.

[163] Chen Z F, Xie G X. ESG Disclosure and Financial Performance: Moderating Role of ESG Investors [J]. International Review of Financial Analysis, 2022, 83.

[164] Chordia T, Sarkar A, Subrahmanyam A. An Empirical Analysis of Stock and Bond Market Liquidity [J]. Review of Financial Studies, 2005, 18 (1).

[165] Clarkson M E. A Stakeholder Framework for Analyzing and Evaluating Corporate Social Performance [J]. Academy of Management Review, 1995, 20 (1).

[166] Copeland F E, Galai D. Information Effects on The Bid – Ask Spread [J]. The Journal of Finance, 1983, 38 (5).

[167] Cowton C. Playing by The Rules: Ethical Criteria at An Ethical Investment Fund [J]. Business Ethics, A European Review, 1999, 8 (1).

[168] D'Hondt C, Merli M, Roger T. What Drives Retail Portfolio Exposure to ESG Factors? [J]. Finance Research Letters, 2022, 46.

[169] Dang T L, Nguyen T H, Tran, N T A, et al. Institutional Ownership and Stock Liquidity: International Evidence [J]. Asia – Pacific Journal of Financial Studies, 2018, 47.

[170] DasGupta R. Financial Performance Shortfall, ESG Controversies, and ESG Performance: Evidence from Firms Around the World [J]. Finance Research Letters, 2022, 46.

[171] Deng X, Li W H, Ren X H. More Sustainable, More Productive: Evidence from ESG Ratings and Total Factor Productivity Among Listed Chinese Firms [J]. Finance Research Letters, 2023, 51.

［172］ DiMaggio P J, Powell W W. The Iron Cage Revisited： Institutional Iso-morphism and Collective Rationality in Organizational Fields ［J］. American Sociological Review, 1983, 48 (2).

［173］ Dupont D Y, Lee G S. Effects of Securities Transaction Taxes on Depth and Bid – Ask Spread ［J］. Economic Theory, 2007, 31 (2).

［174］ Duque – Grisales E, Aguilera – Caracuel J. Environmental, Social and Governance (ESG) Scores and Financial Performance of Multilatinas： Moderating Effects of Geographic International Diversification and Financial Slack ［J］. Journal of Business Ethics, 2021, 168 (2).

［175］ EBA. EBA Report on Management and Supervision of ESG Risks for Credit Institutions and Investment Firms ［DB/OL］. The European Banking Authority, 2021. https： //www. eba. europa. eu/sites/default/docu. ments/fifiles/document _ library/Pu blications/Reports/2021/1015656/EBA% 20Report% 20on% 20ESG% 20risks% 20management% 20and% 20supervision. pdf. 2022 – 12 – 20.

［176］ Eccles R G, Ioannou I, Serafeim G. The Impact of Corporate Sustainability on Organizational Processes and Performance ［J］. Management Science, 2014, 60 (11).

［177］ Economidou C, Gounopoulos D, Konstantios D, et al. Is Sustainability Rating Material to The Market ［J］. Financial Management, 2022, 52 (1).

［178］ Edmans A, Manso G. Governance Through Trading and Intervention： A Theory of Multiple Blockholders ［J］. Review of Financial Studies, 2011, 24 (7).

［179］ Edmans A. The End of ESG ［J］. Financial Management, 2023, 52 (1).

［180］ EI Ghoul S, Guedhami O, Kwok C C Y, et al. Does Corporate Social Re-sponsibility Affect the Cost of Capital? ［J］. Journal of Banking & Finance, 2011, 35 (9).

［181］ Eliwa Y, Aboud A, Saleh A. ESG Practices and The Cost of Debt： Evi-dence from EU Countries ［J］. Critical Perspectives on Accounting, 2021, 79.

［182］ Ellili N O D. Impact of Environmental, Social and Governance Disclosure on Dividend Policy： What Is the Role of Corporate Governance? Evidence from An Emerging Market ［J］. Corporate Social Responsibility and Environmental Management, 2022, 29 (5).

［183］ Elliott W B, Jackson K E, Peecher M E, et al. The Unintended Effect of Corporate Social Responsibility Performance on Investors' Estimates of Fundamental Val-ue ［J］. Accounting Review, 2014, 89.

［184］ Fan J P H, Wong T J, Zhang T. Institutions and Organizational Structure：

The Case of State-owned Corporate Pyramids [J]. Journal of Law, Economics and Organization, 2013, 29 (6).

[185] Fandella P, Sergi B S, Sironi E. Corporate Social Responsibility Performance and The Cost of Capital in BRICS Countries. The Problem of Selectivity Using Environmental, Social and Governance Scores [J]. Corporate Social Responsibility and Environmental Management, 2023, online published. DOI: 10. 1002/csr. 2447.

[186] Fang V W, Tian X, Tice S. Does Stock Liquidity Enhance or Impede Firm Innovation? [J]. The Journal of Finance, 2014, 69 (5).

[187] Farooq O, Rupp D E, Farooq M. The Multiple Pathways Through Which Internal and External Corporate Social Responsibility Influence Organizational Identification andMultifoci Outcomes: The Moderating Role of Cultural and Social Orientations [J]. Academy of Management Journal, 2017, 60 (3).

[188] Feng J, Goodell J W, Shen D, Letters F, Gen A R. ESG Rating and Stock Price Crash Risk: Evidence from China [J]. Finance Research Letters, 2021, 46.

[189] Flammer C, Hong B, Minor D. Corporate Governance and The Rise of Integrating Corporate Social Responsibility Criteria in Executive Compensation: Effectiveness and Implications for Firm Outcomes [J]. Strategic Management Journal, 2019, 40 (7).

[190] Flammer C, Kacperczyk A. Corporate Social Responsibility as A Defense Against Knowledge Spillovers: Evidence from The Inevitable Disclosure Doctrine [J]. Strategic Management Journal, 2019, 40 (8).

[191] Flammer C, Luo J. Corporate Social Responsibility As An Employee Governance Tool: Evidence from A Quasi-experiment [J]. Strategic Management Journal, 2015, 38 (2).

[192] Flammer C. Corporate Social Responsibility and Shareholder Reaction: The Environmental Awareness of Investors [J]. Academy Management of Journal, 2013, 56.

[193] Flores E, Fasan M, Mendes – da – Silva W, et al. Integrated Reporting and Capital Markets in An International Setting: The Role of Financial Analysts [J]. Business Strategy and the Environment, 2019, 28 (7).

[194] Fontoura P, Coelho A. More Cooperative More Competitive? Improving Competitiveness by Sharing Value Through the Supply Chain [J]. Management Decision, 2022, 60 (3).

[195] Freeman R E. Strategic Management: A Stakeholder Approach [J]. Bos-

ton: Pitman, 1984, 46.

[196] Freeman R E. Strategic Management: A Stakeholder Approach [M]. Cambridge University Press, 2010.

[197] Friedlan J M. Accounting Choices of Issuers of Initial Public Offer [J]. Contemporary Accounting Research, 2010, 11 (1).

[198] Friedman A L, Miles S. Developing Stakeholder Theory [J]. Journal of Management Studies, 2002, 39 (1).

[199] Frino A, Jones S, Wong J B. Market Behaviour Around Bankruptcy Announcements: Evidence from The Australian Stock Exchange [J]. Accounting and Finance, 2007, 47 (4).

[200] Fu L M, Boehe D M, Orlitzky M O. Broad or Narrow Stakeholder Management? A Signaling Theory Perspective [J]. Business & Society, 2022, 61 (7).

[201] Galbreath J. ESG in Focus: The Australian Evidence [J]. Journal of Business Ethics, 2013, 118 (3).

[202] Galletta S, Goodell J W, Mazzu S, et al. Bank Reputation and Operational Risk: The Impact of ESG [J]. Finance Research Letters, 2023, 51.

[203] Gao H, He J, Li Y. Media Spotlight, Corporate Sustainability and The Cost of Debt [J]. Applied Economics, 2022, 54 (34).

[204] Gao J Y, Chu D X, Zheng J, et al. Environmental, Social and Governance Performance: Can It Be a Stock Price Stabilizer? [J]. Journal of Cleaner Production, 2022, 379.

[205] Garcia A S, Orsato R J. Testing the Institutional Difference Hypothesis: A Study About Environmental, Social, Governance, and Financial Performance [J]. Business Strategy and the Environment, 2020, 29 (8).

[206] Gerard B. ESG and Socially Responsible Investment: A Critical Review [J]. Social Science Electronic Publishing, 2019.

[207] Gerwanski J. Does It Pay off? Integrated Reporting and Cost of Debt: European Evidence [J]. Corporate Social Responsibility and Environmental Management, 2020, 27 (5).

[208] Giakoumelou A, Salvi A, Bertinetti G S, et al. 2008's Mistrust vs 2020's Panic: Can ESG Hold Your Institutional Investors? [J]. Management Decision, 2022, 60 (10).

[209] Giese G, Lee L, Melas D, et al. Foundations of ESG Investing: How ESG Affects Equity Valuation, Risk, and Performance [J]. Journal of Portfolio Man-

agement, 2019, 45 (5).

[210] Gillan S L, Koch A, Starks L T. Firms and Social Responsibility: A Review of ESG and CSR Research in Corporate Finance [J]. Journal of Corporate Finance, 2021, 66.

[211] Godfrey P C. The Relationship Between Corporate Philanthropy and Shareholder Wealth: A Risk Management Perspective [J]. Academy of Management Review, 2005, 30 (4).

[212] Goldstein I, Razin A. An Information – Based Trade-off Between Foreign Direct Investment and Foreign Portfolio Investment [J]. Journal of International Economics, 2006, 70 (1).

[213] Goyenko R Y, Holden C W, Trzcinka C A. Do Liquidity Measures Measure Liquidity? [J]. Journal of Financial Economics, 2009, 92 (2).

[214] Goyenko R Y, Ukhov A D. Stock and Bond Market Liquidity: A Long – Run Empirical Analysis [J]. Journal of Financial and Quantitative Analysis, 2009, 44 (1).

[215] Grewal J, Riedl E, Serafeim G. Market Reaction to Mandatory Nonfinancial Disclosure [J]. Management Science, 2019, 65 (7).

[216] Gupta K, Krishnamurti C. Does Corporate Social Responsibility Engagement Benefit Distressed Firms? The Role of Moral and Exchange Capital [J]. Pacific – Basin Finance Journal, 2018, 50.

[217] Habermann F, Fischer F B. Corporate Social Performance and The Likelihood of Bankruptcy: Evidence from A Period of Economic Upswing [J]. Journal of Business Ethics, 2021, 182 (1).

[218] Havlinova A, Kukacka J. Corporate Social Responsibility and Stock Prices After the Financial Crisis: The Role of Strategic CSR Activities [J]. Journal of Business Ethics, 2023, 182 (1).

[219] Hawn O, Ioannou I. Mind the Gap: The Interplay Between External and Internal Actions in The Case of Corporate Social Responsibility [J]. Strategic Management Journal, 2016, 37 (13).

[220] Hguyen H T, Muniandy B. Gender, Ethnicity and Stock Liquidity: Evidence from South Africa [J]. Accounting and Finance, 2021, 61.

[221] Hillert A, Maug E, Obernberger S. Stock Repurchases and Liquidity [J]. Journal of Financial Economics, 2016, 119 (1).

[222] Hoang H V. Environmental, Social, and Governance Disclosure in Re-

sponse to Climate Policy Uncertainty: Evidence from US Firms [J]. Environment Development and Sustainability, 2023, online published. DOI: 10. 1007/s10668 – 022 – 02884 – 5.

[223] Houston J F, Shan H Y. Corporate ESG Profiles and Banking Relationships [J]. Review of Financial Studies, 2022, 35 (7).

[224] Hubel B. Do Markets Value ESG Risks in Sovereign Credit Curve [J]. Quarterly Review of Economics and Finance, 2022, 85.

[225] Hussaini M, Rigoni U, Perego P. The Strategic Choice of Payment Method in Takeovers: The Role of Environmental, Social and Governance Performance [J]. Business Strategy and the Environment, 2022, 32 (1).

[226] Ioannou I, Serafeim G. The Impact of Corporate Social Responsibility on Investment Recommendations: Analysts' Perceptions and Shifting Institutional Logics [J]. Strategic Management Journal, 2015, 36 (7).

[227] Ionescu G H, Firoiu D, Pirvu R, et al. The Impact of ESG Factors on Market Value of Companies from Travel and Tourism Industry [J]. Technological and Economic Development of Economy, 2019, 25 (5).

[228] Irvine P. The Incremental Impact of Analyst Initiation of Coverage [J]. Journal of Corporate Finance, 2003, 9 (4).

[229] Jayachandran S, Kalaignanam K, Eilert M. Product and Environmental Social Performance: Varying Effect on Firm Performance [J]. Strategic Management Journal, 2013, 34 (10).

[230] Jayaraman S, Milbourn T T. The Role of Stock Liquidity in Executive Compensation [J]. Accounting Review, 2012, 87 (2).

[231] Jensen M C. Value Maximization, Stakeholder Theory, and The Corporate Objective Function [J]. European Financial Management, 2002, 7 (3).

[232] Jia Y, Gao X, Julian S. Do Firms Use Corporate Social Responsibility to Insure Against Stock Price Risk? Evidence from A Natural Experiment [J]. Strategic Management Journal, 2020, 41 (2).

[233] Kaplan S N, Zingales L. Do Investment – Cash Flow Sensitivities Provide Useful Measures of Financing Constraints? [J]. The Quarterly Journal of Economics, 1997, 112 (1).

[234] Kaul A, Luo J. An Economic Case for CSR: The Comparative Efficiency of For – Profit Firms in Meeting Consumer Demand for Social Goods [J]. Strategic Management Journal, 2017, 39 (6).

［235］ Khan M A. ESG Disclosure and Firm Performance： A Bibliometric and Meta Analysis ［J］. Research in International Business and Finance，2022，61.

［236］ Kim B，Lee S. The Impact of Material and Immaterial Sustainability on Firm Performance： The Moderating Role of Franchising Strategy ［J］. Tourism Management，2020，77.

［237］ Kim J W，Park C K. Can ESG Performance Mitigate Information Asymmetry? Moderating Effect of Assurance Services ［J］. Applied Economics，2022，55 （26）.

［238］ Kimbrough M，Wang X，Wei S，et al. Does Voluntary ESG Reporting Resolve Disagreement among ESG Rating Agencies? ［J］. European Accounting Review，2022，online published. DOI： 10. 1080/09638180. 2022. 2088588.

［239］ Koh P S，Qian C，Wang H. Firm Litigation Risk and The Insurance Value of Corporate Social Performance ［J］. Strategic Management Journal，2014，35 （10）.

［240］ Kotzian P. Carrots or Sticks? Inferring Motives of Corporate CSR Engagement from Empirical Data ［J］. Review of Managerial Science，2023，online published. DOI： 10. 1007/s11846 － 022 － 00609 － 6.

［241］ Kuo T C，Chen H M，Meng H M. Do Corporate Social Responsibility Practices Improve Financial Performance? A Case Study of Airline Companies ［J］. Journal of Cleaner Production，2021，310.

［242］ Kyle A S. Continuous Auctions and Insider Trading ［J］. Econometrica，1985，53.

［243］ Lagasio V，Cucari N. Corporate Governance and Environmental Social Governance Disclosure： A Meta-analytical Review ［J］. Corporate Social Responsibility and Environmental Management，2019，26 （4）.

［244］ Landi G，Sciarelli M. Towards A More Ethical market： The Impact of ESG Rating on Corporate Financial Performance ［J］. Social Responsibility Journal，2019，15 （1）.

［245］ Lee K H，Sapriza H，Wu Y. Sovereign Debt Ratings and Stock Liquidity Around the World ［J］. Journal of Banking & Finance，2016，73.

［246］ Lee M T，Raschke R L. Stakeholder Legitimacy in Firm Greening and Financial Performance： What About Greenwashing Temptations? ［J］. Journal of Business Research，2022，155.

［247］ Leins S. Responsible Investment： ESG and the Post – Crisis Ethical Order ［J］. Economy and Society，2020，49 （1）.

[248] Levine R, Schmukler S L. Internationalization and Stock Market Liquidity [J]. Journal of Banking & Finance, 2005, 57 (1).

[249] Li C, Wu M A, Huang W L. Environmental, Social, and Governance Performance and Enterprise Dynamic Financial Behavior: Evidence from Panel Vector Autoregression [J]. Emerging Markets Finance and Trade, 2023, 59 (2).

[250] Li C, Wu M, Chen X, et al. Environmental, Social and Governance Performance, Corporate Transparency, and Credit Rating: Some Evidence from Chinese A – Share Listed Companies [J]. Pacific – Basin Finance Journal, 2022, 74.

[251] Li H, Zhang X, Zhao Y. ESG and Firm's Default Risk [J]. Finance Research Letters, 2022, 47.

[252] Li S C, Yin P F, Liu S. Evaluation of ESG Ratings for Chinese Listed Companies From the Perspective of Stock Price Crash Risk [J]. Frontiers in Environmental Science, 2022, 10.

[253] Li S Y, Liu Y J, Xu Y. Does ESG Performance Improve the Quantity and Quality of Innovation? The Mediating Role of Internal Control Effectiveness and Analyst Coverage [J]. Sustainability, 2023, 15 (1).

[254] Lins K V, Servaes H, Tamayo A. Social Capital, Trust, and Firm Performance: The Value of Corporate Social Responsibility During the Financial Crisis [J]. Journal of Finance, 2017, 72 (4).

[255] Lokuwaduge C S D, Heenetigala K. Integrating Environmental, Social and Governance (ESG) Disclosure for a Sustainable Development: An Australian Study [J]. Business Strategy and the Environment, 2017, 26 (4).

[256] Lu J, Rodenburg K, Foti L, et al. Are Firms with Better Sustainability Performance More Resilient During Crises? [J]. Business Strategy and the Environment, 2022, 31 (7).

[257] Luo D. ESG, Liquidity, and Stock Returns [J]. Journal of International Financial Markets Institutions & Money, 2022, 78.

[258] Luo K, Wu S R. Corporate Sustainability and Analysts' Earnings Forecast Accuracy: Evidence from Environmental, Social and Governance Ratings [J]. Corporate Social Responsibility and Environmental Management, 2022, 29 (5).

[259] Ma J M, Gao D, Sun J. Does ESG PerformancepPromote Total Factor Productivity? Evidence from China [J]. Frontiers in Ecology and Evolution, 2022, 10.

[260] Mackey A, Mackey T B, Barney J B. Corporate Social Responsibility and Firm Performance: Investor Preferences and Corporate Strategies [J]. The Academy of

Management Review, 2007, 32 (3).

[261] Manchiraju H, Rajgopal S. Does Corporate Social Responsibility (CSR) Create Shareholder Value? Evidence from The Indian Companies Act 2013 [J]. Journal of Accounting Research, 2017, 55 (5).

[262] McCahery J A, Pudschedl P C, Steindl M. Institutional Investors, Alternative Asset Managers, and ESG Preferences [J]. European Business Organization Law Review, 2023, 23 (4).

[263] Meling T G. Anonymous Trading in Equities. Journal of Finance, 2021, 76 (2).

[264] Mervelskemper L, Streit D. Enhancing Market Valuation of ESG Performance: Is Integrated Reporting Keeping Its Promise [J]. Business Strategy and the Environmental, 2017, 26 (4).

[265] Michael M, Ali M J, Atawnah N, et al. Fiduciary or Loyalty? Evidence from Top Management Counsel and Stock Liquidity [J]. Global Finance Journal, 2022, 52.

[266] Mitchell R K, Agle B R, Wood D J. Toward a Theory of Stakeholder Identification and Salience Defining the Principle of Who and What Really Counts [J]. Academy of Management Review, 1997, 22 (4).

[267] Mithani M A. Liability of Foreignness, Natural Disasters, and Corporate Philanthropy [J]. Journal of International Business Studies. 2017, 48 (8).

[268] Muslu V, Mutlu S, Radhakrishnan S, et al. Corporate Social Responsibility Report Narratives and Analyst Forecast Accuracy [J]. Journal of Business Ethics, 2019, 154 (4).

[269] Nazir M, Akbar M, Akbar A, et al. The Nexus between Corporate Environment, Social, and Governance Performance and Cost of Capital: Evidence from Top Global Tech Leaders [J]. Environmental Science and Pollution Research, 2022, 29 (15).

[270] Nemoto N, Morgan P J. Environmental, Social, and Governance Investment: Opportunities and Risks for Asia [M]. Asian Development Bank Institute, 2020.

[271] Ng A C, Rezaee Z. Business Sustainability Factors and Stock Price Informativeness [J]. Journal of Corporate Finance, 2020, 64.

[272] Ng J. The Effect of Information Quality on Liquidity Risk [J]. Journal of Accounting & Economics, 2011, 52 (2).

［273］Nollet J, Filis G, Mitrokostas E. Corporate Social Responsibility and Financial Performance: A Non – Linear and Disaggregated Approach ［J］. Economic Modelling, 2016, 52.

［274］North D C. Institutions, Institutional Change, and Economic Performance ［M］. Cambridge: Cambridge University Press, 1990.

［275］Ortas E, Gallego – Alvarez I, Alvarez I. National Institutions, Stakeholder Engagement, and Firms' Environmental, Social, and Governance Performance ［J］. Corporate Social Responsibility and Environmental Management, 2019, 26 (3).

［276］Patel P C, Pearce J A, Oghazi P. Not So Myopic: Investors Lowering Short – Term Growth Expectations Under High Industry ESG – Sales – Related Dynamism and Predictability ［J］. Journal of Business Research, 2021, 128.

［277］Pham H S T, Tran H T. CSR Disclosure and Firm Performance: The Mediating Role of Corporate Reputation and Moderating Role of CEO Integrity ［J］. Journal of Business Research, 2020, 120.

［278］Plantiga A, Scholtens B. Socially Responsible Investing and Management Style of Mutual Funds in The Euronext Stock Markets ［J］. Social Science Electronic Publishing, 2001.

［279］Prommin P, Jumreornvong S, Jiraporn P. The Effect of Corporate Governance on Stock Liquidity: The Case of Thailand ［J］. International Review of Economics & Finance, 2014, 32.

［280］Qureshi M A, Kirkerud S, Theresa K, et al. The Impact of Sustainability (Environmental, Social, and Governance) Disclosure and Board Diversity on Firm Value: The Moderating Role of Industry Sensitivity ［J］. Business Strategy and the Environment, 2020, 29 (3).

［281］Ramchander S, Schwebach R G, Staking K. The Informational Relevance of Corporate Social Responsibility: Evidence from DS400 Index Reconstitutions ［J］. Strategic Management Journal, 2012, 33 (3).

［282］Reber B, Gold A, Gold S. ESG Disclosure and Idiosyncratic Risk in Initial Public Offerings ［J］. Journal of Business Ethics, 2021, 179 (3).

［283］Ren C Y, Ting I W K, Lu W M, et al. Nonlinear Effects of ESG on Energy-adjusted Firm Efficiency: Evidence from The Stakeholder Engagement of Apple Incorporated ［J］. Corporate Social Responsibility and Environmental Management, 2022, 29 (5).

［284］Rhee S G, Wang J. Foreign Institutional Ownership and Stock Market Liquidity: Evidence from Indonesia [J]. Journal of Banking & Finance, 2009, 33 (7).

[285] Roosenboom P, Schlingemann F P, Vasconcelos M. Does Stock Liquidity Affect Incentives to Monitor? Evidence from Corporate Takeovers [J]. Review of Financial Studies, 2014, 27 (8).

[286] Ross S A. The Determination of Financial Structure: The Incentive – Signaling Approach [J]. The Bell Journal of Economics, 1977, 8 (1).

[287] Roy P P, Rao S, Zhu M. Mandatory CSR Expenditure and Stock Market Liquidity [J]. Journal of Corporate Finance, 2022, 72.

[288] Saini N, Antil A, Gunasekaran A, et al. Environment – Social – Governance Disclosures Nexus Between Financial Performance: A Sustainable Value Chain Approach [J]. Resources Conservation and Recycling, 2022, 186.

[289] Sandberg H, Alnoor A, Tiberius V. Environmental, Social, and Governance Ratings and Financial Performance: Evidence from The European Food Industry [J]. Business Strategy and the Environment, 2022, online published. DOI: 10.1002/bse.3259.

[290] Schiemann, F, Tietmeyer, R. ESG Controversies, ESG Disclosure and Analyst Forecast Accuracy [J]. International Review of Financial Analysis, 2022, 84.

[291] Schoenfeld J. The Effect of Voluntary Disclosure on Stock Liquidity: New Evidence from Index Funds [J]. Journal of Accounting & Economics, 2017, 63 (1).

[292] Scott W R. Institutions and Organizations [M]. 1st ed. Thousand Oaks: Sage Publications, 1995.

[293] Scott W R. Institutions and Organizations: Ideas, Interests, and Identities. Thousand Oaks, CA: Sage Publication, 2013.

[294] Searat A, Benjamin L, Jen J S. What Determines Stock Liquidity in Australia? [J]. Applied Economics, 2016.

[295] Shahbaz M, Karaman A S, Kilic M, et al. Board Attributes, CSR Engagement, and Corporate Performance: What Is the Nexus in the Energy Sector? [J]. Energy Policy, 2020, 143.

[296] Shakil M H. Environmental, Social and Governance Performance and Financial Risk: Moderating Role of ESG Controversies and Board Gender Diversity [J]. Resources Policy, 2021, 72.

[297] Shanaev S, Ghimire B. When ESG Meets AAA: The Effect of ESG Rating Changes on Stock Returns [J]. Finance Research Letters, 2022, 46.

[298] Shiu, Y M, Yang S L. Does Engagement in Corporate Social Responsibility

Provide Strategic Insurance – Like Effects? [J]. Strategic Management Journal, 2017, 38.

[299] Shu H, Tan W Q. Does Carbon Control Policy Risk Affect Corporate ESG Performance? [J]. Economic Modelling, 2023, 120.

[300] Sparkes R, Cowton C J. The Maturing of Socially Responsible Investment: A Review of The Developing Link with Corporate Social Responsibility [J]. Journal of Business Ethics, 2004, 52 (1).

[301] Spence A M. Market Signaling: Informational Transfer in Hiring and Related Processes [M]. Cambridge MA: Harvard University Press, 1974.

[302] Stiglitz J E. Capital Market Liberalization, Economic Growth, and Instability [J]. World Development, 2000, 28 (6).

[303] Sun W C, Huang H W, Dao M, et al. Auditor Selection and Corporate Social Responsibility [J]. Journal of Business Finance & Accounting, 2017, 44 (9 – 10).

[304] Tampakoudis I, Anagnostopoulou E. The Effect of Mergers and Acquisitions on Environmental, Social and Governance Performance and Market Value: Evidence from EU Acquirers [J]. Business Strategy and the Environment, 2020, 29 (5).

[305] Tan Y F, Zhu Z H. The Effect of ESG Rating Events on Corporate Green Innovation in China: The Mediating Role of Financial Constraints and Managers' Environmental Awareness [J]. Technology in Society, 2022, 68.

[306] Tang D Y, Zhang Y. Do Shareholders Benefit from Green Bonds? [J]. Journal of Corporate Finance, 2020, 61.

[307] Tang H. ESG Performance, Investors' Heterogeneous Beliefs, and Cost of Equity Capital in China [J]. Frontiers in Environmental Science, 2022, 10.

[308] Teti E, Dell'Acqua A, Bonsi P. Detangling the Role of Environmental, Social, and Governance Factors on M&A Performance [J]. Corporate Social Responsibility and Environmental Management, 2022, 29 (5).

[309] Tian H W, Tian G L. Corporate Sustainability and Trade Credit Financing: Evidence from Environmental, Social, and Governance Ratings [J]. Corporate Social Responsibility and Environmental Management, 2022, 29 (5).

[310] Tran N H, Nguyen T T H. Factors Impacting on Social and Corporate Governance and Corporate Financial Performance: Evidence from Listed Vietnamese Enterprises [J]. The Journal of Asian Finance, Economics and Business, 2021, 8 (6).

[311] Tsai H J, Wu Y. Changes in Corporate Social Responsibility and Stock Performance [J]. Journal of Business Ethics, 2021, 178 (3).

［312］ Tsang A, Wang K T, Wu Y, et al. Nonfinancial Corporate Social Responsibility Reporting and Firm Value: International Evidence on The Role of Financial Analysts ［J］. European Accounting Review, 2022, online published. DOI: 10. 1080/ 09638180. 2022. 2094435.

［313］ Van Duuren E, Plantinga A, Scholtens B. ESG Integration and The Investment Management Process: Fundamental Investing Reinvented ［J］. Journal of Business Ethics, 2016, 138 （3）.

［314］ Vuong N B. Investor Sentiment, Corporate Social Responsibility, and Financial Performance: Evidence from Japanese Companies ［J］. Borsa Istanbul Review, 2022, 22 （5）.

［315］ Vural-Yavas C. Economic Policy Uncertainty, Stakeholder Engagement, and Environmental, Social, and Governance Practices: The Moderating Effect of Competition ［J］. Corporate Social Responsibility and Environmental Management, 2020, 28 （1）.

［316］ Wang F Y, Sun Z Y. Does the Environmental Regulation Intensity and ESG Performance Have a Substitution Effect on The Impact of Enterprise Green Innovation: Evidence from China ［J］. International Journal of Environmental Research and Public Health, 2022, 19 （14）.

［317］ Wang H, Qian C. Corporate Philanthropy and Corporate Financial Performance: The Roles of Stakeholder Response and Political Access ［J］. Academy of Management Journal, 2011, 54 （6）.

［318］ Wang S S, Wang D R. Exploring the Relationship Between ESG Performance and Green Bond Issuance ［J］. Frontiers in Public Health, 2022, 10.

［319］ Wang W B, Yu Y Y, Li X. ESG Performance, Auditing Quality, and Investment Efficiency: Empirical Evidence from China ［J］. Frontiers in Psychology, 2022, 13.

［320］ Weber O. Environmental, Social and Governance Reporting in China ［J］. Business Strategy and the Environment, 2014, 23 （5）.

［321］ Wen H, Ho K C, Gao J J, et al. The Fundamental Effects of ESG Disclosure Quality in Boosting The Growth of ESG Investing ［J］. Journal of International Financial Markets Institutions & Money, 2022, 81.

［322］ Wong J B, Zhang Q. Stock Market Reactions to Adverse ESG Disclosure Via Media Channels ［J］. British Accounting Review, 2022, 54 （1）.

［323］ Wood D J, Jones R E. Stakeholder Mismatching: A Theoretical Problem in Empirical Research on Corporate Social Performance [J]. International Journal of Organizational Analysis, 1995, 3 (3).

[324] Wu K S, Chang B G. The Concave – Convex Effects of Environmental, Social and Governance on High – Tech Firm Value: Quantile Regression Approach [J]. Corporate Social Responsibility and Environmental Management, 2022, 29 (5).

[325] Wu Q L, Chen G F, Han J, et al. Does Corporate ESG Performance Improve Export Intensity? Evidence from Chinese Listed Firms [J]. Sustainability, 2022, 14 (20).

[326] Yan Y Z, Cheng Q W, Huang M L, et al. Government Environmental Regulation and Corporate ESG Performance: Evidence from Natural Resource Accountability Audits in China [J]. International Journal of Environmental Research and Public Health, 2023, 20 (1).

[327] Ye J H, Zhang H P, Cao C Y, et al. Boardroom Gender Diversity on Stock Liquidity: Empirical Evidence from Chinese A – Share Market [J]. Emerging Markets Finance and Trade. 2021, 57 (11).

[328] Yoo S, Keeley A R, Managi S. Does Sustainability Activities Performance Matter During Financial Crises? Investigating The Case of COVID – 19 [J]. Energy Policy, 2021, 155.

[329] Yu E P Y, Van Luu B, Chen C H. Greenwashing in Environmental, Social and Governance Disclosures [J]. Research in International Business and Finance, 2020, 52.

[330] Zhang C Q, Gao L, Wang W B, et al. Do ESG Scores Have Incremental Information Value on The Primary Bond Market? Evidence from China [J]. Frontiers in Environmental Science, 2023, 10.

[331] Zhang D Y, Lucey B M. Sustainable Behaviors and Firm Performance: The Role of Financial Constraints' Alleviation [J]. Economic Analysis and Policy, 2022, 74.

[332] Zhang D Y, Wang C, Dong Y. How Does Firm ESG Performance Impact Financial Constraints? An Experimental Exploration of the COVID – 19 Pandemic [J]. European Journal of Development Research, 2022, 35 (1).

[333] Zhang D Z, Liu L Q. Does ESG Performance Enhance Financial Flexibility? Evidence from China [J]. Sustainability, 2022, 14 (18).

[334] Zhang S X, Yin X Y, Xu L P, et al. Effect of Environmental, Social, and Governance Performance on Corporate Financialization: Evidence from China [J].

Sustainability, 2022, 14 (17).

[335] Zhang X K, Zhao X K, He Y. Does It Pay to Be Responsible? The Performance of ESG Investing in China [J]. Emerging Markets Finance and Trade, 2022, 58 (11).

[336] Zhao X, Murrell A J. Revisiting the Corporate Social Performance – Financial Performance Link: A Replication of Waddock and Graves [J]. Strategic Management Journal, 2016, 37.

[337] Zheng M B, Feng G F, Jiang R A, et al. Does Environmental, Social, and Governance Performance Move Together with Corporate Green Innovation in China? [J]. Business Strategy and the Environment, 2022, online published. DOI: 10.1002/bse.3211.

[338] Zheng Y H, Wang B S, Sun X Y, et al. ESG Performance and Corporate Value: Analysis from The Stakeholders' Perspective [J]. Frontiers In Environmental Science, 2023, 10.

[339] Zheng Z G, Li J R, Li J R, et al. Does Corporate ESG Create Value? New Evidence from M&As in China [J]. Pacific – Basin Finance Journal, 2023, 77.

[340] Zhou D Y, Zhou R. ESG Performance and Stock Price Volatility in Public Health Crisis: Evidence from COVID – 19 Pandemic [J]. International Journal of Environmental Research and Public Health, 2022, 19 (1).

[341] Zhou D, Qiu Y, Wang M. Does Environmental Regulation Promote Enterprises' Profitability? Evidence from The Implementation of China's Newly Revised Environmental Protection Law [J]. Economic Modelling, 2021, 102.

[342] Zhou G Y, Liu L, Luo S M. Sustainable Development, ESG Performance and Company Market Value: Mediating Effect of Financial Performance [J]. Business Strategy and the Environment, 2022, 31 (7).

[343] Zhou N, Wang H. Foreign Subsidiary CSR as A Buffer Against Parent Firm Reputation Risk [J]. Journal of International Business Studies, 2020, 51 (8).

后　记

本书是在笔者的博士学位论文基础上修改完成的，我要感谢我的恩师王凯教授。读博期间能够入恩师门下是我人生的一大幸运。在我的心目中恩师是学术好、品德好、为人好——学高身正的"三好老师"，恩师一直秉承"致良知"的信条对待科研、对待学生。记得第一次与恩师见面时，恩师对我们"知行合一"的教诲仍然回荡在耳畔，这也成为我读博期间积极进取、脚踏实地做学问的座右铭。学术的道路并非如看上去的那样光鲜亮丽、繁花似锦，一路走来非常感激恩师对我的悉心指导、操劳与付出。在论文写作阶段，从论文的选题、撰写与修改、科研发表等环节都离不开恩师的指导与帮助。在论文修改过程中，正是恩师一串串红色的批注才使得论文初具规模并顺利完成。饮水思源，师恩难忘。恩师对待科研的严谨态度、看待生活的积极态度、为人处世的宽容态度让我终生受用。未来，我将不负师恩，继续前行。

在首都经济贸易大学求学的五年时间里，我得到了许多老师的传道、授业与解惑，收获了朋友间珍贵的友谊。我要感谢硕博期间帮助、支持过我的老师们和朋友们。感谢谦谦君子柳学信教授，感谢柳学信教授对我在论文撰写过程中提出的严格要求和宝贵建议，柳学信教授治学的严谨态度使我终身受益。同时，我还要感谢赵冰教授、范合君教授、王大地教授、黄苏萍教授、张学平教授、关鑫教授在我学业上的帮助、支持与关怀。此外，我还要感谢曹晓芳师姐，感谢师姐一直以来对我"宠爱有加"，让我在科研的道路上不再孤单。

2023年6月，我拿到了博士学位之后进入北京大学光华管理学院做博士后研究工作，同时作为博士后研究员任职中国国际经济咨询有限公司博士后工作站。如今，工作将近一年，非常感谢张圣平教授给予了我在学术和职业规划方面很关键、很重要的指导与建议。同时，感谢公司领导、同事们对我入职以来各项工作的支持。本书的出版离不开你们的鼓励与帮助。

感谢经济科学出版社各位编辑老师在本书出版过程中的热心帮助与支持。

感谢博士学位论文匿名评审专家以及答辩委员会的郭海教授、焦豪教授、黄苏萍教授、佘镜怀教授、李研教授对本书提出的修改建议，这些建议使本书更加完善。

感谢我的母校首都经济贸易大学，感谢母校的栽培，愿未来阳光明媚，可盼可期。

最后，将本书献给我的家人！

李婷婷

2024 年 3 月

于北京大学图书馆